禪悅

Mindfulness, Bliss, and Beyond

A Meditator's Handbook

觀呼吸、修正念，獲得極致的喜樂

阿姜布拉姆 Ajahn Brahm／著

賴隆彥／譯

目次

第2部 禪悅與超脫

【推薦序】——

完整與深化的禪修指導

你手上拿著的是由一位具備深入與豐富經驗的比丘所撰寫的禪修手冊。阿姜布拉姆是研究、修行並精通佛法的新世代西方人，如今他為現代世間的認真修行者貢獻所學。

在本書中你將發現一套開發並深化禪修的完整教法，目標特別放在達到禪定（jhāna samādhi）與之後的觀智。阿姜布拉姆提供一套詳細與精妙的見解，教你如何轉化最初的困難，以及如何使心趨入禪那的狂喜、快樂、輕盈與深定，然後把這專注的正念轉向帶來解脫慧的無我洞見。這些都是美麗的教法。

我欣喜地認同阿姜布拉姆以豐富經驗指導禪者的成果，他以佛陀所教導的真實方式，來呈現這條增長禪那與觀智的道路，因此是最佳的方式，也是一條卓越之道。但佛陀還教導許多其他同樣好的禪修方式與善巧方便，以幫助弟子們覺悟。一行禪師（Thich Nhat Hanh）、達賴喇嘛（Dalai Lama）、佛使比丘（Ajahn Buddhadasa）與孫倫法師（Sunlun Sayadaw）等大師們的教導皆各擅勝場，都提供方法不同但同等解脫的觀點。他們共同組成現世佛法的莊嚴壇城（mandala），其中阿姜布拉姆揭露了一個重要的面向。

因此，你們當中有志於禪那修行與佛道奧義者，請仔細閱讀本書，並嘗試其修行方法。許多人將從本書豐富與睿智的話語中，以及從書中所點出的經驗中獲益。如同佛陀與阿姜布拉姆的忠告，嘗試它們、使用它們、學習它們，但別執著它們。讓它們引導你到達超越一切執著的解脫，究竟之心的解脫。願這些教法為一切眾生帶來正見、利益與福祉。

謹以慈心祝福

傑克・康菲爾德
於心靈磐石中心，加州伍德艾卡
二〇〇六年

縮寫表

縮寫	巴利佛典	編號方式
AN	*Aṅguttara Nikāya*（增支部）	篇數與經數
Dhp	*Dhammapada*（法句經）	偈數
Dhp-a	*Dhammapada-aṭṭhakathā*（法句經註釋）	PTS（巴利聖典協會）版之卷數與頁數
DN	*Dīgha Nikāya*（長部）	長部英譯本*The Long Discourses of the Buddha*經數、節數與偈數
Ja	*Jātaka*（本生經）	PTS版之卷數與頁數
Miln	*Milindapañha*（彌蘭陀王問經）	PTS版之章數與問答數
MN	*Majjhima Nikāya*（中部）	中部英譯本*The Middle Length Discourses of the Buddha*之經數與節數
SN	*Saṃyutta Nikāya*（相應部）	章數與經數
Sn	*Sutta Nipāta*（經集）	偈數
Th-a	*Paramatthadīpanī*（勝義燈）=*Theragāthā aṭṭhakathā*（長老偈註釋）	PTS版之卷數與頁數
Thag	*Theragāthā*（長老偈）	偈數
Thig	*Therīgāthā*（長老尼偈）	偈數
Ud	*Udāna*（自說經）	章數與經數
Vin	*Vinaya*（律藏）	PTS版之卷數、章數、節數與小節數
Vsm	*Visuddhimagga*（清淨道論）	清淨道論英譯本*The Path of Purification*之章數與段數

致謝

首先，我要感謝朱邏迦比丘（Cūlaka Bhikkhu, Jacob Meddin博士），他把自己的小茅篷變成有點像第三世界的血汗工廠，雖然健康情況不佳，仍然歷經數月長時工作，完成用以指導西澳佛學會的內部佛法刊物初稿。另外，也要非常感謝榮恩．史妥瑞（Ron Storey），他繕打原稿多次，對於這些教法應該了然於心，同時也要感謝製作索引的尼薩拉諾比丘（Nissarano Bhikkhu）。

其次，我要對我的第一位禪修老師英國奢摩他學會（Samatha Society）的奈．布恩門（Nai Boonman），表達遲來的謝意。一九七〇年代，我還是劍橋大學的長髮學生時，他為我開示了禪那的美麗與重要。但我最要感謝的人是泰北的阿姜查（Ajahn Chah）尊者，我要對他表達無盡的感激，我在他的指導下快樂地生活了九年，他不僅詳盡地解釋解脫之道，更是完全活在其中，直到最後。

最後但絕非最少的感謝要獻給參與本書出版作業的所有人，包括大衛、羅德以及我的責任編輯約翰．雷洛（John LeRoy），由於他們的辛苦付出，本書才得以付梓。願他們的善業帶給他們健康，這樣他們才能為我的下一本書更努力地工作。

概觀

禪修是「放下」之道。在禪修中，你放下外在的複雜世界，以便達到內在強大的安穩。在各種神祕主義與許多心靈傳統中，禪修是淨化與增強內心的方法；這種解脫世間的淨心經驗，是不可思議的禪悅（bliss）❶，它比「性」更好。

禪修的過程會有些辛苦，尤其在一開始時，但若你堅持，禪修將引你進入一些非常美好與意味深長的狀態。自然的法則是，若不努力就不會有進步，無論你是在家人或比丘、比丘尼，若不努力你將一事無成。

單靠努力是不夠的，必須善巧地努力，這方法會把你的能量導入正確之處，並維持它直到任務完成。善巧地努力不會造成阻礙與干擾，相反的，它會促成禪定的美好安穩。

禪修的目標

想知道禪修時你的努力應該用在哪裡，你就必須清楚了解目標。若你能了解禪修的目標是心的美好寂靜、安定與清明，那麼用力之處與達到目標的方法就會變得清楚許多。你的努力要朝向「放下」，培養趨向斷除煩惱之心，佛陀有個簡單而深奧的說法：「**以放下為主要對象的禪修者，能輕易達到三昧**（samādhi）②。」（SN 48,9）「三昧」即指「等持」或「定」，是禪修的目標，這樣的禪修者幾乎是自動獲得這些內在禪悅的狀態。佛陀的意思是，能捨棄、放下或出離，即是獲得禪定與達到這些強力狀態的因。

放下我們的負擔

在禪修的過程中，我們不應增長累積或執取的心；相反的，應增長願意放下或捨棄一切負擔的心。在日常生活中，我們必須承擔許多工作，就如提起很多沉重的皮箱，但在禪修期間並不需要這些負擔，要盡可能放下它們。把工作與成就想成是壓在身上的重擔，要義無反顧、瀟灑地捨棄。

這個傾向捨離的心態將引導你進入禪定，即使在禪修的初期階段，也要試試看是否能生起出離的能量，讓你願意捨棄事物。當你在心中捨棄事物時，將會感到更輕鬆、更自由。禪修時，捨離將逐步出現在各個階段。

禪修者就如同翱翔天空並衝上雲端的飛鳥，飛鳥永遠不會攜帶皮箱！善巧的禪修者會拋開一切負擔，自由地翱翔並衝上內心美麗的雲端。在這種顛峰的感知下，禪修者將從自己的直接體驗來了解所謂「心」的意義；同時，也將了解所謂「自我」、「神」、「世界」與「宇宙」等一切事物的本質。他們就在此處開悟，並非在思想的領域，而是在寂靜的內心雲端。

本書的架構

本書的第一部「禪修的快樂」，是為那些希望擺脫生活重擔而想要禪修，卻又因障礙或提不起勁，以致無法趨入禪悅與覺悟者所寫的。我在此要說的是，即使是初學者，當禪修方法正確時，也能產生相當大的快樂。第一、二章清楚且有系統地介紹禪修的第一步，這是我的一本小冊子《禪修的基本方法》（*The Basic Method of Meditation*）的修訂版本③。第三、四章指出禪修過程可能發生的問題，以及一旦認出這些障礙後，如何才能輕易排除。在第五、六章，我以獨特的方式解釋「正念」，然後再提出三個禪修方法，以擴展禪修者全面的技巧，這些都是有助於內心安穩的方法。接著在第七、八章，我介紹佛陀的一些經典教法，即《入出息念經》（*Ānāpānasati Sutta*）與《念處經》（*Satipaṭṭhāna Sutta*），希望能以佛陀自己的睿智語彙印證並充實此處的指導。

第二部「禪悅與超脫」，導引讀者遊歷永恆的佛教禪悅世界。在此，我會描述禪修如何實際「內爆」，而進入禪那（jhāna）的無上禪悅，以及這些「放下」的狀態如何揭開五欲的面紗，呈現內心的莊嚴世界——證悟時奇妙的內在花園。第一、二、三章開啟純淨的內心世界，詳細描述禪定經驗，並以明確的次第指導讀者如何進入這些驚人的狀態。接著，第四、五章繼續攀升心靈經驗的高峰，述說內觀如何在禪定的基礎上打開智慧果園之門。然後第六、七章則描述如何圓滿達成生命任務，並列出明確而詳實的細節，說明正覺是什麼，以及如何達到正覺。

最後的「結論」部分是「放下直到最後」，這是本書的「重返載具」（譯按：比喻太空船完成任務後重返地球），使讀者從禪那與涅槃的出世領域，重新回到日常生活，但並非沒有趨入無為涅槃的最後一躍，那是我們修道旅程上最重要的一刻。

如何使用本書

本書有三個目的。首先，它可作為佛教的禪修課程，仔細閱讀並落實本書指導的禪修者，將獲得一份漸進且完整的禪修課程。它奠基於傳統，有時甚至是建立在佛陀自己的實際話語上。這些深奧且淵遠流長的教法，是以適合西方思想的方式呈現於此。

其次，本書是排解疑難的指南。它是架構在克服修行中所遭遇特定問題的基礎上。例如，若禪修的障礙是瞋恚，讀者可以翻到第三章「禪修的蓋障[1]」，在那裡找到修「慈」（mettā）的建言。其他解決問題的忠告則較不常見——甚至是希罕與難得的。第五章「正念的特質」就是很好的例子，安置「守門人」以監視並保護禪修的方法細節，便是非常珍貴的指導。

本書的第三個功能，是幫助讀者探索他們較為陌生的佛教禪修面向。它提供平常可能較難找到的資訊。第二部一至三章探討「禪那」——深刻的禪悅狀態，便是個很好的例子。雖然「禪那」是佛教禪修指導的根本，如今卻經常遭到誤解。

我帶著些許忐忑不安的心情將本書交予出版社。當我於一九六〇年代末期在倫敦剛開始禪修時，一位來訪的日本禪僧告訴我：「根據業的法則，凡是撰寫佛教書籍者，未來七世都將轉生為驢子！」這讓我很擔心。無論這是不是真的，我相信所有遵循本書指導的讀者都將解脫一切輪迴，而不只是解脫長耳驢身而已。

在《薩遮迦大經》（*Mahāsaccaka Sutta*, MN 36）中，佛陀說：「**我思惟『那（禪那）會是正覺之道嗎？』然後，由那個回憶，我了悟到：『那是正覺之道。』**」④

第1部

禪修的快樂

第1章——禪修的基本方法[1]

在本章中，我想要探討禪修的四個初級階段。你們可能想要快速地通過這個階段，若真想這麼做，千萬要小心。倘若太快通過初階步驟，你們可能會發現準備工作尚未完成，就好像想在一個草率的地基上蓋房子一樣，結構體可能很快搭高上去，但也會很快就倒塌！聰明的話，你們應該多花點時間打好堅實的基礎，然後當進行到更高樓層（禪修的禪悅狀態）時，它們才能穩固。

第一階段：當下覺知

教導禪修時，我喜歡從放下過去與未來的包袱開始。你們可能以為這是件簡單的事，其實不然。「放下過去」意味著不去想工作、家庭、承諾、責任與童年的好壞時光等等，你放下一切過去的經驗，對它們完全不感興趣。禪修時，你將成為一個沒有歷史的人，不去想自己住在哪裡、生在哪裡、父母是誰或你的教養如何，你切斷一切歷史，就是這樣。如果你是和別人一起禪修，那麼每個人都是平等的，都只是一個禪修者。不論你是禪修老手或只是初學者，都會變得不重要。

假如能切斷一切歷史，我們就是平等與自由的，擺脫了因放不下而限制自己並使自己不得安穩的一些顧慮、觀念與想法。我們完全放開歷史的每個部分，甚至片刻之前才發生的事情也不例外。一切曾經發生過的事我們都不再感興趣，放下它們，它們就不會在我們心中迴盪。

我形容這樣的修心就如同在病房牆壁裝上軟護墊一般，當任何經驗、觀念或想法撞到護墊時都不會反彈，只會沉入填料中並停止，因此「過去」不會在意識中迴響。有些人以為沉思往事多少可以從中學到一些東西，並幫助他們解決眼前的問題。但是當我們凝視過去時，無可避免地會透過扭曲的鏡頭去看事情，無論以為它像什麼，事實上卻完全不是那麼一回事！這便是為何有人會為了幾分鐘前才剛發生過的事而爭吵不休的原因。

調查交通事故的警察就能深刻體會，兩個目擊者雖然都完全誠實，卻可能對同一件事做出矛盾的陳述。當我們明白記憶是如何不可靠時，就不會高估過去，而能埋葬它，就如埋葬去世的人一般；我們埋葬棺材或火葬屍體，就此了結。

不要緬懷過去，不要一直抓著裝滿過往時刻的棺材不放。當你這麼做時，就是用其實並不屬於自己的重擔來壓垮自己；等你放下過去時，當下便獲得自由。至於未來，包括擔心、恐懼、計畫與期待，也要同時放下，佛陀曾說：「**不論你以為它將會如何，它總是會成為不同的事。**」（MN 113,21）智者知道未來是不確定、不可知與無法預測的，瞻望未來通常是無用的，而在禪修中它更是浪費時間。

心是美好與奇妙的

當你專注於心時，就會發現心很奇妙，可能會做出美好與意想不到的事。難以達到靜心的禪修者有時會這麼想：「又來了，又一個挫折的鐘頭。」但經常奇妙的事就發生了：雖然預期會失敗，但他們卻達到一個非常平靜的禪修狀態。

最近我聽過一個初次參加十日禪修者的故事。第一天過後，他因痛苦不堪而請求回家。老師說：「我保證，多待一天，痛苦將會消失。」因此他又待了一天，但痛苦卻變本加厲，他再次想要回家，老師重複指導：「只要再多一天，痛苦就會消失。」因此他待到第三天，但痛苦卻愈演愈烈。前九天的每一晚他都去找老師請求回家，老師都是說：「只要再一天，痛苦就會消失。」令他驚訝的是，就在最後一天早上的第一回打坐，痛苦消失了，且不再生起，他可以久坐而毫無痛苦，於是對這顆心的奇妙與結果難料而感到不可思議。因此你無法知道未來，未來可以是如此奇妙、神祕，完全超乎你的預期。類似此人的經驗，能讓你有智慧與勇氣去放下對於未來的一切思慮與預期。

當你在禪修時想到：「還要等幾分鐘？我還要忍耐多久？」這只是分心潛入於未來。痛苦可能在轉眼間消失，但你就是無法預料何時會發生。

閉關期間你可能以為自己的禪修一無可取，但下回打坐，你可能會感覺一切都非常平靜與輕鬆。你心想：「哇！現在我可以修禪了！」但下回打坐卻又變得像頭一回一樣可怕。這究竟是怎麼回事？

我的第一位禪修老師，曾對我說過在當時聽來相當奇怪的話。他說：「沒有『壞的禪修』這種事。」他是對的。一切你所謂的「壞的」或「挫折」的禪修，所有這些辛苦的付出都是為了你的「報酬」。這就如某個人星期一辛苦工作了一整天，但下工時卻沒有領到錢，他心想：「我這麼做是為了什麼？」星期二他工作一整天仍然一無所獲；星期三、星期四他也整天工作，還是沒有動靜，連續四個壞日子。接著是星期五，他完全和以前一樣工作，當天下工時老闆給他薪水。哇！為何不能每天都是領薪水的日子呢？

為何不能每個禪修都是領薪水的日子呢？你了解這個比喻嗎？在困難的禪修期間，你建立自己的信用——你成功的原因。在勤奮禪修時，你增長自己的力量，創造獲得平靜的動力，當累積到足夠信用時，心將進入一次美好的禪修，那便是領薪水的日子。但你必須記得，多數工作是在所謂「壞的禪修」中完成的。

過去與未來都是負擔

在我所舉行的一次閉關中，小參時有位女士告訴我，她曾經整天對我生氣，但理由都不同。在禪修初期時，她因不舒服而氣我未早點搖鈴結束禪修；後來她進入美好平靜的狀態時，又氣我太早搖鈴。其實禪修時間的長度都同樣是一小時。

當你預期未來並心想：「還有幾分鐘才搖鈴？」你是在折磨自己。因此千萬小心別挑起「還要等幾分鐘？」或「下一步我應該怎麼做？」的這些重擔；如果你這麼做，就不會注意到正在發生的事，這是在自找麻煩，並非在修禪。

在這個禪修階段，你要持續注意當下，要專注到不知道日子與時間的程度。是白天？是下午？——不知道！你知道的時刻只有「當下」。如此，當你達到這個美麗的「寺院時間」時，只會覺得在剎那中修禪，渾然不覺過了幾分鐘或還有幾分鐘，甚至不記得日期。我在泰國初出家時，真的忘了那是哪一年！活在沒有時間的領域中極為美妙，那個領域比起日常生活分秒必爭的世界要自由多了。在沒有時間的領域中，你經歷「此刻」，就如數千年來一切智者所曾經歷過的「此刻」。你已達到當下的實相。

當下的實相是宏大與莊嚴的。當你已經放下一切的過去與未來時，那就好像你活了起來，活在當下，具足正念，這是禪修的第一階段，只維持當下的正念。達到此階段，代表你有很大的進展，已放下阻礙禪定的初步障礙。因此，要積極努力地壯大、穩固並安住這個初步階段，這點相當重要。

第二階段：靜默的當下覺知

「導論」中，我已勾勒出禪修的目標：蘊含最深奧觀智的美好、寂靜、安定與清明之心。你已放下阻礙深入禪定的初步負擔，現在應進行更美麗與更真誠的心之靜默。

靜默意味著不評論

討論第二階段之前，先釐清經歷「靜默的當下覺知」與「思惟它」之間的差別，會大有幫助。以觀賞網球比賽的電視轉播為例就很清楚，你可能注意到兩場競賽同時在發生：你在螢光幕上看見的比賽，以及你聽評論員描述的比賽。評論經常是帶有偏見的，例如澳洲人和美國人比賽，澳洲主播與美國主播的評論一定大不相同。在這個譬喻中，不帶評論地看電視，代表禪修中的靜默覺知，而注意評論則代表思惟它。你應該了解當你不帶評論地觀察，或經歷單純靜默的當下覺知時，你會更接近實相。

有時我們以為自己是透過內在評論去認識世界，事實上，內心私語完全無助於我們認識世界，它其實是編織會造成痛苦的妄想，使我們瞋恨敵人且瘋狂地依戀著我們所愛的人，因而造成一切生命的問題。它製造恐懼與罪惡、焦慮與沮喪，它熟練地編造假象，就如技巧豐富的演員操弄觀眾以製造恐懼或悲傷一樣。因此，你若想要追求實相，便應珍視靜默的覺知，而且當你禪修時，要將它看得比任何想法都更重要。

過於珍視自己的思想是靜默覺知的主要障礙，明智地去除你對思想的重視，並更正確地了解靜默覺知，將能開啟內在的靜默之門。

去除自我內在評論的一個有效方法是：增長精確的「當下覺知」。你要非常仔細地觀察每個時刻，以致根本無暇去評論發生過的事。思想經常是對於已發生的事產生意見：「那個好」、「那個令人討厭」、「那是什麼」，這些都是針對先前經驗的評論。當你注意或評論已發生的經驗時，就無法注意剛出現的經驗，這是在處理舊訪客而忽略了新來者。

延伸這個比喻，想像你的心是個宴會的主人，在門口招呼客人。若客人進門後你便開始和此人攀談，此時你就未能盡到注意每個入門訪客的責任。由於每個時刻都有客人進來，你必須一個接著一個招呼，無暇和某個客人交談，因為交談意味著你將會錯失下一個進來的人。禪修時，經驗一個個從感官之門進入內心，若你小心地招呼某個經驗並開始和它交談，將會錯失緊接而來的下一個經驗。

當你完全活在每個經驗的當下，注意每個進入內心的訪客時，就完全沒有發展內心私語的空間。你無法竊竊私語，因為你正全神貫注在招呼到訪的每件事情上。這是精煉「當下覺知」，直到它成為一切時刻中「靜默的當下覺知」為止。

在增長內在靜默的過程中，你放下另一個重擔。這就好像你三、四十年來一直背著沉重的背包，疲憊不堪地長途跋涉，現在終於有勇氣並發現放下包袱的智慧，暫時把它放在地上。你感覺到極大的解脫、輕鬆與自由，現在的你無牽無掛。

另一個增長內在靜默的有效技巧是認出思想間的空隙，也可以說是內在私語的間隔。以敏銳的正念，仔細注意一個念頭結束而另一個念頭開始之前——就是那裡！那是靜默的覺知！它起初可能只有一瞬間，但當你認出瞬間即逝的靜默時，你會開始慢慢熟悉它，而隨著逐漸熟悉，靜默的時間就能延長。你開始享受靜默，一旦終於發現它，它便得以增長。但請記得，靜默是很害羞的，若靜默聽到你在談論它，它會立即消失！

靜默令人愉悅

若能放下一切內在私語並安住在「靜默的當下覺知」中，只要時間夠久，便能了解這是多麼令人愉悅，對每個人而言都會是美妙的經驗。靜默比思想更能產生智慧與清明，當你了解到這點時，靜默將會變得更具吸引力與重要性。心趨向靜默，經常尋求靜默，乃至真正必要或有意義時才動用思想。一旦了解到我們多數的思想其實毫無意義，只會讓人感到茫然與頭痛時，我們才會輕鬆愉悅地把時間花在內在寂靜上。這個禪修的第二階段，便是「靜默的當下覺知」。我們應花更多時間在增進這兩個階段，因為若能達到這點，就已在禪修之道上邁進一大步。在那個「當下」的靜默覺知中，我們體驗到許多安穩、喜悅與隨之而來的智慧。

第三階段：靜默的當下覺知呼吸

倘若我們希望更進一步，此時就不要默默覺知一切進入內心的事，而是只選擇一件事做靜默的當下覺知。這件事可以是呼吸的經驗、慈（mettā）的概念、心中觀想一個有顏色的圓輪（kasiṇa，遍），或其他幾個比較不常見的覺知焦點。以下我所要描述的是「靜默的當下覺知呼吸」。

統一對分散

選擇將注意力固定在某件事情上，是捨棄分散而趨向其反面「統一」。當你的內心開始統一並持續只注意到一件事時，安穩、禪悅與強大的經驗將會明顯增加。此時我們會發現，分心是另一個重擔，猶如有六具電話同時在桌上響起，放棄六具電話只允許一具電話（私人專線）在桌上，即是一大解脫，這會為你帶來禪悅。想要專注於呼吸，先要了解分心本身即是個重擔，這點很重要。

安忍是捷徑

若你小心地培養「靜默的當下覺知」，會發現很容易就能把覺知轉到呼吸上，而且能不間斷地連續覺知呼吸，這是因為你已移除了呼吸禪法的兩個主要障礙。第一個障礙就是心逸入過去或未來的習慣，第二個障礙是內心私語。所以，我才會以教導「當下覺知」與「靜默的當下覺知」這兩個前行階段，作為更深入的「入出息念」的堅實基礎。

我們時常看到，禪修者在心還在過去與未來之間跳躍，以及覺知被內在評論淹沒時，就開始修習呼吸禪法。假如準備工作未做好，將會發現很難或甚至不可能修習入出息念，因此將會因為充滿挫折而放棄。會放棄的原因，在於修習入出息念前開始的位置不對，你還沒有做好準備工作。然而，當你的心已經先完成前面兩個階段，那麼在你轉向呼吸時，就能清鬆地持續專注在呼吸上。一旦你發現要專注呼吸很困難，就是你應該重新回到前面兩個階段的警訊。那就請回到前面的練習，唯有安忍才是捷徑！

呼吸的觀察位置無關緊要

當你專注在呼吸上時，就是專注在呼吸當下所發生的經驗，不論是進出或兩者之間，你所經歷的都是呼吸的過程。有些老師會告訴你，要觀察位於鼻尖的呼吸或腹部的起伏，或先移到這裡後再移到那裡。透過自身經驗，我發現呼吸的觀察位置其實無關緊要，若你鎖定鼻尖的呼吸，就會成為「鼻子的覺知」，而非呼吸的覺知；若你鎖定腹部，則它將會成為「腹部的覺知」了。只要當下問你自己：「我在吸氣或吐氣？我怎麼知道？」這樣就可以了！經驗將會告訴你是在吸氣或吐氣，那才是你應專注之處。放下對於呼吸位置的思慮，只要專注在吸呼的經驗本身。

控制呼吸的習性

在此階段常見的問題是控制呼吸的習性，這將會使呼吸變得不順。要克服此困境，可以想像自己只是車裡的乘客，正透過窗戶觀察呼吸，你並非駕駛，也不是坐在後座指揮駕駛的人。因此，停止下命令，放輕鬆並享受旅程，讓氣息自己進出，你只是在後面觀看就好。

當你連續覺知入息與出息近百次而無任何遺漏時，便已達到這個禪修的第三階段——持續專注於呼吸，這比上一階段更令人感到安穩與喜悅。想要更深入的話，你就得瞄準下一階段，那就是完全持續注意呼吸。

第四階段：完全持續注意呼吸

當注意力擴展至能夠掌握每個呼吸的剎那時，第四階段就會出現。當入息的第一個感覺生起時，你在第一剎那覺知入息，然後在一個入息的全程中觀察那些感覺逐漸增大。此時，你看見下一剎那是呼吸之間的一個停頓，然後是更多的停頓剎那，之後才開始吐氣。你看見出息的第一剎那，以及後續吐氣過程中的每個感覺，直到出息消失，它的作用結束為止。這一切都在當下與靜默之中完成。

讓開

你連續經歷各個入息與出息的每一部分達數百回，這個階段才稱為「完全持續注意呼吸」。你無法透過憋氣或握拳勉強地達到這個階段，唯有放下宇宙中的一切事物，只是默默地注意當下的呼吸經驗，才可能達成。事實上，「你」並未達到這個階段，是「心」自己辦到並完成的。心明白這個階段是個令人覺得非常平靜與喜悅的住所，只要守著呼吸即可。從此之後，那個自我的主要部分——造作者，就會開始消失。

你會發現，在這個禪修階段，進步會毫不費力地產生；而我們只需要讓開、放下，並看著它發生。只要肯放下，心就會自動趨入，朝向這個非常單純、安穩與甜美的心一境性，在每個相續剎那中守住呼吸。這是心的統一，於剎那中統一，於安定中統一。

開始美麗的呼吸

我稱第四階段為禪修的「跳板」，因為你能由此潛入禪悅的狀態。當我們只是藉由不涉入而維持意識的統一時，呼吸將開始消失。當心轉而專注在呼吸經驗的核心——極安穩、自由與禪悅時，呼吸似乎消逝了。

在這個階段我要引進的是「美麗的呼吸」一詞，因為心在此認出這個安穩的呼吸格外美麗。我們剎那、剎那地持續覺知這美麗的呼吸，在經驗的相續中沒有中斷，我們只是覺知美麗的呼吸，毫不費力並持續甚久。

接著我將在下一章進一步解釋，當呼吸消失時，只剩下「美麗」。無實體的美麗成為心的唯一對象，心現在以自己為對象。我們不再覺知呼吸、身體、思想、聲音或外在世界，所覺知的就唯有美麗、安穩、禪悅、輕盈，或之後被喚起的一切感知。我們經歷的就只有美麗，連續且毫不費力地，但沒有美麗的實體！很久之前我們就已放下內心私語，放下描述與評估，心在此時是如此安定，以致無法說任何話。我們只是剛開始體會內心禪悅的初次綻放，這禪悅將會提升、成長，並變得非常穩固與強大，然後我們便可能得以進入所謂「禪那」的定境中。

現在，我已描述了禪修的前四個階段。在進入下一階段之前，前四個階段都應好好修習。務必多花點時間在這四個初級階段上，進階之前請先確保你的根基已經很穩固。這時的你，應該可以輕鬆地維持第四階段，完全持續注意呼吸，在每個呼吸的剎那中沒有任何間斷，持續達兩、三百個呼吸。我的意思並不是要你在這個階段中數呼吸次數，我只是指出在進階前，你應該可以待在第四階段的大致時間長度。在禪修過程中，如我先前所說的，唯有安忍才是捷徑！

第2章——禪修的基本方法[2]

在本章中，我們要探討的是三個禪修進階：第五階段的完全持續注意美麗的呼吸；第六階段的體驗美麗的禪相（nimitta）❺以及第七階段的禪那。

第五階段：完全持續注意美麗的呼吸

此階段經常自然且不露痕跡地接續上個階段。上一章我們曾討論過，當禪修者的全部注意力自然且連續地安住在呼吸的經驗上，覺知之流不受任何事干擾而平穩時，呼吸將會安定下來，並從粗糙普通的呼吸轉變成非常平順安穩的「美麗的呼吸」。心認出這個美麗的呼吸且樂在其中，並深覺滿足，光看著這個美麗的呼吸就很快樂，無需勉強費力。

什麼也不做

「你」並未做任何事，若在此階段嘗試做些什麼，就會擾亂整個過程，美麗將會消失，猶如降落在「蛇梯棋」❻遊戲中的蛇頭上，你必須倒退數格。從這個禪修階段起，造作者必須消失，你只是個覺知者，正在被動地觀察。

在此階段中有個有用的技巧，那就是暫時打破內在靜默，並溫柔地對自己說：「安定。」[7]如此而已。在此禪修階段，心通常很敏感，只要輕輕推一下，就會遵照指示去做。呼吸將會安定下來，並浮現美麗的呼吸。

當我們被動地觀察當下的美麗呼吸時，對於氣息「入」或「出」，或者對氣息「初」、「中」、「後」段的感知，都應該讓它消失；心不在乎它是呼吸的哪一部分，或在身體的哪個部位發生，最後只剩下正在發生的美麗呼吸的經驗。在此，我們簡化禪修的對象，卸除一切不必要的細節，而體驗當下的呼吸。我們超越「入」與「出」的二元性，只是覺知平順、連續呈現且幾乎完全沒有改變的美麗呼吸。

徹底無為，看看呼吸可以多麼平順、美麗與不受時間影響，看看你能讓它多麼安定。慢慢品嘗美麗呼吸的甜美，愈安定，愈甜美。

只剩下「美麗」

呼吸很快就會消失，不是你希望如此，而是當你有足夠的安止時，就只會剩下「美麗」的徵相。

英語文學中有段著名的文字，可能有助於釐清這個呼吸消失的經驗。在路易士．卡洛爾（Lewis Carroll）的《愛麗絲夢遊仙境》（*Alice in Wonderland*）[8]中，愛麗絲驚訝地看見「嘻笑貓」坐在附近一棵樹的大樹枝上，張開大嘴笑著。一如所有仙境中的奇異生物，「嘻笑貓」有政客的口才，牠不只能在後來的對話中辯贏愛麗絲，還會突然消失，然後在無預警的情況下又突然出現。

愛麗絲說：「我希望你不要唐突地出現又消失，那會讓人頭暈眼花！」

「好！」這隻貓說。這次牠消失得很緩慢，從尾巴開始，最後是張開大嘴笑，那在其他一切都消失後持續了一段時間。

「嗯！過去我常看見有貓不笑，」愛麗絲心想，「但現在卻是有笑無貓！這是我這輩子見過最怪異的事！」

這是對於禪修經驗歪打正著的比喻。就如「嘻笑貓」消失只剩下牠張開大嘴而笑一樣，禪修者的身體與呼吸消失，只剩下美麗。對愛麗絲而言，那是她一生中所見過最怪異的事，而對禪修者來說這也相當奇特：清楚地體驗自由流動的美麗，而其中並無實體，也沒有絲毫氣息。

「美麗」或更精確地說「美麗的徵相」，是這個禪修之道上的下一個階段。這個「徵相」的巴利語是nimitta（禪相）。因此下個階段，我稱之為「體驗美麗的禪相」。

第六階段：體驗美麗的禪相

第六階段會在我們徹底放下身體、思想與五入處❾（包括呼吸的覺知）時達成，此時只剩下美麗的心理徵象——禪相。這個純淨的心理對象是「心」（citta）的場景中的真實對象，當它初次出現時會顯得極為奇特，因為我們先前根本未曾經歷過這樣的事。然而，所謂「感知」的心理活動，會遍尋生命經驗的記憶銀行，以求索一丁點類似的事情。多數的禪修者會將此無實體的美（心理的喜悅），感知為美麗的光，有人看見白光或金星，有人看見藍珍珠等，但那並非光。因為眼睛是閉著的，眼識已關閉許久，這是意識首次擺脫五入處的世界。它猶如滿月穿過烏雲的遮蔽，滿月在此代表明亮的心，而烏雲則代表五入處的世界。禪相是心的表露，它不是光，但多數人覺得它看起來像光。它被感知為光，這個不圓滿的描述是感知所能提供的最好描述了。

對其他禪修者而言，感知則選擇以極平靜或狂喜等身體感覺來描述心的初次顯露，但身識（感到苦樂或冷熱等）已長期關閉，因此這也不是身體的感受，只是被感知為類似於樂。雖然有些禪修者體驗到身體的感覺或看見光，重要的事實是，他們所描述的都是相同現象，都經歷了同樣純淨的心境，這些不同的細節是不同的感知所添加上去的。

禪相的特質

我們可藉由以下六個特點來認出禪相：（一）它只有在第五個禪修階段後，在禪修者具有美麗的呼吸一段時間之後才會出現；（二）它在呼吸消失時出現；（三）它只有在色、聲、香、味、觸等五外入處完全消失時才會出現；（四）它只有在靜默的心中，當分別的思想（內在私語）完全消失時才會出現；（五）它奇特卻又極吸引人；（六）它是個具有單純之美的對象。我提出這些特點，好讓你們能區別真正的與想像出來的禪相。

禪相初次生起有時可能會顯得模糊，這是因禪修者太快進到禪相了，在此情況下，禪修者應立即回到上一個禪修階段，完全持續地注意美麗的呼吸。有時禪相明亮但不穩定，像燈塔的燈火般忽明忽暗後便消失，這也代表禪修者太早離開美麗的呼吸。禪修者一定要能長時間輕鬆地維持美麗的呼吸後，心才可能對於更加微細的禪相保持清晰的正念。因此，你應該在美麗的呼吸上調伏心，安忍且勤勉地調伏它，然後當進入禪相的時機成熟時，禪相才會是明亮、穩定且容易維持的。

放下

禪相會顯得模糊，主要原因可能是你尚未感到深度的滿足，還想要一些東西，通常你想要的是明亮的禪相或禪那。切記！這很重要，禪那是「放下」的狀態，是不可思議的深度滿足。因此，你要拋開饑餓渴求的心，培養對美麗呼吸的滿足，那麼禪相與禪那就會自行生起。

換言之，禪相不穩定，是因為造作者的你就是不肯停止干涉。造作者即是控制者，就是那個在後座指揮駕駛的人，總是不肯安分守己，因此才會把事情搞得一團糟。禪修是安歇的自然過程，它需要你完全出離，只有在真正放下時，禪那才可能發生。我的意思是「真的」放下，做到造作者完全不觸及過程的程度。

達到徹底放下的善巧方法，是積極地對禪相發送信心，非常溫和地打斷靜默，並在心中默念，你對禪相有完全的信心，因此造作者會放棄一切控制並就此消失。在此，眼前的禪相即代表心，它將在你的觀察之下接管過程。

在此你無需做任何事，因為禪相極美，根本不勞你費心便能抓住注意力。但要小心別開始發問，例如：「這是什麼？」「這是禪那嗎？」「我下一步該怎麼做？」那都源自於造作者想再次介入。發問會打斷禪修過程，你可以等禪修過後再來評估一切。一個優秀的科學家只有等到最後所有數據都齊全時，才會評估實驗成果。

無需注意禪相的形狀或邊緣：「它是圓形或橢圓形？」「邊緣清晰或模糊？」這些都是不必要的問題，只會導致更多差異與內外分別，造成更多混亂而已。讓心隨意而行，它通常會趨向禪相的中心，中心是最美的部分，其光明是最亮且最純淨的。在注意力向中心靠攏或光明完全遍布並包圍著你時，放下並自在享受心的遨遊，讓心融入禪悅之中，然後讓這個禪修之道的第七階段「禪那」生起。

第七階段：禪那

進入禪那之門有兩個常見的障礙，即高興和恐懼。在高興中，心會變得激動：「哇，這就是它！」如果心認為如此，禪那就不太可能發生；這個「哇！」的反應必須利用絕對被動來對治。你可以把所有的「哇！」都留待退出禪那之後，那裡才是適合它們的場所。

但更可能的障礙是恐懼，恐懼來自於認知到禪那的強大力量與禪悅，或者認知到有些東西在你完全進入禪那後必須捨棄！造作者在進入禪那之前是靜默的，但它還在；然而，在禪那之中，造作者會完全消失，只有覺知者還在運作。你完全覺知，但現在一切都不在控制之下，你甚至無法生起一個念頭，遑論做決定了。意志被凍結，這對初學者來說會很可怕，因為他完全不曾有過無法控制卻又完全覺醒的經驗。恐懼是源自於放棄自我身分的核心部分。

這個恐懼可透過對佛法的信心，以及透過認知並趨入眼前極吸引人的禪悅而加以克服。佛陀常說不應害怕禪那中的禪悅，而應該追求、增長並經常修習，如《鶉喻經》（*Laṭukikopama Sutta*, MN 66,21）所言，因此在恐懼生起之前，要完全信任禪悅，並抱持對佛陀教法與聖弟子的信心。相信「法」（Dhamma，佛陀的教法），並在輕鬆、無形、無我與禪悅的經驗中，讓禪那溫暖地擁抱你，那將會是你生命中最深刻的經驗。要勇敢地完全捨棄控制一段時間，並親自去體驗這一切。

禪那的特質

禪那會持續一段長時間，如果只是持續幾分鐘就不該稱為「禪那」。高階禪那通常會持續數小時以上，一旦進入後便無選擇，只有在心準備好要出來時，並在累積的捨棄「動力」耗盡時，才會退出禪那。每個禪那都是相當安定與令人滿意的意識狀態，因此它的本質就是維持很久一段時間。

禪那的另一個特質是，只有在如先前所描述的識出禪相後，它才會出現。此外，我們應知道，在任何一種禪那中都不可能感受到身體（如肉體疼痛）或聽見外界聲音，或產生任何念頭，連「善」念也沒有。只有清楚的單一感知，那是一種不二的禪悅經驗，持續很久且不變，這不是恍惚，而是一種高度覺知的狀態。我這麼說，是希望你能明白那些你自以為的禪那究竟是真實或是想像的。

我會在本書第二部的第一章至第三章特別說明禪那。

止、觀之諍

有些傳統提到兩種禪：觀禪（vipassanā）與止禪（samatha）。事實上，兩者是一體兩面，密不可分。「止」是從禪修產生的安樂，「觀」是從同一禪修產生的洞見；「止」導致「觀」，「觀」也導致「止」。

請那些誤以為這裡所提供的指導都是「只修止而無關乎觀」的讀者能明白，這既非「觀」亦非「止」，而是稱為「修行」（bhāvanā）。這方法是佛陀所教導（AN IV, 125-27; MN 151,13-19），並由泰國東北部的森林傳統所傳承，我的老師阿姜查便是在此傳承之列。阿姜查經常說，「止」與「觀」不能被拆開，也不能脫離正見、正思惟及正業等來修習，兩者就如手心與手背。在原始的佛陀傳統中，觀與止是不可分割的。若要在上述七個禪修階段中取得進步，禪修者確實需要正見並接受佛陀的教法，且必須戒行清淨。

觀禪蘊含在目前為止所說的禪修方法中，它尤其可在三個重要領域產生觀智或正見：洞見那些會影響日常快樂的問題、洞見禪修之道，以及洞見「你」的本質。

洞見那些會影響日常快樂的問題

當某個問題發生，例如遭遇死亡、疾病、失落或甚至惱人的爭執時，不僅會讓人痛苦，還會令人困惑，猶如在濃密危險的叢林中迷路。當我們在森林中迷路時，應爬上高樹或塔頂尋找遠方的地標，例如通往安全處所的河流或道路，在眺望並掌握情況之後，迷惑就會消失。

在這個譬喻中，叢林代表日常生活中糾纏不清的問題；爬上高塔或樹頂則指禪修，那會帶來平靜與清涼的氣氛，洞見或展望便由此產生。因此，若你有重大的問題，別一直去想它，此時你正迷失在自己的叢林中。如果你能小心地遵循本章與之前禪修方法的指導，便能順利解決問題。你將登高遠眺叢林，並從那個有利位置獲得解決問題的洞見，答案將從平靜（亦即「止」）中生起。

洞見禪修之道

在每次坐禪結束時，花兩、三分鐘回顧坐禪期間發生過的事。無需在禪修時「做筆記」（即提醒自己記得），因為你將會發現結束時很容易記得重點。坐禪過程是安穩或挫折呢？此時問自己原因何在，是因為做了什麼而讓自己感到安穩或挫折嗎？倘若你的心游移進入幻境，那是安穩且有益的嗎？只在坐禪結束時才進行的這些回顧與反省，將會產生出如何禪修與何謂禪修的洞見。沒有人一開始就是完美的禪修者。

每次坐禪結束時，回顧禪修所獲得的洞見，將會深化你的禪修體驗並克服障礙。增長這類禪修洞見很重要，我會在第二部中深入探討。

目前我只能這樣說，你需要洞見來達到我所描述的每個階段。例如，要放下念頭，你就需要對於什麼是「放下」有些洞見，你愈提升這些階段，洞見就會愈深入。若你達到禪那的階段，那將會改變你的整個見解。

此外，這些深入禪修之道的洞見，也有助於解決日常生活的問題，這是因為會造成禪修障礙的習性，跟在日常生活中會造成困境的笨拙態度如出一轍。禪修就如同體操，你在其中培養強大的心靈止觀肌肉與洞見，然後再將兩者應用在更進一步的禪修與日常生活中，以追求快樂與成功。

洞見「你」的本質

最深入與最幽微的洞見，是深入你存在的真實本質，這洞見並非透過相信或思想獲得，只能透過禪修，透過變成絕對安定、釋放心，後而覺知心，才能獲得。佛陀將心比喻為被烏雲遮蔽的滿月，烏雲代表五入處與思想的活動，在禪定中，五入處消退，純淨與光明的心得以彰顯。在禪那中，你能實際看到純淨的心。

為了覺知心的祕密，禪修者必須完全沒有思想，在禪那的安定中持續觀察心很久。有個譬喻說，千瓣蓮花在夜晚闔上花瓣，然後在黎明時打開。當第一道曙光溫暖最外圈的花瓣時，它們開始張開，陽光的溫暖又落在下一圈，如是往下遞延；但若烏雲遮蔽陽光，花瓣便會闔上。只要不斷地接受日照且時間夠久，蓮花便會逐漸溫暖，終至打開最內圈的花瓣，並露出它的祕密來。

這個譬喻中的蓮花就代表心，陽光的溫暖代表安定的念力，雲代表破壞安定的思想或煩惱，往後我將會延伸類似的譬喻。現在我只能說，這些內在祕密超乎你的想像，有些禪修者停在花瓣內圈並誤以為：「這就是它。」此時安定被打破，蓮花瞬間闔上，這是虛假的覺悟。當你的禪修很深入，可以維持安定好幾個小時，能遠離蓋障來觀察心，並看見最內圈的花瓣完全開展，露出蓮花心中的珍寶，此時的你將會證悟最高的觀智——你存在的實相。你親自去發現吧！

在上一章中，我提出唯有「安忍」才是捷徑。這對於本章討論的三個禪修階段也適用，這些都是「放下」的階段，彼此密切相關。最後進入禪那，禪修者必須真的放下，這是深度的放下，唯有藉由細心與勤勉的修行才可能達成。

還有更多的禪修內容我還沒講到，在這兩章中，我只描述了基本的方法：達到初禪的七個階段；還有關於蓋障、念的特質與其他禪修對象等許多內容有待說明。現在，讓我們先將注意力轉向五蓋與克服五蓋的方法，從這裡開始我們要詳加探討。

第3章 禪修的蓋障[1]

在本章與下一章中，我們會詳細解釋「五蓋」，這些是禪修中會遭遇的障礙，你必須學習如何克服。在巴利語中，這些障礙稱為nīvarana，直譯為「關門」、「禁止進入」，亦即「蓋障」之意。它們會阻止你進入「禪那」，也阻撓或削弱你的智慧，並助長迷妄。因此在佛教中，若禪修者想要形容禪修的敵人，五蓋可謂是「頭號公敵」。「它們阻止人們覺悟」，正因如此，了解並克服五蓋才會那麼重要；不過，如果你未能充分了解它們，將無法一一克服。

有些老師對蓋障的解釋不夠清楚，尤其是那些使你無法進入禪定的細微蓋障。如果你連辨識及克服它們都不肯嘗試，它們就會宰制你的心，那麼你就無法享受到心的禪悅，也無法增長菩提智慧。

基本上，這五蓋橫梗在你與正覺之間。當你認識它們時，就有很好的機會可以克服。假如你還沒能達到禪那，那意味著你尚未完全了解五蓋；若你已進入這些定境，就代表你必然已克服了五蓋。事情就是這麼簡單。

佛陀列舉五蓋如下：欲貪（kāma-cchanda）、瞋恚（vyāpāda）、昏眠（thīna-middha）、掉悔（uddhacca-kukkucca）與疑（vicikicchā）。這是佛陀通常列舉它們的順序，下面我們也依此順序逐一說明。

第一蓋：欲貪

欲貪是阻撓禪修者進入禪定的主要障礙，因為很重要，所以列在五蓋之首。欲貪不僅僅是我們平常所知道的渴望，禪修初學者完全了解它的麻煩。首先，kāma 意指任何與色、聲、香、味、觸等五外入處有關的事物，而 chanda 意指喜好或契合，兩字相合的意思是「喜好、關注或涉入五入處的世界」。

舉例來說，禪修時聽到某個聲音，我們為何不能忽略它就好了呢？它為何會嚴重干擾我們？許多年前，我們寺院外圍的泰國鄉村在舉辦宴會，喇叭噪音很大，破壞了寺院的寧靜，我們因此向老師阿姜查抱怨噪音妨礙禪修。大師回答：「**不是噪音妨礙你們，而是你們妨礙噪音！**」

在上述例子中，欲貪是指心涉入聲音。同樣的，若有人說因為腳痛而打斷禪修時，並不是疼痛妨礙你，而是你妨礙疼痛。你若具備正念，便會看見你的覺知自身體出走，再次對感受有興趣。那便是欲貪在運作。

人很難克服欲貪，因為我們非常執著五入處與相關的事，一旦產生執著就無法抽離；要了解這個執著，檢視五入處與身體之間的關係會很有幫助。我們通常會宣稱五入處的存在是為了保護身體，但觀智告訴你相反的事：身體的存在是為了提供工具給五入處在世間玩樂。你也將會察覺到當五入處消失時，身體也隨之消失，放下其中一個，便意味著放下另一個。

逐漸去除欲貪

你無法單靠意志力便能放下五入處與身體，在禪修中去除欲貪是逐漸達成的。從選擇舒適安靜的地方禪修開始，你若覺得坐在椅子上更舒服的話，也可以這麼做，別忘了佛陀有時也坐在椅子上。當你剛閉上眼睛時，無法感覺太多的身體，這就像從明亮的房間走進黑暗時，得花幾分鐘才看得見，要適應身體的感覺同樣也得花上幾分鐘。所以，要在閉上眼睛幾分鐘後，我們的身體姿勢才會做最後的調整。

像這樣遷就欲貪，能暫時抑制它，身體會感到舒適，五入處也會得到滿足，但並非能長久如此。你必須利用這最初的自由，趕緊把心放在超越五入處所及之處，你得從當下覺知開始。我們的過去與未來幾乎都被五入處之事所占據，記憶裡充滿身體的感受、味道、氣味、聲音或形色，計畫裡也同樣離不開五入處。透過達到當下覺知，我們斬斷多數的欲貪。

下一個禪修階段是「靜默的當下覺知」，你從中去除一切思想。佛陀稱欲貪的一個面向為「欲尋」（kāma-vitakka），意思是尋思五入處的世界。對於禪修初學者而言，欲尋最明顯的形式是性幻想，我們會虛耗好幾個小時在這類欲尋上，尤其在長期閉關中。要突破這個阻撓禪修進步的障礙，可透過內觀或淨信，以及了解徹底解脫五入處（即禪那）比最棒的性經驗更令人狂喜及深刻。出家僧尼放棄性行為，並非出於恐懼或壓抑，而是因為他們認知到某種更殊勝的事。即使只是想到午餐也是欲尋，它們會打斷靜默。少數禪修者體悟到注意身體的感覺，例如想到自己正在「吸氣」或「聽到一個聲音」或「感到一陣刺痛」，這些也屬於欲尋，都是進步的障礙。

偉大的道家聖人老子，會讓一名弟子陪他在傍晚一起散步，弟子一路保持靜默。一天傍晚，他們走到山脊時，弟子嘆道：「好美的夕陽。」老子從此再也不讓這名弟子陪他。當其他人問起原因時，老子解釋：「當那個弟子說『好美的夕陽』時，他已不是在看夕陽，而是看見那些字。」這正是為何你們必須放棄標註的原因，因為看見字不是對事情保持正念，而只是徒然浪費時間在描述上而已。

在「靜默的當下覺知」中，五入處的世界此時就如被侷限在籠子裡，無法漫遊或造成任何危害。其次，為了完全捨棄五入處與隨之俱起的身體，你選擇將正念集中在五入處世界的一小部分而排除其他部分，也就是將正念集中在呼吸的身體感覺上，而不去注意身體的其他感覺或聲音。呼吸成為你從五入處世界進入內心領域的踏腳石。

當你成功地持續完全注意呼吸時，將會發覺所有聲音都消失了。你從來不曾察覺到聲音停止的這個時刻，因為它的本質即是逐漸消逝。這種消逝就像肉體的死亡一般，是一個過程而非事件。當你持續一段時間在坐禪結束後回顧禪修（如第二章最後的建議）時，通常你會發現心將不受任何聲音的影響。你也會察覺身體已消失，感覺不到手，也接收不到任何腳的訊息，唯一知道的只是呼吸的感覺。

當部分身體似乎消失時，有些禪修者會感到驚慌，這顯示出他們對於身體的強烈執著，這是欲貪在運作，以阻礙禪修的進步。通常你不久之後會逐漸熟悉身體的感覺消逝，並開始喜歡無牽絆的美好平靜。反覆鼓勵你斷除執著的，是由「放下」所產生的自由與喜悅。

不久之後，呼吸會消失，莊嚴的禪相充滿你的心，只有在此階段你才完全去除欲貪，不再涉入五入處的世界。因為當禪相安住時，會排除五入處，而身體也隨之消失，此時已克服第一個主要的蓋障，那是充滿禪悅的，你已來到禪那的門口。這是逐漸去除欲貪的方法，也是為什麼禪修階段要如此教導的原因。就像佛陀在《本生經》（Ja 4,173）中所說：「**你愈去除五入處的世界，就愈會感覺到禪悅。若你想要體驗完全的禪悅，就要完全去除五入處的世界。**」

第二蓋：瞋恚

第二蓋瞋恚，也是禪定的主要蓋障，尤其是對西方的禪修者而言。我們一般對此蓋障的了解是對別人生氣，但那並非瞋恚的完整內容，因為它似乎更可能是針對你自己或甚至是禪修的對象。

對自己生瞋

對自己生瞋的可能表現是：不讓自己狂喜、變安穩或禪修成功。許多人有很深的罪惡感，而這大都是西方人的特性，原因在於許多西方人被教育養成的方式。

對自己瞋恚是禪修中應該要注意的事，這可能是令你無法深入禪修的主要障礙。好幾年前當某位西方尼師談到她的禪修時，我才發現到這個問題。禪修時她經常很深入，幾乎就要進入禪那狀態，她說自己就站在門口，而阻礙她進入的事情是她自覺不該得到這個快樂！那是她對自己的瞋恚阻礙了她，她不願讓自己禪悅。從那時起，我在許多人身上都看到同樣的情形。有時當禪修變安穩或當快樂出現時，我們便以為一定是哪裡出錯了，於是會對自己生瞋，不允許自己快樂與自在。

在這位尼師的例子中，她很清楚地看見介於自己與禪那之間的是微細的瞋恚蓋障，她自認為不該得到這麼多的禪悅。你確實應該得到這麼多的禪悅，為何不該呢？我們並沒有任何理由可以反對它。世上有些狂喜是不合法的，有些則是違反佛陀的戒律，或使人生病或有可怕的副作用。但禪那沒有任何負面的副作用，也沒有不合法，而且佛陀還明確地鼓吹它們。

如果你仔細地審視自己的禪修方式，可能會發現同樣碰到瞋恚的障礙，但那並非在到達禪那之前的最後一步。你可能是在更早一些的禪修階段，在不允許自己高興時碰到它，或許是你喜歡忍受痛苦更甚於享受安穩與快樂，或許你認為自己不應得到快樂、禪悅與自在。

厭惡內在快樂肯定是罪惡感的跡象。當某人被發現有罪時，懲罰通常隨之而來，也許由法院施行。在我們的文化與內心中，罪與罰是分不開的；若我們對某件事感到罪惡感，下一件想到的事就是自我懲罰——否定自己的某種愉悅、快樂或自在；而西方人就只會持續追求懲罰。真是瘋了！

善待自己

要克服這個障礙可做一些慈心禪，讓自己放鬆一下。對你自己說：「通往內心之門對全部的我敞開，我允許自己快樂，我允許自己安穩，我要善待自己。在此次禪修中，我要有足夠的善意，讓自己變得安穩與欣喜若狂。」若你發現難以對自己擴展慈心時，問自己為什麼。也許你心中有著根深柢固的罪惡感，以致還在期待懲罰，不肯無條件地寬恕自己。

佛教的美麗倫理是，它不在意別人對你做了什麼，或他們已對你做了多久；它不在意你受到的待遇是多麼不公平、殘酷或不應該——你仍然可以完全原諒他們。我曾聽過有人說有些事是無法原諒的，那不是佛教！在佛教中絕對沒有任何事是你不能原諒的。幾年前，某個精神錯亂者跑到蘇格蘭的小學殺死了許多小孩，在屠殺過後的某次宗教儀式中，一位重要的教會執事請求上帝不要原諒這個人，他認為有些事是你無法原諒的！當我聽到有宗教領袖在悲劇事件結束後不肯給予寬恕，並以那樣的方式治療人們的痛苦時，我的心情很沉重。

只要是佛教，你一定可以原諒一切事情；你的寬恕便是治療，它解決了舊問題，而且絕對不會製造新問題。因為對自己根深柢固的態度，致使你無法原諒自己，有時是因為問題深埋在心中，有時是因為你已經忘了它。你只知道心中有些事讓你有罪惡感而無法原諒，你覺得有理由否決自己的自由、禪那與覺悟。對自己生瞋，也許就是你禪修無法成功的主要原因，何妨試著善待自己看看！

對禪修對象生瞋

對禪修對象生瞋，這是還不太熟悉入出息念者一個常見的問題，我說「還」是因為那只是時間早晚的問題，只要遵從指示去做，每個人都會成功。倘若你仍然不能成功，可能就是對禪修或禪修對象生瞋。你可能坐下來心想：「喔！又來了」、「這一定很困難」、「我實在不想做這個」、「我做它是因為禪修者都這麼做」，或「我一定要成為一個好佛教徒，而這是佛教徒應該做的」。如果你是帶著對禪修的瞋恚開始禪修，勉強為之便難以進步，你是擺明了跟自己過不去。

我喜愛禪修，而且非常享受。有次輪到我帶領禪修閉關，我很慶幸自己有這樣的機會，因此對僧侶們說：「太好了，禪修閉關耶！」我每天早上都很期待。「哇！我正在禪修閉關，不必做寺院的其他例行工作。」我非常喜愛禪修，對它充滿善意，毫無憎惡之感。基本上，我可以說是個「禪修上癮者」，若你也有這種態度，便會發現心正如佛陀所說的「躍向禪修」（AN IX, 41）。

我喜歡舉這個比喻：你走在街上，忽然看見某個親愛的老友在對街上。你們過去曾一起度過很美好的時光，此時無論你正要去哪裡或想要做什麼都無所謂，你忍不住衝到對街去，緊緊一把抓住他，給他一個熱情的擁抱。「來杯咖啡吧！我不管約會是否會遲到，自從上次見面後已過了好久。來吧！讓我們好好地聚一聚。」禪修就像一個你會想花時間與之相聚的親愛老友，你願意放下手邊的所有事情。若我在一哩外看見禪修，我一定會衝向它，給它一個溫暖的擁抱，並找個地方和它喝一杯咖啡。至於禪修對象——呼吸，我的呼吸和我是最佳拍檔，我們曾共同度過很美好的時光。若以這種善意看待呼吸，你就會明白在禪修中觀察呼吸其實很簡單。

當然，相反的情況是，當你知道自己必須和這個該死又討厭的呼吸在一起時。你過去和它曾有過很不愉快的相處經驗，看見它從對街走過來，你心想：「天啊！它又來了。」你試著閃避，躲在街燈後，好讓它看不見你，你只想逃避。很不幸的，人們確實會對呼吸生起這種瞋恚。若它對他們不具吸引力，他們便視禪修為一件討厭的工作，成為像上健身房那樣的事——「沒有痛苦，就沒有收穫」。你勉強舉重直到受傷，認為只有那樣才能達成目的。如果這是你進入禪修的方式，那肯定行不通。

因此，請對禪修的對象培養善意，設法讓自己喜歡這個禪修。像這樣想著：「哇！帥！我只要坐在這裡，其他什麼事也不必做——不必蓋房子、寫信或打電話。我只需要坐在這裡，和我親愛的呼吸老友在一起即可。」若你能這麼做，就已去除瞋恚蓋，還能增長它的反面——對呼吸的慈愛。

我用以下的方法克服任何對呼吸的瞋恚。我將呼吸看成是自己的新生兒，你會把自己的嬰兒留在賣場然後忘了嗎？你會在走路時遺失他嗎？你會讓他離開你的視線很久嗎？我們為何無法專注於呼吸呢？那是因為對呼吸缺少慈愛，我們不喜歡它且不欣賞它。若你能如同對自己的小孩或某個非常親密難捨的人一般地欣賞呼吸，你就絕對不會遺失、忘記或放棄它，而是會一直注意它。但是如果你對呼吸心懷瞋恚，就會發現自己總是遺失它且忘了它，還會一直想要失去它，因為你一點都不喜歡它。那正是你失去你的禪修對象的原因所在。

總之，瞋恚是一個障礙，透過對別人悲憫、對自己寬恕、對禪修對象慈愛、對禪修和善以及對呼吸親切，你就能克服這個障礙。你也可以對當下與靜默心懷慈愛，當你關心這些住在心中的朋友時，便克服了把它們當成禪修對象的所有憎惡。當你對禪修對象心懷慈愛時，無需多做努力就能守住它。你實在太愛它了，因此它變得很容易相處。

第4章 禪修的蓋障[2]

我們接著要探討其餘三蓋：昏眠、掉悔與疑，然後看看去除這些蓋障之後會發生什麼事。

第三蓋：昏眠

第三蓋是昏沉睡眠。我無需詳細描述，因為我相信我們透過自身的禪修經驗都已經很了解它了。當我們坐禪時，無法真正曉得我們是在觀察什麼，無論它是當下、靜默、呼吸或其他對象，這是因為心是昏沉的，猶如沒有光線照亮內在般，整個是一片陰暗與模糊。

與昏眠和解

克服昏眠最深奧有效的方式是與昏眠和平共處，別對抗它！記得當我還是泰國森林寺的年輕比丘時，在凌晨三點十五分的打坐中如果想睡覺，我會拚命掙扎想戰勝昏沉。通常我會失敗，但是當我真的成功克服睡眠而不再感到昏昏欲睡時，掉舉將取而代之。

因此，我會平息掉舉並再次掉入昏眠，我的禪修過程就如鐘擺一直在兩端之間擺盪，永遠找不到中點。

我花了好幾年，才了解事情的原委。

佛陀主張觀照，而不是對抗。因此，我檢視昏眠的來源，過去我一直在凌晨三點十五分禪修，睡得少又營養不良，一個英國比丘身處於炎熱的熱帶叢林，你還能期待什麼！昏沉是自然的結果。於是我放下並與睡眠和解，停止抗爭並讓頭低垂，天曉得，我甚至還可能打鼾呢！當我停止對抗昏眠時，昏眠情況並未持續很久。此外，當我通過昏眠考驗時，剩下來的會是安穩而非掉舉。我已找到擺錘的中點，而且從此之後能輕易地觀察呼吸。

禪修中的昏沉是心疲倦的結果，通常是因為工作過度，對抗昏沉會使你更累，休息則可讓能量重回內心。

為了釐清這個過程，我現在要介紹心的兩個半邊：覺知者與造作者。覺知者是被動的那一半心，它只接收訊息；而造作者是主動的那一半心，會有評估、思考與控制的反應，兩者共用使同一個心理能量。因此，當你做很多事，過著忙碌的生活型態，或掙扎著要出頭時，造作者會消耗你的多數能量，只留下很少的能量給覺知者。當覺知者的心理能量匱乏之時，你就會感到昏沉。

幾年前我在雪梨帶領的一次閉關中，某個在城中擔任主管的閉關者因為工作繁忙而遲到。第一天坐禪那晚，她的心可說是死氣沉沉，因此我給她如何克服昏眠的特別指導：我請她休息。接下來的三天她都睡過頭，一直睡到黎明，早餐後又回去倒頭大睡，午餐過後再打個大盹。多麼精彩的禪修啊！在這不抗爭的三天，幾乎不給造作者任何心理能量，而是讓心理能量自然而然地流向覺知者。三天過後，她的心漸漸亮了起來，再過三天她已能趕上其他禪修者的進度。在閉關結束前，她已經領先且成為那次閉關的優秀禪修者之一。

克服昏眠最深奧有效的方法就是：別對抗你的心、別想改變情況，反之只要隨它去。你應該要與昏眠和解而非戰爭，然後你的心理能量將被解放而流向覺知者，昏眠自然會消失。

珍視覺知

另一個克服昏眠的方法是更加珍視覺知。所有佛教傳統都說人身難得、佛法難聞，如今你們有機會修行，不知是經過多少世、累積了多少福報，才能得到今日的處境。現在你們已積聚了好幾世的善業，才得以如此接近佛法。如此思惟意味著你將比較不會偏向昏眠，而會更朝向明覺。

禪修之道有時會來到分岔路口，左邊通往昏眠，右邊通往明覺。你可以憑經驗認出這個路口，這是禪修中你可以選擇昏眠小巷或正念大道的時機。往左走，你同時放棄造作者與覺知者；往右走，你放棄造作者而保留覺知者。當你珍視覺知時，將會自動選擇右邊的明覺之道。

昏眠與瞋恚

昏眠有時是第二蓋瞋恚的結果。我以前常去澳洲監獄教導禪修，那時經常聽到以下的監獄俚語：「多睡一小時，便少關一小時。」不喜歡所在地方的人總會想要遁入昏沉中。同樣的，很容易有負面情緒的禪修者會有趨入昏眠的傾向，瞋恚是其癥結所在。

在我們位於泰國的寺院中，每個星期會有一次徹夜禪修。在徹夜打坐的過程中，昏眠總會規律性地在午夜過後戰勝我一、兩個小時。那是我出家的第一年，回想起來頂多十二個月前，我還在派對、搖滾音樂會與俱樂部裡徹夜狂歡。過去當我在凌晨兩點聆聽門戶樂團（The Doors）的音樂時，從不會感到昏昏欲睡。為什麼？顯然當你正在享受所做的事情時，不太可能會陷入昏眠；但當你不喜歡正在做的事情時，昏眠就會出現。我以前不喜歡徹夜打坐，認為那是愚蠢的觀念，我只是勉強跟著做而已。我心懷瞋恚，那正是我昏眠的原因。當我改變態度優遊其中，從徹夜打坐裡找到樂趣時，昏眠便很少出現。因此，你應該審視自己的昏眠是否是心態問題：瞋恚態度的結果。

利用恐懼

當我還是在家佛教徒時，曾在英格蘭北部參加過一次禪宗閉關。一大清早的禪堂非常冷，大家都會在身上裹著毯子。禪修時身旁若有毯子，很容易就會睡著，禪師拿著一根大棍子來回巡視，我旁邊的傢伙才剛開始打盹就挨打了。霎時間每個人的昏眠都消失了，我們只需一個人被打就夠了。問題是喚醒我的那個恐懼此後一直跟著我，阻礙我更進一步。這個經驗給我的教訓是，你無法藉由使用恐懼或暴力等不善的方法，去產生平靜與自在等善法。

在泰國東北部的古老森林傳統中，比丘們會在危險的地方禪修，例如樹上的高臺、懸崖邊或充滿老虎的森林。倖存者說他們得到很好的禪修，但你永遠聽不到那些無法生還者的說法。

第四蓋：掉悔

下一個蓋障是掉悔（掉舉與後悔），這是最微細的蓋障之一，主要成分是心的掉舉。但請先容我簡短說明「後悔」這件事。

後悔

後悔是你所做過或說過的惡業造成的結果，換言之，它是惡行的結果。若禪修中出現後悔，你應該要原諒自己而非沉溺其中。每個人都會犯錯，智者並非永遠不會犯錯的人，而是能原諒自己並從錯誤中得到教訓的人。有些人非常後悔，以致相信自己永遠不可能覺悟。

佛經裡關於央掘摩羅（Angulimālā）的故事是大家耳熟能詳的（MN 86）。央掘摩羅是個連續殺人狂，他殺了九百九十九個人，並切下每個人的一根手指掛在頸上做成花鬘，故有「指鬘」之稱。第一千名受害者是佛陀，但他當然無法殺死佛陀，反而是佛陀「殺了他」——殺了他的惡行與煩惱，他後來成為佛教比丘。即使像央掘摩羅這樣的殺人魔，都可能達到禪那並完全覺悟，那麼難道你殺過人嗎？你是連續殺人狂嗎？你可能沒做過那樣的壞事。連那樣的人都能覺悟，你當然也可以。無論你曾做過什麼壞事或對什麼事感到後悔，請永遠記得央掘摩羅，這樣你就不會覺得自己是那麼糟糕。原諒、放下過去，是克服後悔的良方

掉舉

掉舉（擾動不安）是因為不懂得欣賞知足之美才會生起：我們不認識「什麼也不做」的單純樂趣，而且對於既存事物心存挑剔而非欣賞。禪修中的掉舉，是因為無法在當下找到喜悅的跡象，至於是否能找到喜悅，取決於我們訓練自己感知的方式。我們有能力改變自己看事情的方式，例如看著一杯水，可以覺得它很美，也可以認為它很普通。禪修時，我們可視呼吸為無聊與單調，也可以視之為非常美麗與獨特。如果將呼吸視為很有價值的事，我們就不會感到掉舉，不會四處尋找別的事。掉舉是四處尋找別的事情來做、來想，到別的地方（除了當下之外的任何一個地方）來來去去。掉舉一如欲貪，是主要的蓋障之一，會使長時間靜坐變得很困難。

我從當下覺知開始修禪，就是為了克服粗心掉舉的嘮叨：「我想去當下之外的某個地方。」無論這地方如何，無論你把它布置得多麼舒適，掉舉總會說它不夠好。掉舉看著你的蒲團說它太大或太小、太硬或太寬；掉舉看著閉關中心說：「它不夠好，我們應

該一天吃三餐，還要有客房服務。」

知足心是挑剔心的反面，你應該盡一切可能地對於所擁有與所處的一切，培養知足的想法。

慎防你禪修中的挑剔，有時你可能會想：「我還不夠深入，我已觀察當下很久了，卻一直沒什麼進步。」那個想法正是掉舉的因。你觀念中的禪修進展並無關緊要，請對它絕對知足，它將會更深入；如果你不滿意自己的進步，只會使它變得更糟。因此，要學習當下知足，忘記禪那，只要於此時此地，就在這一刻知足。當知足加深時，禪那將會因應而起。

看著靜默並滿足於靜默，若你真的知足，無需說任何話。大多數的內在對話形式難道不是除了抱怨、試圖改變事情之外，就是想做其他事情嗎？或者是遁入思想與觀念的世界？「想」意味著不知足。若真的滿足，你一定是安定與寂靜的。試著加深自己的知足感，因為那正是掉舉的解藥。

即使身體疼痛並感覺不適，你還是可以改變自己的感知，視之為很好或甚至很美的事。看看你是否能對疼或痛感到滿足，看看你是否能允許它們存在。出家之後，我曾有好幾次處於劇烈的疼痛中，我沒有逃避，因為那是掉舉，我把心轉向完全接受疼痛並滿足於它，結果發現自己能滿足於更劇烈的疼痛。若你能那麼做，疼痛最糟的部分將會連同掉舉一起消失，你並沒有去除它的打算，而是完全安住於這個感覺。伴隨疼痛而來的掉舉，可能才是最糟的部分，透過知足去除掉舉，你甚至可能從疼痛中找到樂趣。

請對所擁有的一切——當下、靜默與呼吸，發展出知足之心。無論你在哪裡，請增長知足，從那個知足（發自它的最中心）你將會發現自己的禪修變得更深入。因此，若你看見心中的掉舉，請記得「知足」這個詞。知足能尋求正向的事，它能使你保持安定；而掉舉則是會一直奴役你。佛陀曾經舉過一個譬喻（MN 39,14），掉舉就像專橫的主人或主婦一樣，總是告訴你：「去拿這個。」「去做那個。」「那樣不對。」「把那裡掃乾淨一點。」永遠不讓你有喘息的機會，那個專橫者就是挑剔的心，要透過知足來降伏它。

在你克服了掉舉較普通的形式後，在更深入的禪修階段通常還會出現一種更加微妙的掉舉形式，這是在你初次看見禪相時。因為掉舉的緣故，你就是無法不去管它，你會東拉西扯，不滿意出現在眼前的禪相，還想要更多的東西，並感到興奮不安。掉舉是可以輕易摧毀禪相的一種蓋障。你已到達，無需再多做些什麼，不去管它，對它知足，它將會自行增長。那便是知足——完全無所作為，只是坐在那裡看著禪相綻放而進入禪那，不論得花一個小時或五分鐘，或者永遠不發生，你都能夠知足，那便是進入禪那之道。假如禪相來來去去，那是內心掉舉的徵象，如果你能毫不費力地維持注意力，表示掉舉已被克服了。

第五蓋：疑

最後一個蓋障稱為「疑」，它針對的對象可能是教法、老師或你自己。

對於針對教法的疑，到目前為止你應該要有足夠的信心，相信有些美麗的結果來自於禪修。你可能已經歷許多美好的事，讓這些正面的經驗強化信心，相信禪修是值得做的事。打坐，在安定中修心，尤其在禪那中修心，都是非常值得做的事，那將會帶給你清明、快樂與對於佛法的正見。

說到老師，他們往往像是運動團隊的教練，他們的工作是根據自己的經驗來教導，更重要的是以話語與行動來啟發學生。但在你相信老師之前，要先檢驗他們，觀察他們的行為，親自檢視他們是否言行一致。他們若真的了知自己所說的內容，就應該是有道德、自制力與可以激勵人心的人。只有以身作則堪為典範的老師，才是你應該相信的。

懷疑自己而心想：「我沒希望，我辦不到，我真沒用，我相信除了自己之外的每個人都已達到禪那，而且已開悟。」這些挫敗失望往往會因為老師的激勵與鼓舞而加以克服。老師的工作是對你說：「是的，你可以達到這一切。其他許多人已經達到，為何你不行呢？」幫自己打氣，要相信你能達到一切想做的事。事實上，只要你有足夠的決心與信心，成功只是遲早的問題，唯有那些放棄的人才會失敗。

懷疑也可能被轉向你正在經歷的事：「這是什麼？這是禪那嗎？這是當下覺知嗎？」這種懷疑是障礙，它們不應該出現在禪修中，要盡可能地讓心保持安穩。放下，並享受安穩與快樂，事後你可以回顧並自問：「那是什麼？那真有趣。那時發生了什麼事？」這時才是你確認它是否為禪那的時機。如果你在禪修時心想：「這是禪那嗎？」那麼它一定不可能是禪那！像那樣的想法不可能在這些深入的定境中出現。只有在事後，當你回顧那些狀態時，才可能檢視它並說：「啊！那是禪那。」

如果在禪修中遭遇困難，停下來問自己：「這是哪一種蓋障？」再找出原因，一旦知道原因，就可回想解套的方法並加以運用。若它是欲貪，就逐漸把注意力從五入處移開，轉到呼吸或心；若是瞋恚，就做一些修慈；若是昏眠，就記得「珍視覺知」；若是掉悔，就記得「知足、知足、再知足」，或練習寬恕；若它是疑，就要有信心且接受「法」的激勵。每次禪修時，你都應該要有系統地運用解決蓋障的方法，如此一來，你所遇到的蓋障就不會造成長遠的阻礙。因為你能認出、克服並超越它們。

蓋障工場

分別討論過五蓋之後，接著我將指出它們來自同一個來源——都是由你心裡拒絕放下事物的控制怪物所產生。

禪修者之所以無法克服蓋障，是因為他們在錯誤的地方尋找它們。想要獲得成功的禪修，有一點相當重要，那就是了解在覺知者與覺知對象之間才能看見蓋障的運作。蓋障的來源是造作者，其結果是阻礙進步，而工場則是位於心與其禪修對象之間的空間。基本上，五蓋是一個「關係」的問題。

善巧的禪修者觀察他們的呼吸，同時也注意「如何」觀看呼吸。若看見介於自己與呼吸之間的期待，則你是以第一蓋「欲貪」在看呼吸；若察覺其間的侵略性，則你是以第二蓋「瞋恚」在看呼吸；若認出其間的恐懼，也許是關於失去呼吸覺知的焦慮，則你是以混合的蓋障在禪修。有時你可能看似成功，能在心中守住呼吸好幾分鐘，但會發現自己無法再更深入一層。過去你一直都在看錯誤的東西，你在禪修中的主要任務即是察覺這些蓋障並加以排除，以此方式紮實地贏得每個後續的禪修階段，而非嘗試靠意志的活動去竊取每個階段的獎項。

若能在你與任何一種覺知對象之間放入安詳或慈愛，那麼你在這個禪修的每個階段都不可能會出錯。當性幻想出現時，把安詳放入你與覺知對象之間的空間，白日夢很快就會失去動力；與昏沉和解而非爭戰；把慈愛放入觀察者與疼痛的身體之間；與放逸心協議停火。停止控制，並開始放下。

就如房子是由千百塊磚頭一個個砌疊而成一樣，安詳之屋（即禪那）也是由千百個安詳的剎那一個個累積而成。當你剎那相續地把安詳、柔和或慈愛放入自己與覺知對象之間的空間時，就不再需要性幻想、疼痛消失、昏沉轉為光明、掉舉失去動力，禪那自然而然地發生。

總之，你要先察覺五蓋是在觀察者與被觀察對象之間的空間出現。然後，才能放入安詳與慈愛，不只要正念，還要增長我所說的「無為的正念」——絕不控制或涉入認知對象的那種覺知。如此一來，一切蓋障都將被摧毀並迅速消失。

蛇的譬喻

有些禪修者抱怨經常有個糾纏不清的障礙，一個在禪修時一再阻礙他們的問題。反覆出現的障礙，可用以下衍生自蛇喻的方法加以克服。

早年我在泰國森林修行時，因為沒有任何涼鞋，所以經常會在晚上赤腳返回茅篷，又因為沒有手電筒可用的電池，所以都是利用星光來引路。雖然森林路徑上有許多蛇出沒，我卻從來沒有被咬過，我知道牠們數量龐大且非常危險，所以一向小心翼翼地提防著。如果看到路上有可疑暗處，雖然可能只是一根棍子，我還是會跳過去或繞道，因而成功地避開了危險。

同樣的，在禪修之道上，有許多危險的障礙等著要抓你，並讓你無法進步。只要記得它們潛伏在四周且很危險，你就會提高警覺而永遠不會被逮到。糾纏不清的障礙就如數量最多的蛇種，牠已逮到你許多次。所以每次開始打坐時就要提醒自己，小心那個糾纏不清的障礙，因為它很危險。此時你就會在整個禪坐的過程中，一直提防它出現在覺知者與覺知對象之間的空間。使用這個方法，你不太可能會被抓到。

「那羅祇梨」對策

有些禪修者說他們曾一次感受到五個蓋障，且來勢洶洶！那時他們心想自己可能會發瘋。為了幫助這些禪修者準確與強烈地反擊五蓋，我教導了「那羅祇梨（Nalāgiri）對策」，那是出自於佛傳中一次著名的事件。

佛陀的敵人們嘗試在他托缽乞食的狹窄街道上，釋放一頭酒醉的公象那羅祇梨來殺害他。看見瘋象狂奔而來的人尖叫，著警告佛陀與隨行僧眾閃開，除了佛陀與侍者阿難之外，所有比丘都避到一旁。阿難勇敢地擋在佛陀前面，準備犧牲自己來保護他敬愛的老師，佛陀溫柔地推開阿難，獨自面對強大的狂象攻擊。佛陀當然擁有神通力，我相信他能抓住大象的鼻子，在頭上轉三圈，然後把牠拋入幾百哩外的恆河中！但那並非佛陀的方式，他用的是慈悲地放下。也許他心裡想的是「親愛的那羅祇梨，無論你對我做什麼，我的心門都為你敞開。你可以用鼻子打擊我或將我踩在腳下，我都不會瞋恨你，我會無條件地關愛你」之類的想法。佛陀溫柔地把祥和放在他與危險的大象之間，那是無法抵擋的、真正慈悲的放下力量，幾秒之內狂暴的大象就被降伏了，那羅祇梨溫順地趴在大悲者的足下，鼻子被輕輕地拍著，「做得好！那羅祇梨，做得好。」

有時在某些禪修者的修行中，他們的心就如橫衝直撞破壞一切事物的醉象，在這些情況下，請記得「那羅祇梨對策」。別使用暴力去征服內心那頭狂暴的公象，而是應慈悲地放下：「我親愛的狂心，無論你對我做什麼，我的心門完全為你敞開。你可以打擊我或摧毀我，我都不會瞋恨你。我愛你，我的心，無論你怎麼做。」與你的狂心和解而別對抗它。那是極短時間之內真正慈悲地放下力量，心將解除狂暴，溫順地站在你的面前，被你溫柔的正念輕輕地拍著，「做得好！心，做得好！」

蓋障被擊倒時

經常有人問起，蓋障被擊倒可以持續多久。當克服它們時，是意味著永遠，或只限於禪修期間？

首先，你暫時地克服了它們，當你退出禪那時，將會察覺到那些蓋障消失了很久。心非常敏銳且安定，你能長時間專注於某件事，而且完全沒有瞋恚，即使別人打你的頭，你也不可能對他生氣；你對於欲樂（例如性）不感興趣，這是好的禪修結果。但一陣子之後（時間長短取決於禪修的深度與長度），蓋障會再度返回。

這就像在拳擊場內，對手只是被擊倒而已。蓋障只是暫時「失去知覺」，事後還是會捲土重來，並展開報復，但至少你知道克服它們是怎麼一回事。你返回禪那愈多次（即蓋障被擊倒愈多次），它們就會變得愈虛弱無力。接下來就是正覺觀智的任務了，這次則是徹底斷除那些虛弱的蓋障。這是古老的成佛之道，透過禪修擊倒五蓋是為了替智慧提供機會，智慧接著將看穿這些虛弱的蓋障並摧毀它們，當你完全斷除蓋障時，你便覺悟了。若你覺悟了，則將毫無困難地進入禪那，因為障礙已經消失，你已完全去除與禪那之間的阻隔了。

第5章——正念的特質

正念是創造成功禪修的五無漏根（indriya）之一，若未能充分了解與修習正念，那麼你可能會在禪修中浪費許多時間。

設置守門人

正念不只是覺知、清醒或完全意識到你周遭正在發生的事，也會引導覺知到特定的領域，使你記得所受的指導與開始做反應。在佛陀所用的比喻中，正念就如一個看守家門或城門的人（AN VII,63）。

想像你是個富人，有守門人負責警戒你所居住的豪宅。某天晚上，在去寺院禪修之前，你告訴守門人要保持警戒注意竊賊。返家時，你發現房子遭竊，慈心瞬間消失。「我不是告訴你要警覺嗎？」你對守門人咆哮。「但我有警覺啊！」守門人辯解：「我注意到竊賊入侵，且清楚地注意他們拿著你的電漿電視與發燒音響走出去。我警覺地看著他們進去好幾次，並全神貫注地觀察他們搬走你的古董家具與珍貴珠寶。」

這種對於正念的解釋，你會感到滿意嗎？聰明的守門人知道，正念不只是單純地注意而已，還必須記得指示並努力執行，如果看見有小偷嘗試入侵，就必須阻止竊賊或馬上報警。

同樣的，聰明的禪修者不只是單純地注意一切進出內心的事而已，他必須做得更多，例如佛陀指導禪修者關於八正道的第六支「正精進」。當聰明的禪修者修習正念時，看見不善法嘗試入侵，便會試著阻止煩惱生起。若不善法還是溜了進來，他們就會試著驅逐它。性欲或瞋恚這類不善法，就如竊賊或花言巧語的假藝術家，它們會掠奪你的禪定、智慧與快樂。因此，正念有這兩個面向：覺知與記得指示。

在佛教經典中，巴利語 sati 有「覺知」（awareness）與「記憶」（memory）兩種用法，擁有好正念的人，也是個擁有好記憶的人。若我們完全注意自己正在做的事，這個覺知會在心中創造一個印記，而使它變得容易記憶。例如，假設你險些發生嚴重的車禍，你的正念會因為感到危險而突然變得很敏銳，且其強度會讓你非常清楚地記得此事，那晚要入睡時，可能都還無法忘記。由此可見覺知與記憶之間的關係，你愈專注於正在做的事，就會愈記得它，覺知與記憶兩者再次湊在一起。

如果守門人已增長覺察力，便會注意自己被賦予的指示；如果能完全注意指示，他們就會記住指示並認真努力地履行。因此，我們應清楚地指示自己要完全注意，這樣我們就會記得該做的事情。老師的工作也是給予清楚明確的指示，以便幫助我們導正心。當禪修中的訓練是有系統且每個階段都定義清楚時，守門人自然就會擁有他們所需要的清明。

指示守門人

開始禪修時，請記得你心裡有個守門人——能覺知正在發生的事與記得指示的人。告訴守門人一些事，例如重複指示三次：「現在是覺知當下的時間」。再三重複一些事，你就更容易記住。也許當你在學校有個字拼不出來時，就必須寫它一百次，事後就永遠不會忘記。因為當你重複某件事時，就得更努力，而正念也會變得更強，如果是容易的事，何需太多的正念。因此藉由重複指示：「我將覺知當下。我將覺知當下。我將覺知當下。」來讓自己不會輕忽它。

守門人就如同其他服務員或工人，你不必每隔一、兩秒就給予相同的指示，只要在開始時給予三次指示即可。然後就讓他盡忠職守，並相信守門人知道他自己的工作。

指示守門人就如同你指示計程車司機一樣，只需要清楚地說出自己想去哪裡，然後就可以坐在後座，放輕鬆地享受搭乘，你相信司機知道如何抵達目的地。試著想像，如果你每隔幾秒就告訴司機：「開慢一點……開快一點……這邊左轉……現在換三檔……看你的後照鏡……保持靠右。」那會怎樣？計程車司機在開了幾百碼後可能會把你扔出去。同樣的，當禪修者每隔幾秒就指示守門人時，他們的心一定會反抗並拒絕合作。

讓心持續於當下的工作，別一直干擾它，給心清楚的指示後就放下，並在一旁觀察。若你如此安置正念，將會發現心會照指示去做，它仍會不時犯錯，但指示將確保它一旦偏入過去或未來，正念會記得重回當下。對身為旁觀者的你來說，事情是自動發生的，你只是監視守門人做事，而不是給他更多指示。這是了解心，並順著它的本性而為。

我鼓勵你們和心玩遊戲，以得知它的能耐。第一次禪修閉關時，我便被告知無需設定早上起床的鬧鐘，老師告訴我們，只要在就寢前對自己說：「我要在四點五十五分起床。」結果每天早上都奏效。我無需一直看時鐘是否已走到四點五十五分，一起床就是這個時間，頂多差個一、兩分鐘。心工作的方式實在很不可思議，我不知道它如何記得，但它就是辦到了。因此試著設定你的心：「現在是觀察當下的時間。活在當下。」你只需這麼做，然後就可讓心自行運作。

清楚指示守門人誰能否進入也很重要，只有訪客名單還不夠，若守門人未拿到禁止名單，它可能很容易犯錯。

第一階段的守門人

在禪修的第一階段「當下覺知」，唯一允許進入的訪客是正在發生的任何事。它可能是鳥叫聲，或遠方的卡車聲或風，也可能是某個人在咳嗽或甩門，這都無所謂，只要它是正在發生的事，那就是當下覺知的訪客。它可能是呼吸或禪相，也可能是禪那，這都是當下覺知的一部分。因此，非常清楚地注意誰被准許進來，並歡迎你的訪客。

你也應該要非常清楚地注意誰被禁止進來，誰是當下覺知的不速之客？那些敵人是過去或未來的任何思想、感知與見解，亦即任何回顧或前瞻。當你指示你的守門人時，覺知那些不速之客並清楚地通報它們，這點很重要。開始禪修時對自己說三次：「我將覺知當下，且不會偏入過去或未來。」指示守門人危險與目標，有助於正念盡其本份，當不速之客出現時，正念會覺知：「這不是我該做的事。」它便能拋開過去或未來的思想或感知。

第二階段的守門人

在第二階段「靜默的當下覺知」，目標是「靜默」，不速之客是「內心私語」。因此在此階段開始時，要清楚地告訴心：「我將靜默地覺知當下，並拋開一切內心私語。」重複這段話兩次，如此地安立正念。你讓成功的禪修成為可能，因為你已清楚地指示守門人。

第三階段的守門人

在第三階段「靜默的當下覺知呼吸」，唯一受邀的訪客是「當下的呼吸」。不速之客是誰？除了呼吸之外的一切事物，包括外面的聲音、身體的感受、午餐或晚餐等想法，除了呼吸之外的一切事物都是不速之客。因此，你應該告訴自己三次：「我將覺知當下的呼吸，並拋開其他一切感知與思想。」再次，非常清楚地告訴心什麼可做或不可做後，便可讓心自行運作，你只需要在一旁注意即可。當呼吸之外的念頭生起，例如聽到外面割草機的聲音時，心立即覺知不該做這件事並自動移開，這是在正念中修心。當心訓練良好時，觀察它將會是很美妙的事。當它接收到清楚的指示時，它記得該做什麼，且知道自己正在做什麼，因此禪修將會變得很平順且幾乎毫不費力。

然而，禪修並非毫不費力，你只在適當時機（當它快要有效果時）才做一些努力，如同種樹，有時要努力，有時則放手。你播種、澆水並施肥，但在種樹的過程中，多數時候你只是看顧它，確保沒有任何事會干擾到成長的過程，種子自有它的指示，它只需要機會。同樣的，別一直干擾心，別老是刺激它、推動它或告訴它該做事，否則過一陣子後它一定會造反。心會說：「別管我。瞧！我正試著做我的工作。快讓開。」若不趕快讓心自行運作，你的禪修就完了！

第四階段的守門人

在禪修的第四階段「完全持續注意呼吸」，守門人被告知要在每一剎那都覺知完整的呼吸，不准其他事情侵入這個平順而連續的覺知：「我應連續覺知完整的呼吸，不去理會呼吸之外的任何事。」藉由非常小心與清楚地指示守門人，你給正念一個可以成功的機會。你只需要在此階段開始時，告訴自己這個訊息三次，然後就可退到一旁去觀察。

如果你給了自己這些指示，但一、兩分鐘後卻發現自己分心了，這有兩個可能的原因：一是你的指示不夠詳細；二是你的正念太微弱了。倘若是正念太微弱，那就每隔三、四分鐘重複那些指示，無需每隔十秒或十五秒就重複。重複指示如果太頻繁就會干擾禪修，永遠無法讓禪修有成功的機會，只會徒然造成不安與失望。

如果你非常小心地給自己下指示，那麼你將會記得這些指示，正念將會一步步地逐漸深化。起初，你察覺正念占有一大片領土（即當下）可以遨遊，然後它被允許的範圍逐漸縮減，只專注在當下的靜默，而拋開屬於內在私語的一切。第二階段的「當下靜默」，又被「靜默的當下覺知呼吸」給取代，除此之外的一切事物都被拋開。然後便是「完全覺知呼吸」，從入息的開始到結束，從出息的開始到結束，其餘一切都被拋開。在每個後續的階段，正念都會減少它的幅員，以便獲得更大的力量。

三昧：等持或定

第三階段「覺知呼吸」，你只需要察覺每個入息的一部分與每個出息的一部分；察覺到入息的一部分後，心就可到別處逛逛，但它必須及時返「家」，以便接住下一個出息。只要看見氣息吐出，心還是可以走開去觀察別的事情，但它必須再次及時返家接住下一個入息。「念」還是有其他地方可去，它雖然被繫在呼吸上，卻是繫在一條長皮帶上。但是在第四階段「完全覺知呼吸」，你必須將覺知鎖定在呼吸上，不可到別處去。第四階段在禪修中非常重要，因為在此你第一次完全掌握禪修對象，正念被限定在一小塊區域——瞬間的呼吸。你集中覺知不讓它四處遊走，當正念集中時，它會變得很強，就如使用放大鏡點火，因為你將全部能量都集中在一件事上。這個維持覺知於一件事的安定能力稱為「三昧」（samādhi，定），無需稱它為「專注」（concentration，譯按：英文裡常用此字表示「三昧」或「定」），因為「專注」不足以真實反映「三昧」的重要意義。

「三昧」是能持續注意一件事的等持或定，它並不罕見，這可以舉外科醫師動手術為例。醫師告訴我，他們有時會花數個小時進行一個手術，且從頭到尾都站著，但從不會感覺累，因為他們必須全神貫注在手術刀尖上，只要一點小失誤——偏離等持，病人可能就會喪命。外科醫師發展出一種三昧而不會感到腳痛，因為他們的注意力都放在刀尖上，他們因需要而達到這種三昧的層次，在世上他們只關心一件事：此刻正在動的手術。這個例子給我們一個關於三昧的重要啟示：若它真的很重要，你就能辦得到。

發起精進

正念需要的另一個因素是「精進」，在每個階段你都需要精進，傾一切力量投入你正在做的事，別想保留一些東西到下一刻，由此而發起精進。人們常犯的一個錯誤是心想：「若我放太多精力在這一刻，那到了下一刻我就沒有了。」這尤其會發生在心靈精進上。但心的運作方式並非如此，你投入愈多精力在這一刻，下一刻你就會擁有愈多。

心理能量的積聚是無限的，若投入許多精力於此刻正在做的事情上，你將會發現下一刻、下五分鐘或下一個小時，你真的是清醒與機警的。這就是為何我的老師阿姜查常說，不論你在做什麼都要全心投入，事後你的能量便會增強。然而，若你心想：「啊！這一刻我其實不必投入太多精力。」你就會變得昏昏沉沉，且無法享受生活中的樂趣。

吃東西時，努力充滿正念地吃下每一口，看看你能覺察到多少，此時你將會享受到更多！當你在吃東西時，正念的不速之客是想到別的事情，有時你甚至不知道放進嘴巴的是什麼東西，難怪許多人都有消化不良的毛病！無論你正在做什麼，覺知自己正在做的事，能量將會被激發出來。

開燈

隨著正念增強，它將變得更敏銳，你會覺得自己正從一個過去很昏暗的世界中探出頭來。當正念愈來愈強時，就好像有人打開了房間的電燈，或陽光出現照亮了整個環境，你看見周遭更多的東西。就如把手電筒照在物體上，你開始看見繽紛色彩、可愛的形狀與細緻紋理的微妙之美，整個看起來非常漂亮與美好。當正念增強時，它不只會產生洞見，也會帶來喜悅。

當你已培養出強大的正念時，那就好像在燦爛的陽光下走出戶外，進入美麗的花園中。強大的正念會振奮精神與激勵人心，擁有強大的正念，心將變得非常明亮，此時若把它集中在世間的一小部分，你將能深入洞見其本質。明亮且集中的覺知經驗是美好與驚人的！你將看見更多的美與實相，遠超過你所能想像。

因此，培養正念就如同點亮心裡的燈，當你把正念維持在一件事上，而不是讓它四處遊走時，正念會增強自身的能量，你便開始以非常深入與奇妙的方式洞見事物。

增強內觀的力量

強化正念將會增強內觀的力量。只要拿起一樣東西，例如一片灌木葉，並持續注意那片葉子，讓正念安定下來，直到你不只看見一片綠色的葉子，而是看見一整個世界為止，此時你將會了解正念的力量。當你可以把正念維持在一件事情上時，就會知道它如何照亮及揭露那個對象之美。妙就妙在你能看見多少，一小片葉子上有多少細節、顏色與紋理啊！這裡就是正念與其對象的遊戲場，你以嶄新的眼光洞見它的本質。但若你開始偏離主題想到晚餐要吃什麼，馬上就會停止深入洞見這片葉子。或者你開始感到昏沉，或開始擔心：「有人正在看我嗎？他們會覺得我有點奇怪嗎？」此時持續注意的魔力就瓦解了。然而，若能持續注意一件事，你將會對於所見的東西感到驚訝。

假如你修習禪那，增加將正念長時間維持在一件事情上的能力，那麼你將會獲得帶著觀智潛入事物並深入洞察事物本質的能力。如果你希望親自發現諸法的深奧實相，而非憑信心從書本或老師那裡得到，那麼這就是你尋獲它的方法。培養強大的正念，並把它指向一些有趣與豐富的智慧來源上——尤其指在心上，這就是你達到覺悟經驗的方法。若你能持續注意心並潛入它，那麼你將會發現一個裝有稀世珍寶的寶盒，我們稱之為「深觀」。

總而言之，這是正念之道：它究竟是什麼，如何增長，尤其是如何在每個禪修階段安立正念。給你的守門人清楚下指示，好讓他知道該做什麼，然後便坐在後面觀察這個心做它的工作，只要這麼做就好。

不同層次的正念重訪

禪修最不可思議的一件事就是：當你增強正念時，會發現它有不同的層次。你了解到對於智慧而言，平常的念太過晦暗與無用，這種念只有很小的敏銳度或力量。當你的禪修進步時，正念會變得愈來愈敏銳與強大。換言之，你能在很微細的領域上維持專注，而且正念非常明亮。當禪修深化時，正念會變得愈來愈強大、靈敏與銳利。

有時禪修者會發生失去覺知對象的情況，如果是以呼吸為對象，那麼就是失去呼吸。其實那是呼吸變細且微妙，而正念此時依然太粗糙，所以跟不上呼吸的進度，此時你應該回到上一個修習階段。這可能發生在任何時候，尤其是在第四階段「完全持續注意呼吸」時更常發生。

有時呼吸消失且禪相可能出現，但你卻無法維持禪相，這是因為維持禪相所需要的正念特質必須很精細，而此時的你尚未達到那樣的力道，因此必須回到禪相出現之前的階段，返回「完全覺知美麗的呼吸」，這是比禪相還粗的對象。當你在第五階段完全開發正念時，它才有能力處理更精細的禪相，你會發現當正念變得更敏銳及強大時，甚至能持續專注在最微細的對象；但在這之前，你必須學習如何持續專注在較粗大的禪修對象。正念在這些相續的禪修階段中層層提升，後一階遠比前一階靈敏及銳利。正念持守禪相所需的技巧，就如同外科醫師在開腦部手術一樣精細，而在第三階持守呼吸的技巧則像在削馬鈴薯皮。在不同的微細程度中，你需要的精巧度也不同，若直接從削馬鈴薯皮進階到腦部手術，一定會弄得一團亂。你太快從呼吸進到禪相的道理也是如此，會很容易失去它。

在精進修行下，你能體驗到不動的正念，那是完全專注在一件事上、非常清晰又敏銳的正念，佛陀說這已經達到第四禪的高峰，這是正念的頂點，在此你體驗到完全的等捨，此時的你純然覺知且不動，那是最強的正念。一旦體驗到這個層次的正念，你就會知道無需禪那就能達到覺悟的想法是多麼可笑。如果缺乏這種強大的正念，你將無法達到強力的「觀」。因此，你開始從自己的經驗了解到正念的能耐，以及到達覺悟所需要的正念層次。

如你所見，日常生活中的念是一回事，而禪定中的念又是另一回事。念有不同的力量，微細與穿透程度也不同，就如同有各種類型的刀子：有鈍刀和鋒利的刀子，有用來削馬鈴薯皮的刀子，也有手術用的解剖刀。念也是如此。

因此，請培養一種敏銳又強大的正念，好讓你能用來深入挖掘心的本質，並發現無常、苦與無我的美麗寶藏。當我說這些是美麗的寶藏時，有些人可能會抗議：痛苦怎麼可能是寶藏呢？無常與無我怎麼可能是寶藏？這些人想要一些看起來令人驚嘆與開心的東西，例如美、超越、宇宙意識或一切存在的本質，但這正是為何他們找不到真正寶藏的原因，因為他們不知道自己在尋找什麼。

第6章——變換方式振奮禪修

在本章中，我要介紹三種不同的禪法：修慈、隨它去（修捨）與行禪。這三種禪法大都和入出息念相同，主要的差別在於注意力集中的地方。你會發現這些方法很有幫助，會為你的禪修增添多樣性。如果你只埋頭苦修一種禪法，可能會感到無聊而陷入昏沉，或意興闌珊而完全放棄。你在禪修中需要快樂，快樂是將正念固定在其對象上的黏著劑，也是持續重回禪修的調劑元素。健身的格言也許是「沒有痛苦，就沒有收穫」，但禪修的格言是「沒有喜悅，就沒有禪修」。

修慈

佛陀對於「慈」的用語是mettā，它是指一種情感，一種希望別人快樂且願意原諒任何過錯的持續性想法，是一種善意的感覺。我最喜歡的慈心表述包含在下列話語中：「我的心門永遠完全為你敞開，無論你是誰，以及曾經做過什麼。」「慈」是無私之愛，從願望生起且不求回報，沒有任何條件，佛陀將它比喻為母親對子女的愛心（Sn 149）。一個母親有可能不會一直喜歡她的孩子或同意子女的一切行為，但她會一直關心孩子，且一心希望他們快樂。這種開放、無分別與解救他人的善意就是「慈」。

在修慈中，你專注在慈愛的感覺，並且增長愉悅的情感，直到它充滿整個心為止，達成此事的方式可用點燃營火來比喻。你先從紙張或其他易燃的東西開始，然後添加火種、小樹枝或木片，當火種點著時加入厚木片，過一陣子再加入厚木塊。一旦火勢猛烈熾燃，甚至加入潮濕或多汁的木塊，都能很快就燒起來。

「慈」可被精確地比喻成心中燃起溫暖與明亮的一把火。你很難期待能從困難的對象開始點燃慈心之火，那就如同要從厚木塊底下擊發火星來點燃營火一樣困難。因此，不要想從自己或敵人開始修慈，應從某個容易讓你激起慈心的對象開始散發慈心。

我修慈的準備工作是以當下的正念為基礎，建立第一章所說的禪修的第一階段後，從觀想小貓開始修慈。我喜歡貓，尤其是小貓，因此我所觀想的小貓之於慈心，就如同瓦斯之於火焰，只需想到小貓，我的心就會被慈照亮。我繼續觀想這個虛擬友伴，腦海中浮現牠遭遺棄、饑餓與非常恐懼的畫面，在牠短暫的生命中，牠只知道被拒絕、暴力與寂寞。我觀想牠骨瘦如柴，毛皮沾染了塵垢與血污，身體也因為害怕而僵硬。我觀想若我不關心這個無助的小生命，牠就完了，牠將會在驚嚇、寂寞與恐懼中死亡。對於小貓的痛苦我完全能感同身受，悲憫之心油然而生，希望能關心牠、保護牠、餵食牠。我觀想自己深深凝望牠焦慮的雙眼，試著透過眼神交流將慈愛融入牠的驚恐中。我緩慢且體貼地把手伸向牠，從未中斷眼神的接觸，我輕輕地擁牠入懷，以自己的體溫為牠驅寒，以溫柔的擁抱化解牠的恐懼，然後我感覺到牠對我的信任增加了。我對懷中的小貓說：「小東西，永遠別再感覺孤單，別再感到如此害怕。我會一直照顧你，做你的怙主與朋友。我愛你，小貓！無論你去哪裡或做什麼，我的心永遠歡迎你，永遠給你無限的慈愛。」我感覺小貓變得溫暖、放鬆，最後發出滿足的喵叫。

這只是我如何展開修慈的約略描述，我用想像與內在評論（內心私語）在心中作畫，創造一個慈心火苗可能燃起的情節。在修行末了，我的眼睛依然閉著，將注意力集中在心臟部位，並感受慈悲情感的第一道溫暖光輝。

我的小貓就如同用來點燃營火的紙張，你可能不喜歡小貓，那就選擇別的東西，也許可以選小狗或嬰兒；無論你選擇什麼作為第一個慈心對象，請採用虛擬的而非真實的對象。你在心中可以把小貓、小狗或嬰兒換成任何自己喜歡的東西，使用想像的生物而非真實世界的生物，能讓你有更大的空間生起慈心。我的虛擬小貓會在適當時間喵叫，而且絕對不會在我膝上拉屎。選好你的第一個對象之後，以想像力環繞著那個虛擬生物，創造出一個能激發你慈心的故事。這個創新的方法在經過練習之後，將會成為你展開修慈最有效也最有趣的方式之一。

數年前，有個女弟子向我抱怨這方法對她無效，她視小動物為小麻煩，尤其是調皮的小貓，也不喜歡又哭又鬧、包著臭尿布的嬰兒，她有我現在稱之為「慈心障礙」的嚴重情況。接著，她告訴我她曾在雪梨公寓中種過一些花卉盆栽，因此我建議她選擇一株植物作為第一個慈心對象。她想像一株嬌弱柔嫩的幼苗，相當脆弱，需要她的關愛與保護才能存活。她把母性本能全都灌注在那株易受傷害的小盆栽上，對她的小朋友澆水施肥，直到它綻放出美麗芬芳的花朵以回報她的慈愛為止。她真心喜歡那個方法，那是她第一次修慈成功。當此事發生時，她說閉關期間唯一讓她不會巴望我搖鈴的時間就是這一段。

以如此方式建立起第一道慈心的光輝之後，放下你的虛擬生物並代之以真正的人——某個在感情上和你非常親近的人，例如伴侶、關係親密者或最好的朋友，此人必須是很容易讓你生起慈心並保持慈心的人。用內心私語再次於心中描繪他們，他們也需要你的友誼與愛，他們面臨生命的失望與挫折，在感情上也是脆弱的。用你的內在評論說：「最親愛的朋友，我誠摯地希望你快樂。願你的身心遠離痛苦，並獲得滿足。我無條件給你我的愛，我會一直與你同在，你將一直在我心中占有一席之地。我真誠地關心你。」也可以採用你自己設計的話。使用一切能在心中產生慈愛暖流的話語，與此人同在，想像他們就在你的面前，直到慈光明亮且持續地籠罩他們為止。現在暫時把注意力放在你的心臟附近，並感受伴隨慈心而來的身體感覺，你將會發現它令人感到愉悅。

放下那人的畫面，以另一個熟人來代替，藉由同樣的內心私語對他們創造慈愛的感覺：「願你快樂地生活……」想像他們就在你的面前，直到慈光明亮且持續地籠罩他們為止。

接著，換成一整群人，也許是與你同住的所有人。以同樣的方式將慈愛的光輝籠罩在他們身上：「願你們幸福快樂……」在營火的比喻中，你現在放入的是木塊。

看看你是否能將慈心想像成心臟中央一朵美麗的白蓮花所散發的金光，讓慈心的光芒遍滿十方，籠罩愈來愈多的眾生，直到它變得無量無邊，充滿你能想像到的一切眾生：「願一切眾生，無論遠或近，大或小，都快樂與平安……」以慈心的溫暖金光沐浴整個宇宙。停留在那裡一陣子。

在營火的譬喻中，火現在是熊熊燃燒且炙熱，已能燒起潮濕與多汁的木塊。思惟你的敵人，觀想某個曾經深深傷害自己的人，你會很驚訝自己的慈心現在已強到能夠原諒他們，也能將慈心的療癒金光與他們分享：「朋友！無論你曾對我做過什麼，報復對我倆都沒有幫助，因此我反而希望你幸福。我誠摯地希望你遠離過去的痛苦，並享受未來的喜悅。願這個無條件的慈心之美也能傳達到你那裡，帶給你快樂與滿足。」當慈心之火熾燃時，沒有任何東西能禁得住它。接著，等到最後一塊「潮濕與多汁的木塊」要扔進慈心之火時，多數禪修者會發現，最難給予慈心的對象竟然是自己。

想像你看著鏡中的自己，以內心私語完全真誠地說：「我希望自己幸福，我現在給自己快樂的禮物。我的心門已關閉太久，現在我打開它。無論曾做過什麼或未來將怎麼做，我的愛與尊重之門永遠為自己敞開，我毫無保留地原諒自己。回家吧！我現在給自己不批判的愛，我關心這個被稱為『我』的脆弱眾生，我以慈愛之心擁抱我的一切。」在此創造你自己的話語，以便讓慈心的溫暖深入你內在最害怕的那一部分，讓它化解一切阻力，直到你與無量慈心合而為一，就如母親關懷子女一般。

在結束修慈之前，暫停一、兩分鐘，回想內心的感覺如何，察覺這個禪修對你的影響如何。修慈能引發極美好的禪悅。

為了要讓禪修劃上優雅的句點，再次將慈心想像成位於心臟中央一朵白蓮花所散發出的金色光芒，觀想金光被收回蓮花內，而把溫暖留在外面。當金光變得像是蓮花中央的白熱高能濃縮球時，想像慈心球周圍的花瓣閉合起來，以守護心中的慈心種子，靜待下次修慈再次釋放。然後睜開眼睛，緩緩起身。

心的軟化

修慈能軟化你的心並將它轉向關心、善意與接受。你變得更不自私，比較不在乎自己的需求，並且更願意與別人和平地互動。慈心的情感令人感覺愉悅與純淨，當你反覆修習時，它很快就能常駐在心中，使你成為一個慈悲的人，而你的慈愛對於一切眾生與自己都是喜悅的來源。

「慈」讓你能如其本然地擁抱另一個生命，多數的人會因為挑剔的心而覺得這是不可能的；他們只看見整體中有缺陷的那個部分，而拒絕接受它。相反的，慈心會擁抱事物的整體，並如實地接受它。經由修慈，你發現自己會變得比較不在乎自己與別人的過失，而更能如實地擁抱它們。能看見對象美好而忽視其缺點的這種能力，對於各種禪修都是一大助益。要維持你當下的注意，例如你必須接受事物現在的樣子，擁抱此刻且不批評。當你一直挑剔當下時，會發現自己無法待在那裡。

結合修慈與入出息念是可能的，當你展開第三階段的「覺知呼吸」時，以慈心觀察呼吸。你如此思惟：「呼吸，我的心門為你敞開，無論你感覺如何，無論你怎麼做。」

你很快就能悲憫地看著呼吸，如實地擁抱它而非挑剔它。藉由將慈心加入覺知的過程，你沒有任何期待，因為呼吸顯得再好也不過了。因為慈愛，你很快就感受到對待呼吸的親切溫暖，能為每個入息與出息帶來喜悅。觀察呼吸變得如此美好，使你在短時間內便能到達第五階段——美麗的呼吸。

由慈心進入禪那

禪那是情感的高峰而非理智的頂點，進入禪那無法用想的，你只能感覺它。你需要熟悉自己的感情世界，但只是默默地相信它而不做任何控制，這樣才能成功，也許這正是女性禪修者比男性更容易進入禪那的原因。修慈訓練每個人能更自在地面對感情的力量，在修慈期間有時你可能會哭，甚至號啕大哭，果真如此，那就順其自然吧。在通往涅槃的道路上，我們都必須學習擁抱最純淨感情的衝擊，而禪那便是其中最純淨的。因此，修慈使得禪那更容易到達。

你甚至能由修慈直接進入禪那。當你達到上面描述的階段——散發慈的無量金光遍滿宇宙，讓一切眾生都浸潤在慈心巨大的力量之中，此時便可採取下一個步驟：忘記一切眾生並忽略力量的來源，而專注於慈心本身的經驗；這一步通常會自動發生，無需你做任何決定。禪修對象被簡化了，沒有另一生命的感知，你心中只剩下我所說的「無實體的慈」，類似第二章中「嘻笑貓」無實體的笑。你體驗到心眼中金光閃閃的禪悅球體，這是禪相——慈相（mettā nimitta）。

經由修慈所產生的禪相總是極其美好，只是有時會不太穩定而已。興奮是常見的問題，然而，它的本質很迷人，你會忍不住想停留在這樣強烈的禪悅中。不久之後，閃亮的金色慈相會變得很安定，你已落入禪那中。這便是由修慈進入禪那的方法。

在深定之後散發慈

許多年前在我位於伯斯（Perth）的寺院中，我們正唱唸佛陀散發慈心的偈誦，這個唱誦只持續約五分鐘。在此之前我曾深入禪定，當開始唱誦時，我的心完全融入慈愛中，以致無法繼續唱誦，無量慈愛從心中傾瀉而出湧向十方，我快樂地沉浸在其中，根本未唱完那些偈誦。我的心被先前的禪修調得相當柔軟，以致一誦到佛陀的《慈經》原文便觸發了難以壓抑的慈心湧現。

類似這樣的經驗給我的啟示是，你應先在三昧中修心，然後便可強力地散發慈心。在建立三昧後，你能在任何地方用超強慈心打動任何人！在我所帶領的禪修閉關結束後，我邀請學生們試試這個做法，而許多人在閉關結束後都擁有強大的心。我帶領他們修慈，一旦感覺到他們的力量夠強時，我就請他們以超強慈心打動不在場的朋友，要優先選擇那些離閉關中心很遠的人。然後，我看時鐘並記下時間，等修慈結束後我告知學生們那個時間，並建議他們晚一點連絡他們當時所想的朋友，詢問他們那時在做什麼、感覺如何。我的許多學生日後興奮地打電話告訴我：「有效耶！」當你以三昧所增強的心發送慈愛時，它可以被接收到。你不妨親自試試。

隨它去（修捨）

有時我不以慈心或呼吸作為禪修對象，我觀察心並了解當下它最需要的是「隨它去」。基本上，修習「隨它去」只是入出息念的第二階段——靜默的覺知當下。它必須靜默，因為「隨它去」意味著你不下命令也不抱怨；你無話可說。「隨它去」發生在當下，你在事情出現的當下覺知它們，且在它們想進入、停留或離開時把關。修習「隨它去」就如坐在房間裡，有誰想進門就讓他進來，且可隨意停留。即使他們是可怕的魔鬼，你也允許他們進來並坐下，你絲毫不擔心；若佛陀金光閃閃地進來，你也是同樣坐在那裡，完全心平氣和；「你想進來就進來」、「你想去哪裡就去哪裡」。無論是誰進入你的心裡，無論美醜，你都站在一邊並「隨它去」，不做任何反應——只是靜靜地觀察並練習「靜默的覺知當下」。這便是修習「隨它去」。

花園的譬喻

許多美國人的家都有花園，他們經常會花好幾個小時在園中工作，但花園應該是用來享受的，不只是工作的地方。因此，我建議學生們，應該經常去坐在自家花園裡享受豐富美景。

我的學生中最笨拙者認為，在坐下來享受之前，必須先割草、修剪灌木、澆灑花床、打掃落葉，將花園整理得很完美才行。當然，無論他們如何努力工作，花園永遠都不可能盡善盡美。因此他們永遠不得閒。

相反的，中等的學生則不工作，他們坐在花園中，心想：「草該割了，灌木該修剪了。花看起來太乾，而葉子則真的需要整理，原生種的灌木放在那邊應該不錯。」等等。他們把時間花在構思如何使花園變得完美，而不是單純地享受它。當然，他們也不得安穩。

第三種學生是明智的禪修者，他們已在花園中做了許多工作，現在是休息的時間。他們說：「草可以割了，灌木可以修剪了。花要澆水，而葉子要打掃——但不是現在！花園照它現在的樣子就夠好了。」因此他們可以好好休息一會兒，不會對於未竟之事感到罪惡。

修習「隨它去」也是如此。別想要讓一切事情都很完美，或把那些鬆掉的都綁緊，你應該要「隨它去」。生命永遠不會是完美的，工作也永遠做不完，「隨它去」是有勇氣安靜地坐下來，讓心在不完美當中休息。

「隨它去」可以變得很有力量

修習「隨它去」可以變得很有力量，若你的入出息念、修慈或別的禪法都不管用，這通常是因為基礎不正確，此時只要修習「隨它去」。你可以「坐在花園一角」只是「隨它去」，無論發生什麼事都沒關係，無論正在經歷什麼都很好——沒有喜好、選擇、好或壞，也沒有爭吵、評論，就只是「隨它去」。你可以有一點內心私語，但只是關於「隨它去」的意見，一切如實就好。只思惟和禪修主題有關的事，其餘的事一概不管。如此一來，禪修就會趨近完全靜默的當下覺知。

當我感到痛苦時，例如頭痛、胃痛或哪個地方疼痛，或者被蚊子叮咬了，便會說：「就隨它去罷。」我不和它爭吵，也不為此沮喪，只是觀察身體的感受——如果是蚊子把牠的鼻子推入我的肉中，開始有了癢的感覺：「就隨它去。」若晚上躺在床上無法入睡：「隨它去。」或疼痛不止：「就隨它去。」就只是和它同在，別想逃開。假如魔鬼進入你的房間，你既不會推開他們，也不會邀請他們留下，你只是隨它去。「隨它去」便是修習等捨。

行禪

行禪很好，尤其在清晨。通常當你早起時，尤其是不習慣那麼早起時，你會感到很疲累，心渾噩不清明。行禪的一個好處是，走路時無法打瞌睡。因此如果感到疲倦，行禪是很好的做法，它能提振精神，你也會感到很安穩。

佛陀讚嘆及修習行禪，如果你閱讀經典（巴利藏經中的教法），你會發現佛陀經常在清晨行禪，他不打坐，而是走路。

許多比丘與比丘尼都是在行禪的路上開悟，不論修止或修觀，行禪都是很有效的方式（但還不到禪那的程度）。我在泰國認識的一些比丘，他們很少打坐，主要的修行便是行禪。他們走很多路，許多人都是在走路的過程中獲得很強的觀智。

行禪的另一個好處是，它特別適合那些長期打坐會身體不適的人。若你發現因身體疼痛而難以坐禪時，那麼行禪會是效果很好的替代選項。

別將行禪視為「次等的」禪修，若你想要把多數時間花在這個禪法上，就照做無妨，但請好好且小心地做。看看你是否能在來回行走時，增長產生自平靜的快樂。

安立行禪

選擇一條乾淨筆直、約二十至三十步遙的道路，可以是房子的走廊、花園步道，或只是草地上的一條小徑，善用一切能找得到的地方，即使比二十步短一點也無妨。走起來如果舒服的話，別穿鞋子，享受赤腳走在地上的觸感。

站在步道的一端，讓心先平靜下來，接著身體放輕鬆開始走路，以你最自然的步伐來回行走。走路時，兩手舒服地在身前交握，把目光停在約兩公尺前方的地面上。小心別四處張望，若行禪時四處張望，就是在浪費時間，因為那會使人分心。

禪修階段也適用於此

前兩章中所描述的前四個禪修階段在此也適用，但行禪時的注意力最後是停在腳上而非呼吸上。

首先，如第一階段所說，把目標放在增長「當下的覺知」。利用先前談到的技巧達到只剩下走路的狀態，輕鬆的、就在此時此地。當感覺自己已進入當下，心中並無關於過去與未來的念頭時，就將目標放在增長「靜默地走在當下」。就如先前在第二階段所說的，你要逐漸放下一切思想，走路時沒有任何內心私語。利用第一章中所描述的技巧，達到這個靜默走路的階段。

一旦內在評論減少到只剩下稀疏的內心私語時，刻意將注意力集中在腳與小腿下半部的感覺，做到清楚察覺踏在步道上的每一步為止。覺知左腳的每一步，再覺知右腳的每一步，一步接一步，不遺漏任何一步，覺知在步道盡頭轉彎時的每一步。著名的中國諺語云：「千里之行，始於足下。」[10]在此就很有幫助。漫長的旅程其實就只有一步之遙，你現在正在走的這一步。因此，只是靜默地覺知這「一步」，放下其他一切。當完成十次來回折返而無遺漏左右任何一步時，你就已完成行禪的第三階段且可進階到下一階段。

現在增加注意力，以便察覺左邊步伐移動的每個感覺。從左腳開始移動、抬離地面開始注意，察覺它往上、前進、放下，再度停在地上，承接身體的重量。增長左邊步伐的連續覺知，然後同樣平順而不間斷地覺知右邊的步伐。徹底完成每一步，直到走到步道的盡頭，而當你轉彎時，察覺轉彎過程的每個感覺，別遺漏任何一個動作。

當你可以走上十五分鐘，且能舒適地持續注意走路的每個動作而無任何間斷時，你已達到行禪的第四階段——完全持續覺知走路。此時走路的過程完全占據你的注意力，心不可能被擾亂。當它發生時你會知道，因為心已進入三昧或等持，變得非常安穩。

步道上的三昧

當你的注意力完全集中在走路的經驗上時，連鳥叫聲也會消失，你的注意力輕易地安頓且知足，並持續放在一件事上。你會發現這真的是令人非常愉快的經驗。

當正念增長時，你會知道更多走路的感覺，會發現走路本身確實有這種美麗與安穩的感受，每一步都成為一個「美麗的步伐」。當你著迷於單純走路時，你所有的注意力很輕易地就被吸收。以此方式，你能透過行禪得到大量的三昧，這是一種安定的感受，心在自己的角落裡很舒適與快樂的一種感受。

我開始修習行禪，是在曼谷一所寺院剛出家時。我選擇一條步道，且相當自然毫不勉強地緩慢行禪（你無需刻意快走或慢走，只要感覺舒適即可）。我常會在行禪時進入美麗的三昧狀態，曾有一次因為走太久而被打斷，有個比丘來找我，因為我必須去參加一個重要的儀式，而我未注意到時間流逝。我回想當時那名比丘出現在我面前說：「布拉瑪萬索（Brahmavamso）！你必須回去托缽乞食。」我正看著前方兩公尺處，雙手在身前交握，當我聽到他的聲音時，聲音彷彿是從一千哩外傳來，因為當時我正沉浸在行禪中。他重複一次：「布拉瑪萬索！你必須現在就來！」我大概花了超過一分鐘才將目光轉到這位資深的比丘身上，他正嘗試著要吸引我的注意。當我們目光交接時，我能說的只是：「什麼？」我花了好長一段時間才退出禪那，並恢復正常的反應速度。那時的心非常清涼、安穩且平靜。

我希望你們嘗試行禪時，能親自體驗到這份安穩。許多人第一次修習行禪就說：「這真驚人！太棒了！」只要放慢速度就能為你帶來安穩的感受；只是藉由觀察走路的感覺，你就能獲得平靜。因此，行禪是我建議你們嘗試的另一種禪法。

在適當的時間選擇適當的禪法

只要有選擇，你就可能會感到迷惘。如今你已讀了好幾種不同的禪修方法，你應該選擇哪一種呢？以下的譬喻將回答這個問題。

木匠學徒從如何使用各種工具開始學起，直到他們熟悉每種工具的功能為止。木匠師傅要做家具之前，會先檢視木材。一塊從木材堆置場運來的木料，必須先裁切尺寸，然後加以刨削去除原先的切割記號。接著是磨光，從最粗一級的砂紙開始，然後是中級與最細一級的玻璃紙。最後是以柔軟光滑的布，把油或蠟擦在木頭上。如此一塊從木材堆置場運來的粗糙木材，被木匠師傅轉化成美麗平滑的家具材料。

有時木匠會選擇已經刨削或磨光好的木材，他檢視木材後很快就知道他只需要輕微磨光，然後再用油與布擦亮即可。只有在很少的情況下，木匠師傅會直接使用不需磨光的平滑木材，他所需要做的只是用力擦亮即可。這些就是木匠師傅的技巧。

同樣的，禪修學生從如何使用各種禪修方法開始學起，直到熟悉每種方法的功能為止。禪師則會從檢視自己所面對的心理狀態開始禪修，若他們一直很忙碌，就知道必須從很粗的心開始，因此會選擇從單純地修習「隨它去」下手。也許他們看見自己的身體是僵硬的，因而選擇做一些行禪。假如他們看見心並非那麼粗時，一開始就會進行「當下覺知」與之後「靜默的當下覺知」。禪師從經驗得知心何時能觀察呼吸，或準備好開始修慈；他們知道何時該使用比較精細的工具，例如「完全持續覺知呼吸」或「覺知美麗的呼吸」。禪師精通技巧，知道轉向禪相的適當時機，也知道如何輕巧地擦亮心，直到它進入禪那為止。就這樣，那顆來自忙碌辦公室的粗心，被禪師轉化為最美麗、平順與光明的心。

有時禪師會從已經是冷靜與正念的心開始禪修，他們檢視自己的心理狀態，很快就知道可跳過「覺知當下」與「靜默」階段，直接進入呼吸或慈。他們甚至可能看見自己的心已經很喜悅地安住，因此可輕易地從「覺知美麗的呼吸」開始禪修。只有很少的情況，禪師了解他們已擁有很平衡與強大的心，能在幾秒內生起禪相，並迅速進入禪那。這些便是禪師的技巧。

愚笨的木匠莽莽撞撞，拿起粗糙的木材便直接以打光的布開始擦拭，他們浪費很多時間並毀壞許多細緻的布！同樣的，笨拙的禪修者傲慢粗魯，甚至不花點時間察看自己的心有多麼粗糙，想一開始就使用呼吸的正念。他們浪費許多時間，並為自己製造了許多問題。

因此，請先熟悉各種禪法，直到你知道該在何時使用它們，以及如何使用它們為止。每次禪修時，先從檢視所面對的心開始，你會了解到底該使用哪種禪修方法。你將成為一位禪修醫師，在開始有效治療之前，先正確地診斷。

第7章——美麗的呼吸

佛教的精髓存在於佛陀的覺悟中。就在距今兩千多年前的印度，遊方僧喬達摩（Gautama）憶起童年的初禪經驗，因而了解到禪那是通往正覺之道（MN 36）。於是他前往大河岸邊一處安靜的林地，坐在茂密無花果樹下的青草墊上，開始禪修。他所使用的禪修方法是「安那般那念」（ānāpāna-sati）——「入出息念」。他經由這個修行進出禪那，並迅速獲得正覺的觀智，因而被稱為「佛陀」（Buddha，覺悟者）。

佛陀在他的餘生中繼續教導入出息念，那是讓他覺悟的方法，是出類拔萃的禪修，他將同樣的方法傳授給所有的僧俗二眾弟子。這個重要的禪修方法保留在浩瀚三藏裡的原始佛教經典中，尤其是《中部》的《入出息念經》（*Ānāpānasati Sutta*, MN 118），傳承給今天的我們。佛陀所說的入出息念，包含前行準備與接下來的十六個步驟。前十二個步驟是關於進入禪那的指導，而後四個步驟則是關於退出禪那後該如何做的指導。

前行

安靜的地方、舒適的座位

首先，佛陀說要到一個不會受到人、聲音或事情（如蚊子）打擾的靜處⓫。有些老師宣稱可在市場或交通繁忙的車內禪修，但這種膚淺的禪修無法導致覺悟，佛陀一向建議我們找個安靜的處所。雖然有人可能想要在蚊蟲充斥的叢林或在老虎出沒的步道上禪修，但那比較可能增長耐力而非禪那的自在。佛陀稱讚的理想場所是像公園或果園一類的地方，類似他達到正覺的菩提伽耶（Bodh Gaya）之處。

接著，找一個舒適的座位坐下來，可坐在墊子、板凳或椅子上，只要不是太舒服即可，舒適的程度是以身體能輕鬆地久坐為原則。佛教徒不會坐在碎玻璃或釘床上，即使佛陀也使用菩提樹下的青草墊；你也無需雙盤（全蓮花坐姿）並把背脊挺得很僵硬。根據我的經驗，你可以用最不正統的姿勢成功地禪修。姿勢的目的只是解除不適，好讓你能盡快地放下身體。

入出息念的全部十六個步驟最好是以坐姿完成，就如佛陀在菩提樹下所做的一樣。行禪時注意力應該放在腳上而非呼吸上，站立時也是如此。未覺悟的禪修者若想要躺著觀察呼吸通常會睡著，因此請以坐姿學習入出息念。

安立正念

接著你被要求「繫念在前」⓬。佛陀所說的「繫念在前」，意思並非把注意力放在鼻尖、上嘴唇或眼前的某處，而是指重視它。因此，這個前行指導是將安立正念擺在第一順位。

這個前行所要建立的正念層次，是遵循第一章前兩階段的基本禪修方法——修習

「當下覺知」與「靜默的當下覺知」。讀到這裡我們應該很清楚，當注意力偏離到過去或未來時，你並未覺知當下正在發生的事。此外，當你在思考或只是標記時，此時注意力是放在文字，而非現在純粹的經驗上。但是當你靜默覺知當下正在發生的事（就在心的正前方）時，你已建立起開始入出息念所需要的正念層次。

我必須再說一次，有太多禪修者太快進到呼吸，他們忽略了要先建立足夠正念的前行指導，因此才會遇到麻煩。他們完全無法將呼吸持守於心，或更糟的是，他們用太多的意志力頑強地抓住呼吸，以致到頭來反而比開始時更緊張。後者常使得佛教的呼吸禪法背上污名。

十六個步驟

步驟一與二：知息入與知息出

雖然佛陀說先體驗長呼吸後再體驗短呼吸⓭，但你無需控制呼吸來符合這項教導。控制呼吸只會造成不舒服，只要單純地觀察呼吸，覺知它是長或短就夠了。你也會觀察到呼吸既非長也非短，而是比較接近中間，雖然經文中並未提到這點，但也合乎教導。

需要這些教導的理由是，開始時你可能會覺得只是觀察空氣進出身體的感覺很無趣，這些教導會讓你有更多的東西可看，使呼吸的覺知更有趣。有時我會建議弟子，在此階段應該注意入息與出息何者較長？入息與下一個出息之間的間隔，是否和出息與隨後入息之間的暫停一樣長？入息的感覺和出息的感覺相同嗎？其作用，跟佛陀教導的體驗長呼吸與短呼吸是相同的，目的是讓正念有更多細節可以觀察，這樣才不會生厭。

屬於此階段的另一個方法是，設想一個有關入息與出息的美麗故事。我提醒弟子們記得，他們正在吸進的氧氣是一直由花園與森林中的植物所補給，而呼出的二氧化碳則是那些植物的食物。因此，想像你正在吸入花朵與樹木所賜予的珍貴禮物，而呼出的空氣對於周遭的綠色植物也是同樣寶貴的禮物；你的呼吸與一切生氣勃勃的植物緊密連結。這種感知呼吸的生動方式，會讓你更容易持守呼吸。

在泰國森林傳統中，他們把「真言」（mantra）加進呼吸中。當你吸氣時，你默念「佛」（Bud），吐氣時，則默念「陀」（Dho），這是佛陀（Buddha）名號的兩個音節（巴利語主格單數），其作用是讓你在這個早期階段更容易持守呼吸。

步驟三：念息遍身

體驗完整的呼吸

第三步在巴利語中稱為sabba-kāya-patisamvedī，意思是體驗全身，即體驗完整的呼吸過程[14]。少數老師將kāya誤解為「身體」，因此錯誤地以為現在應把注意力轉向全身的所有感覺，這是個大謬誤。佛陀在《出入息念經》中清楚地說他視呼吸的過程為「**諸身當中的某種身**（kāya）」（譯按：在此指的是「息身」）。此外，入出息念前十二個步驟的方式是朝向簡化覺知的對象，而非讓它更複雜。因此，這第三步是指增加正念的靈活度，使正念足以觀察呼吸過程所牽涉到的每個感覺。

你清楚覺知入息從原本靜止到剛啟動的所有過程，你看見入息每一剎那進展的感覺，達到其頂點後逐漸消退，直到完全消失；你內心清明的程度，甚至到能看見空隙——入息與下一個出息之間的暫停。你的心具有貓捉老鼠的警覺性，要捕捉的是下一個出息開始。然後，你觀察出息的啟動，看著它的感覺逐步進展，剎那變化，直到它也達到頂點而後消退，最後終於再次消失。然後，你觀察暫停（介於出息與隨後入息之間的空隙）。如是重複呼吸的過程，此時你已完成第三步——體驗完整的呼吸。

在印度的經典史詩《摩訶婆羅多》（*Mahābhārata*）中有則譬喻，內容是關於一個老師與其三個弟子，我將之引申為入出息念這第三步的解釋。這位老師以射箭來訓練弟子們禪修，在教導弟子們一段時間後，以考試來測知他們的能力。他把一只填充玩具的假鳥小心地安置在距離弟子們很遠的樹枝上，要從那麼遠的距離射穿小鳥，得有驚人的技巧才行。但老師對弟子們做了幾乎不可能的指示：「我不希望你們射中它身體的任何一處。要通過這個考試，你們的箭得射穿鳥的左眼，那才是標的。」

老師給了第一位弟子一把弓與一枝箭，告訴他必須先禪修，讓心與標的合一，然後才能射箭，所需時間隨他，但在放箭前必須先給老師一個信號。三十分鐘後，第一位弟子做出信號準備射箭。老師請他等幾秒鐘並問：「你能看見樹上的鳥嗎？」弟子絲毫不敢分神地說：「是。」此時老師推開弟子，抓起弓與箭說：「你這個蠢材！回去學習如何禪修。」老師再把弓與箭遞給第二位弟子，並給他相同的指示。這名弟子花了一整個小時才給老師準備射箭的信號。「你能看見樹上的鳥嗎？」老師問。「什麼樹？」弟子回答。老師接著滿懷希望地問：「你能看見鳥嗎？」弟子回答：「哦，是的。」此時失望的老師一把推開第二位弟子，拿走弓與箭，並告訴他回去學習如何正確地禪修。

最後老師把弓與箭交給第三位弟子，並做了相同的指示。這名弟子花了整整兩個小時禪修，使他的心與標的（鳥的左眼球）合一；然後他給老師信號準備射箭。老師問：「你能看見樹上的鳥嗎？」學生回答：「什麼樹？」老師接著問：「你能看見鳥嗎？」弟子回答：「什麼鳥？」老師開始微笑並繼續：「你能看見什麼？」弟子目不轉睛地回答：「大師，我只看見一個眼球，如此而已。」「酷！」老師說：「發射。」當然箭筆直地射穿存留在弟子覺知內的唯一事物。

這個故事對於如何達到入出息念的第三步——體驗完整的呼吸，是個相當精準的比喻。就像第三個學生全心專注於鳥的左眼（他的標的），同樣的，在此你也應該專注於入出息念的第三步——體驗完整的呼吸。當你完成第三步時，若問自己：「你能聽到聲音嗎？」你會回答：「什麼聲音？」「你能感覺到身體嗎？」——「什麼身體？」「你能看見什麼？」——「只有正在發生的呼吸。」「酷！」

步驟四：除身

安定呼吸

當你舒適地完全專注於呼吸時，自然就會安定沉穩下來，妨礙你進步的因素會變得極少，所以每一剎那的感覺自然會變得輕柔與平順，就如一塊粗重的厚棉布被換成細緻的綢緞一般。你也可以暫時打斷內在靜默並建議自己：「安定、安定、安定」⓯，藉此幫助這個過程順利進行，然後再重新回到靜默地體驗唯有呼吸。你藉由這麼做來指示守門人，這在先前的第五章中已經介紹過。

如果你太快就跳到第四步，昏眠將會吞噬你。你必須先捉住野馬，才能調伏牠。同樣的，你必須先捉住完整的呼吸，完成第三步後，才能使呼吸安定下來。

憑藉意志力達到第三步的禪修者，會發現自己無法安定或調柔呼吸，他們過去只是用力而未放下，因此現在才會被卡住。當你手上拿著一朵花時，絕對不可握得太緊，否則可能會弄壞它。細緻的對象需要細緻的接觸，想要將安定的呼吸擺在正念當中好幾分鐘，你需要非常敏銳的心。這種敏銳的注意只有透過溫柔與持續地放下才可能達成，它永遠無法只憑藉純粹的意志力而被粗暴地達成。

當木匠鋸木材時，他可以看見整把鋸子——從鋸柄到鋸子前刃，當他專注在鋸木材時，他的注意力會愈來愈集中在鋸子接觸木材的那一點上，鋸柄與前刃很快地便從眼前消失。過一陣子後，他只能看見與木材接觸的那一個鋸齒，此時左右兩邊的所有鋸齒都不在他的覺知範圍內，他不知道也無需知道那鋸齒到底是屬於前段、中段或後段，這樣的概念已不存在。這便是鋸子的譬喻。

同樣的，在這第四步，你只會知道正在發生的那一點呼吸。你完全不知道它是入息或出息，是前段、中段或後段。當呼吸安定下來時，你的注意力將變得非常精細，那時你只知道這一剎那的呼吸。

步驟五與六：覺喜與覺樂

體驗伴隨呼吸而來的喜與樂

在入出息念的第五步，你體驗伴隨呼吸而來的喜（pīti），而在第六步則體驗伴隨呼吸而來的樂（sukha）⑯。喜與樂很難被拆開，並且由於它們經常一起出現，因此我將兩者視為一體。

當你的無間正念看著呼吸安定下來時，喜與樂會自然生起，就如黎明金光在東方地平線出現一般，它會逐漸自動生起，因為你的所有心理能量現在都流入覺知者而非造作者。事實上，你什麼也沒做，就只是在觀察，這可由你呼吸的平穩來確定。清晨第一道陽光照在地平線上只是時間早晚，同樣的，當安定的呼吸維持不動時，喜與樂也遲早會出現在你的心中。心理能量流進覺知者使得正念充滿力量，而充滿能量的正念所體驗的就是喜與樂。

倘若你已達到第四步且持續覺知非常安定的呼吸，卻未看到喜與樂，那麼我給你的忠告是：「別驚慌！」別因失去耐心而破壞了自然的過程。這個階段無論做什麼都只是拖延，或甚至妨礙喜與樂的生起，那將無法深化連續安定呼吸的經驗。你有完全覺知到平靜的呼吸嗎？或者你有潛在的干擾嗎？也許難以進步是因為你未能持續覺知只有呼吸；你的呼吸不再變得更安定嗎？或許是呼吸還不夠平穩。果真如此，請耐心等候，這是完全獨立於你之外的自然過程。當正念舒適地停留在呼吸上而不受任何干擾，且呼吸的感覺變得愈來愈安定時，喜與樂遲早總會生起。

早點認出喜與樂也會有所幫助，先決條件是你必須先熟悉自己在尋找的東西。伴隨平靜出現的喜與樂開始時可能極其微妙，就如某個喜歡重搖滾樂的人去參加一場古典音樂家馬勒（Mahler）的音樂會，他無法理解為何觀眾肯花大錢去聽那種東西。或如某個常吃便宜餐點的人，首次去五星級的法國餐廳，因品味太差而不懂得欣賞那裡的菜餚。當你禪修的體驗愈來愈豐富時，你將成為靜心的行家，且自然會及早認出喜與樂的出現。

完成入出息念的第五與第六步，等同於達到我基本禪修法中的「完全持續覺知美麗的呼吸」。「美麗的呼吸」是我描述這個層次喜樂體驗的方式，在此階段，呼吸會顯得非常平靜與美麗，比春天的花園或夏天的日落更迷人，你不太會想再看其他的東西。

步驟七：覺心行

體驗呼吸是意根的對象

當呼吸變得更加美麗，喜與樂在無形之中逐漸增長時，你的呼吸可能似乎完全消失了。在第二章中，我稱此為呼吸從美麗的呼吸退隱為只剩下美麗；我也舉了張大嘴笑的「嘻笑貓」為例，牠逐漸消失只剩下張嘴笑，以此來描繪這樣的事。這精確地描述了從第五與第六步驟「體驗伴隨呼吸而來的喜與樂」，進到第七步驟時只認知到呼吸是意根的對象⑰。

我引用佛陀對於眼、耳、鼻、舌、身、意六根的覺知經驗分析，來釐清這個轉變（SN 35）。在禪修的初期階段，你捨棄眼、耳、鼻、舌，讓這四根暫時完全關閉；然後捨棄第五根「身根」的多數活動，而只專注於呼吸的觸感，排除其他所有的事物；第六根「意根」從頭到尾都在運作。現在，第五根「身根」也關閉了，只剩下第六根「意根」在覺知呼吸。你現在正透過一個新的感官在體驗呼吸。

想像某個老朋友，滿頭亂髮還留著鬍子，經常穿得邋里邋遢四處走動，然後有天他出家成為僧人，當你在寺院初次見到他時，因為他頂著大光頭且穿著僧袍，你可能認不出他，但他畢竟是同一個老朋友，只是外表打扮不同罷了。同樣的，你的老朋友「呼吸」經常穿著觸感走來走去，且主要是透過第五根被認知，在入出息念的第七步，你的呼吸超越五根的世界，尤其是第五根，現在只透過第六根，而被認知為心的對象。這正是佛陀稱這一步為體驗「心行」（citta-saṅkhāra）——意根對象——的原因。

因此，若你的呼吸在此階段似乎消失了，切記這是自然現象，別去攪擾過程的進行，別四處尋找從前對呼吸的感知。當呼吸似乎消失時，你應問自己還剩下什麼？若你已小心地遵從指導，在喜樂安立之後，呼吸只會看似消失，剩下的只有喜與樂。你的正念必須是微細的，並且還要率先認出這個精妙的對象，帶著一種長期經驗累積出來的熟悉感，觀智將會告訴你這微妙的喜與樂就是老朋友「呼吸」，只是現在被體驗為意根的對象。

若無法持守這個意根對象，那是因為第五與第六步的喜樂還不夠。在關閉第五根之前，你應該積極培養「非常」美麗的呼吸，累積大量的喜與樂後，才會有較強的意根對象可觀察。不過只要多練習，你就會了知第七步所要尋找的對象，正念會更靈巧地持守微妙的喜樂層次，而你也將能早一點捨棄第五根，但依然能持守較弱的意根對象。

步驟八：除心行

安定意根經驗

在禪修的這一階段與後續階段，喜與樂可能會經常變得太興奮而擾亂平靜。因此，佛陀才會教導入出息念的第八步——安定呼吸的心理經驗⑱。

當禪修初學者（有時也可能是老經驗者）在開始經歷一些禪悅時，他們一不小心就會產生「哇！」的反應：「哇！終於出現了！太驚人了！」他們的禪悅立即出走，因為他們太興奮了。

恐懼也可能會隨著禪悅生起：「這非我所能承受！這太驚人，我不該得到！」禪悅再次消失，因為恐懼破壞了平靜。

因此，要當心恐懼與興奮這兩個敵人，它們可能在此階段出現，記得要持續安定呼吸的心理經驗。要維持禪悅的因，因為這個禪悅是從安穩與靜默產生的喜與樂。維持平靜，否則禪悅將會消失。

阿姜查的著名比喻「寧靜的森林水塘」，有助於我們了解此處的情況。其他人已經寫過這個意象，但並不完整。我記得阿姜查是這樣解釋的，當他在泰國的叢林與森林中行腳修習「頭陀行」時，到了傍晚他因需要洗澡而一直尋找水源。穿越叢林後，由於炎熱勞動而汗流浹背，如果你下午沒有洗澡，那麼整個晚上都會因汗垢黏膩而感到不適。

他也需要喝水，因此尋找著森林裡的水塘、河流或泉水，找到水源後，他就在附近紮營過夜。

喝水、洗澡與適應環境後，阿姜查在離水塘幾碼處坐禪。他說自己有時習慣睜開眼睛很平靜地打坐，因此會看見許多動物走出叢林想洗澡、喝水。他說牠們只有在他非常、非常平靜時才會出來，因為叢林裡的生物很膽小，害怕人類更甚於我們害怕牠們。當牠們走出灌木叢時，會四處張望與嗅聞，以察看是否安全。若牠們偵查到他就會走開，但如果他坐得平靜無比，動物就會聽不到他的聲音，甚至嗅不到他的氣味，此時牠們就會出來喝水。有些動物除了喝水之外，還會在水裡玩耍，好像他不存在或是隱形人似的。他說有時平靜到在一般動物出來之後，一些很奇怪、不知名的動物也會出現，他以前從未看過這些奇特的生物，父母親也從未提過牠們。但只有在他完全平靜時，這些奇妙的生物才會出來喝水。

這個比喻非常適合禪定的情況。水塘或水池是心的象徵，在入出息念的第八步，你只是坐在它前面並觀察，若下任何命令，那就是不平靜。美麗的生物（即禪相與禪那）只有在你完全平靜時才會出現，若牠們出來察看動靜，而你說「哇！」，牠們一定會馬上回頭退回森林，不敢再出來。如果牠們出來後發現你在看著牠們，即使你只是用眼角餘光，牠們也會察覺並逃跑。倘若你希望這些生物現身並安心玩耍，你就不能移動；當你完全平靜，不控制、不動作、不說話也不移動時，禪相就會出現。它們四處張望並試探空氣，認為沒有人在，就會出來並在你面前玩耍。即使你眼皮才動了一下，它們也會再度跑開；只有在你完全平靜時，它們才會留下來。普通的經驗先出來，然後是很美的，最後是非常奇特與美妙的經驗，最後出現的這些驚人經驗是你叫不出名字的，甚至無法想像它們可能存在，因為它們是如此奇特、快樂與純淨。這些便是禪那。

阿姜查這個美妙的比喻，是他智慧與深奧悟心的顯現。這確實是心運作的方式，擁有那種智慧是巨大的力量。當你心中生起喜與樂，了解到喜樂不外乎是意根體驗呼吸，並且能安定整個觀察的過程時，非凡的禪那便可能出現。

步驟九：覺心

體驗心

《入出息念經》的第九步，描述一個前來造訪靜默定心的重要生物——禪相，這一步被稱為體驗心（citta-paṭisaṁvedī）⑲。只有在這個階段，你才真的可以說自己懂得心。有些人對於「心是什麼」有其理論與概念，並試著以科學儀器加以檢驗，甚至撰寫整本關於心的書。但只有在這一步，你才可能真正體驗心。

你是藉由禪相（即心的反射）來體驗心。記住！心是覺知者。但覺知者可能覺知自己嗎？眼睛是見者，它能透過鏡子看見自己，而它看見的是它的反射。你在此禪修階段所看見的反射（即禪相）是心的真實反射，就像照鏡子，它表面的所有塵埃與汙垢都已清除乾淨，現在你終於可以看見自己。你只能透過禪相或禪那去直接體驗心。

當禪相生起時，奇特到幾乎無法形容。語言只能建立在比喻上，如我們描述某樣東西硬得像磚塊，或軟得像草，總是從五根的世界去引用比喻，但心的世界很難有適當的語言。在你初次體驗禪相後，心想：「這到底是什麼東西？」你知道那是真實的體驗，但就是很難找到描述它的語言。你必須使用不完美的比喻：它像一種光，像一種禪悅的感覺，有點兒像這個，有點兒像那個。你知道它和以前的經驗完全不同，但還是必須設法對自己描述它。所以，我會一直說你體驗到的禪相有時像一種光或一種感覺，有時像……一團果凍等，它們都是同一個經驗，但我們使用的話語不同。然而，對許多禪修者而言，心很快閃現，然後便再次消失，它就如動物從森林裡出來，一旦覺察到有人變興奮了就又逃逸無蹤。

有些禪修者很難看見禪相，他們達到安定美麗呼吸的階段後，卻什麼事也沒發生，沒有光出現，因此而懷疑自己哪裡做錯了。接下來的例子可能會有些幫助。

某天深夜，我從明亮的茅篷出來，走進濃密黑暗的森林，因為太暗了，什麼也看不見，我仍然保持平靜與安忍。慢慢地，眼睛逐漸適應黑暗，不久我便能辨識樹幹的形狀，然後可抬頭看見美麗的星星，甚至整條銀河，在夜空中明亮地閃爍著。

體驗禪相可能就像這樣，在無形相的平靜中，此時呼吸似乎消失，起初我們可能什麼也看不見，但要忍耐並靜靜等待，正念很快就會逐漸適應這個超乎過去習慣（屬於五根的明亮房間）的「黑暗」，並開始看見形狀。起初很模糊，不久之後，美麗的星形禪相可能會出現，若平靜的時間夠久，最佳的禪相也可能會出現，有如晚上不受烏雲障蔽的明亮滿月。

步驟十：令心喜

使禪相發亮

有兩個禪相缺陷可能會阻礙進步：禪相顯得太黯淡與禪相不穩定。為了點出這兩個問題，佛陀教導入出息念的第十與第十一步：使禪相發亮[20]，以及維持禪相。「使禪相發亮」是我對巴利語 abhippamodayaṁ cittaṁ（意思是「令心喜悅」）的詮釋；心愈是喜悅，禪相就會愈明亮。如果要進入禪那，禪相必須是你所見過最明亮的事物，具有超凡之美。

讓我們來看看，為何禪相會顯得黯淡或甚至污濁呢？回想先前所說的會很有啟發意義：禪相只是心的反射。若禪相黯淡，那意味著你的心是黯淡的；若禪相污濁，則是你的心被染污了。此處容不得你欺瞞或否認，因為你是直接面對真實的心理狀態。

在此，「戒」的重要性變得很明顯。若心由於不淨的身、口、意、行而受到污染，假如禪修時禪相終於出現了，也會是黯淡與污濁的。若這是你的經驗，那麼就在坐禪之外多做一些淨化行為的努力：保持戒律清淨，並檢查你的話語。佛陀說，若無淨戒則無淨定。（AN VII,61）

慷慨慈悲、信心堅定的人，通常擁有所謂的「純淨的心」。根據我自己教導禪修的經驗，有個普遍性的法則是，這種內心純淨的禪修者，便是最能體驗明亮禪相的人。因此，除了持戒清淨之外，也要培養「純淨的心」。

然而，有時即使是心腸好的人也會經歷黯淡的禪相，通常這是因為他們的心理能量很低，也許由於生病或過度勞累所致。避免這類問題的善巧方便是，花點時間修習激勵人心的禪法，例如憶念佛、法、僧，並思惟它們直到內心充滿喜悅為止。如果你原本就是非常寬厚的人，那麼就可思惟過去的布施，以此來激勵自己，佛陀稱此為「捨隨念」（cāga-anussati）；或可花點時間修慈。一旦心理能量提升到喜悅光明的層次，此時便可重回「入出息念」。

以上所談的，都是在開始入出息念之前使禪相發亮的技巧，這些都是最有效的技巧。然而，當禪相在禪修期間生起卻顯得黯淡時，還有四種進行的方式：

（一）專注於禪相的中心：即使在黯淡的禪相裡，中心也會比周圍明亮，溫和地建議自己看禪相的中心。中心亮處會慢慢擴散開來，然後你再專注於擴散亮處的中心，那會比先前的亮。藉由進入中心，然後是中心的中心，如此反覆進行，黯淡的禪相很快就會變得極其明亮，且亮度一路會持續「激增」直至進入禪那。

（二）砥礪當下的注意力：雖然「覺知當下」是入出息念前行的一部分，但在此階段經常會出現當下的注意力「被污損」的情形。就個人而言，我經常發現更敏銳地專注於當下，會擦亮正念並使禪相發亮，消除一切昏沉。

（三）對禪相微笑：記住！禪相是你內心的反射。因此若心微笑，那麼禪相就會回報以笑容，也會變得明亮。禪相會一直黯淡有可能是瞋恚蓋引起，微笑有足夠的溫柔與力量，能克服這個微細的蓋障。若不了解我所說對禪相微笑的意思，你可以去照鏡子、然後微笑，然後在心裡對著禪相重複這個動作。

（四）返回美麗的呼吸：有時禪相黯淡，就只是因為你太早進入禪相了，因此最好能溫和地下定決心，待在美麗的呼吸久一點。即使禪相出現，若是黯淡的就忽略它，並重新返回到呼吸的心理經驗。通常當我這麼做時，禪相不久就會以亮一點的方式再次出現。我再次忽略它，它會持續出現且愈來愈亮，但我會持續忽略，一直到真正燦爛的禪相出現為止！

藉由上述這些方式來擦亮禪相，使它順其自然發亮，直到它能變得明亮、美麗且光芒四射為止。

步驟十一：令心攝

維持禪相

第二個禪相缺陷是禪相的不穩定性，它會阻礙深化的禪修經驗，它不會保持安定而是快速消失。為了處理這個問題，佛陀教導入出息念的第十一步：samādahaṁ cittaṁ，直譯為「令心等持」[21]，而在此處的意思是「持續注意禪相」。

通常禪相初出現的前幾次會相當不穩定，不是一閃即逝就是動來動去。明亮有力的禪相經常比昏暗虛弱者維持較久的時間，這正是佛陀在維持禪相的上一步時要教導使禪相發亮的原因。有時使禪相發亮便足以維持它，因為禪相變得光彩輝耀，而能抓住注意力較長的時間。然而，即使是明亮的禪相也可能是不穩定的，因此才有持續注意禪相的方法。

幫助我維持禪相的洞見，是徹底知道心中所見的禪相只是覺知者或觀察者的反射而已。如果覺知者移動，反射的禪相也會跟著移動，就像在鏡子前盯著自己的影像一般：你移動，影像也會隨之移動。只要你不停移動，要想藉由固定鏡子來保持影像靜止不動，只是浪費時間。相反的，你應該專注於那個正在經歷此事的覺知者，並令他安定靜止才對。此時，這個覺知者的反射影像（即禪相），就會保持穩定且靜止不動，持續發出亮光。

再一次的，造成禪相不穩定的原因往往是恐懼或興奮，此時的你是反應過度而非被動觀察。初次體驗禪相就像遇見一個完全陌生的人，你經常因為不認識或不知道他們會如何表現而忐忑不安，然而在認識之後，將可輕鬆地與他們為伍。他們都是好朋友，你和他們在一起會覺得很自在，過度反應就消失了。或者這就像小孩子學騎單車，前幾回可能會像我一樣緊抓著手把不放，抓到指關節都泛白了，還因為不能放鬆而一直摔跤。但是在經過多次挫傷與瘀青之後，我很快就發現到，我愈放鬆就愈容易保持平衡。同樣的，你很快就能學會停止抓住禪相而讓自己放鬆，並發現愈不加以控制，禪相就愈容易維持。

我練習不控制的另一個技巧是觀想開車的畫面。當明亮的禪相出現時，我給它鑰匙並說：「你從這裡開始駕駛。」我給予它完全的信任與信心。我真的試著觀想自己的信任，並將它交給明亮的禪相。我了解殘餘的造作者，那個喜歡控制的怪物，還是想要搞破壞，因此我用這個比喻來幫助自己放下一切控制。我就停在這裡，當我停止時，禪相也隨之停止。

在持續注意禪相一陣子後，它會變得更加明亮且非常強大。好禪相的特徵是，它們是你此生見過最美的顏色。例如，若你看見的是藍色的禪相，那個顏色一定不是普通的藍，而是你所見過最深、最美也最藍的藍色。當你體驗到美麗穩定的禪相時，便是站在禪那世界的邊緣往裡面看。

步驟十二：令心解脫

入出息念的第十二步稱為「解脫心」（vimocayaṁ cittaṁ）㉒。在這一步你會有個體驗，而且事後對它的描述卻可能有兩種不同的方式，這取決於你的觀點：（一）你發現自己沉入或潛入禪相；（二）禪相以亮光與禪悅的感覺完全包圍你。這不是「你」特意做出來的，它只是放下一切造作後自然發生的結果。

你經由解脫心進入禪那，佛陀說禪那是「解脫」（vimokkha, DN 15,35），從監獄獲釋也是vimokkha，梵文中moksha的意義也相同。心此時是解脫的，從身體與五入處釋放出來，我所說的不是指心在靈魂出體經驗中飄浮在某處，而是你不再有空間感，因為空間的一切經驗都得依靠五入處。在這一步，心解脫這一切，你對正在發生的事不再有任何身體的感覺，聽不到任何聲音，也無法說話。你欣喜若狂，卻又完全正念、安定，穩如磐石，這些都是心解脫的跡象。這將成為你這一生最深刻的體驗，或至少是最深刻的體驗之一。

如果你經歷過禪那，通常會好想出家為僧，世間對你已沒有太大的吸引力。相較於禪那與心解脫的禪悅，人際關係、藝術、音樂與電影、性、名聲、財富等，似乎都變得不重要且不具吸引力了。但除了禪悅之外，還有更多東西你會體驗到，例如經驗的哲學深度。當你經歷禪那好幾個鐘頭時，喜歡的話，你可以自稱是神祕主義者，因為你已擁有一切宗教傳統所稱的神祕經驗，這經驗超乎尋常甚多，佛陀稱此為「超人法」（uttari-manussa-dhamma, MN 31,10），某種超越常人的經驗；或稱此為心的「大至」（mahā-ggata）。他也認為禪那之樂很像「正覺樂」（sambodhi sukha, MN 66,21），那是個煩惱到不了的地方。這是魔羅（Māra，佛教的惡魔）碰不到你的地方，你在此時是覺醒與解脫的。

所以，假如你能修習入出息念的前十二步，它們將會引領你進入禪那。

退出禪那

《入出息念經》的後四步，是針對甫退出禪那的禪修者。在你從第一次禪那經驗出來時，你會禁不住想：「哇，那是什麼？」因此你該做的第一件事，就是省視禪那以便探究那段經驗，即使你能使用的文字不多。問自己它如何生起？我做了什麼特別的事嗎？禪那中的感覺像什麼？它為何感覺如此？我現在感覺如何？為何它令人如此快樂？這些省思將能產生深刻的洞見。

你會發現描述禪那為何發生，最好的兩個字是「放下」。你已第一次真正放下，不是放下所執著的東西，而是放下做出執著的東西，你已放下造作者，放下了自我。要你放下自我相當困難，但透過這些有系統的步驟你確實辦到了，這便是禪悅。

省視經驗之後，接著你可以選擇修習「念處」（satipaṭṭhāna），或直接進到入出息念的後四步。

步驟十三：無常行

隨觀無常

第一隨觀是針對 anicca，此字通常譯為「無常」[23]，但它的意義其實不只於此。它的反面 nicca，是指規律或恆常的事物，以律藏中規律的施食為例，例如某個弟子在每周二帶食物來寺院，即稱為「常施食」（nicca food, Vin II,4,4,6）。一旦常規停止時，便是 anicca。在深刻的禪修經驗之後，隨觀的重點要擺在一個恆常的事物上，因為它實在太恆常了，所以你從來沒有注意過它，那就是「我」；但在禪那中，「我」消失了！請注意此事，注意它將會讓你深深證入「無我」（anattā）的真諦，而這很可能會帶來「入流」（sotāpatti）的體驗。

步驟十四：觀離欲

隨觀事物消逝

若隨觀無常失敗了，還有 virāga（「事物的消逝」），此字有雙重含意，有時也稱為「離欲」，但通常我喜歡「消逝」的意義，這是指事物剛消失之時。當你進入禪那時，會看見許多事物消失——其中有些和你非常密切，以致你會認為它們是身分不可或缺的一部分。它們都在禪那中消失，你體驗到自我的消逝㉔。

步驟十五：隨觀滅

退出禪那後的第三隨觀應該放在 nirodha（「滅」）上，這是指某個曾存在但如今已完全消失的事物，它已結束了，不見蹤影了，它所在的地方如今是空的！只有在深入的禪修中，才可能覺知到這種「空」。宇宙中許多你原本認為是實體的事物都已不復存在，你處在一個完全不同的空間中。

「滅」也是第三聖諦，苦的終止即稱為「滅」，其因是放下。你已真的放下，絕大多數、百分之九十九的苦已止息。那麼還剩下什麼呢？苦的反面是什麼？樂，苦的止息即是樂。因此，你應隨觀：這些禪那是你此生所曾領受過最快樂的經驗。

當你獲得一點智慧時，將會明白因為許多苦已經止息，所以樂才會生起。

你感到快樂且知道原因。想像你有偏頭痛長達好幾個月，有人給你一種剛發明的新藥，說這只對有些人有效，並不適用所有人，然後你服用它並發現有效，長久的偏頭痛消失了！你的感覺如何？你會飄飄欲仙、欣喜若狂，有時還會喜極而泣！苦的止息即是樂。為何小學生在結束期末考時會那麼快樂呢？那是因為許多痛苦已結束了，世上的快樂經常取決於先前的痛苦有多少。當你終於償清房屋貸款時，為了償清它而必須經年累月努力工作的痛苦消失，你因而感到無比高興。

步驟十六：觀棄捨

隨觀捨遣

《入出息念經》的最後一步是隨觀這個美麗的字：paṭinissagga（「捨遣」）㉖，此字在上下文中是指捨棄「在這裡的」，而非「在那裡的」。人們經常認為佛教是屬於出世的（出離在那裡的事物），但「捨遣」卻是捨棄內在世間，捨棄造作者，甚至捨棄覺知者。若你非常仔細地觀察，將會發現在禪那中所發生的事，不只出離外在世間，同時也出離內在世間，尤其是出離造作者、意志、控制者。這個觀智將產生許多快樂、清淨、解脫、禪悅，你已找到滅苦之道。

以上所述是佛陀描述入出息念的方法，這是一個完整的修行法門，從最簡單的在一個靜處與舒適的座位坐下開始。然後繫念在前，且單純地觀察呼吸，一步接著一步，都是你能力可及的步驟，最後達到「禪那」的深奧禪悅狀態。

當你退出禪那時，有四件要觀察的事：anicca——事物的無常或不確定性；virāga——事物的消逝；nirodha——自我的息滅；以及paṭinissagga——捨遣「在這裡的」一切。若你在體驗禪那之後隨觀這些事物，有些事情就會接著發生。我經常說禪那是火藥而隨觀是火柴，當你把兩者湊在一起時就一定會引爆，只是時間早晚而已。

希望你們都能體驗到這些稱為「覺悟」的美麗爆炸。

第8章——四念處

在這一章我將解釋「四念處」（catu satipaṭṭhāna）——「念」的四個焦點，以及與先前所說禪修的關係。

首先，念處的修行並非證悟的唯一道路，它不像一些過度熱心的詮釋者所宣稱的那樣。根據佛陀的說法，證悟的唯一道路是藉由八聖道（Dhp 273-74），念處是八聖道的第七支。只修習「一支道」，例如只修念處，而忽略其餘道支者，不可能證悟，就如烘焙蛋糕只用麵粉一種原料，那就等著餓肚子吧！

基於上述理由，本章對於念處的解釋是放在八聖道的脈絡中，以說明對修習念處而言，八聖道中的其他七支是如何不可或缺與相輔相成的。

有些作者還宣稱念處修法是佛教首創，是佛陀獨一無二的發現，它導致佛陀本人的覺悟，以及阿羅漢弟子們陸續覺悟。然而，這種說法並不可信，如我在本章中的解釋，念處是把念集中在身、受、心、法等事物上，各個種族與宗教中聰敏好學的人，都會把心念灌注在自然的各個層面上，以了解其意義，「觀照」（investigation）㉗其實並非佛教所特有。

佛教的創見是修習禪那，禪那的體悟需要微妙平衡的生活型態，此平衡稱為「中道」（參見*Mahāsaccaka Sutta*, MN 36,31-33）。「中道」常遭到佛世時的苦行者與世俗之人所排斥，例如當佛陀開始修習中道時，他的五個苦行道友都鄙夷地離開他。佛陀的創見即是用禪那經驗去強化觀照，並大幅提升正念。

念處的準備工作

在英文中，satipaṭṭhāna（念處、念住）通常譯為foundations of mindfulness（念的基礎），但更精準的翻譯應是focuses of mindfulness（念的焦點）。念處法指導禪修者應把念擺在哪裡，然後念處為禪修者揭示應該觀照哪裡，才能發現覺悟的真諦。

在現存的兩個《念處經》（*Satipaṭṭhāna Sutta*）版本（DN 22; MN 10）中，佛陀說，「**若人如此修習念處七日**」（如經中的描述），那麼他們將能證悟阿羅漢或不來果。許多佛教徒，無論出家或在家，雖然已完成多次禪修閉關，卻依然尚未覺悟。請別責怪佛陀！我們應重新檢視佛陀的承諾：「若人『如此』修習念處七日……」無法出現覺悟的原因是，他們並未以正確的方式修習念處。這就如有人買了一套非常昂貴的高科技家電用品，拆開、組裝好後便興奮地插上電源。轟！糟糕，一定是哪裡出錯了，這時他們才急忙地翻閱說明書。我們不是應該養成先看說明書的習慣嗎？佛教徒無法覺悟的原因是，他們並未依照手冊修習念處。

佛陀教導兩種念處。第一種是在禪那的支持下，快速地到達覺悟；第二種是沒有禪那，而直接生起寶貴的觀智，尤其是那些能讓你放下並趨近禪那，但並未導致正覺的觀智。這兩種方法都見諸於經典中。在本章中，我主要集中在第一種念處的修習。

禪那對念處的重要性

經上說，修習念處者「去除世間的貪愛與憂愁」，這是對於巴利語 vineyya loke abhijjhā-domanassam 這句話常見的翻譯，但那是令人扼腕的解讀。這是在一百多年前，由好心的萊斯．戴維斯（Rhys Davids）博士首先提出的，一直沿用至今。這個解讀不只在實修上並無意義，同時也是錯誤的。這個誤譯是現代西方佛教徒誤解說明書，因而覺得念處對他們無用的主要原因。

參考註釋書的解釋，這句話其實是指「暫時去除五蓋」，這個解釋和這句巴利語在經中其他地方的用法一致，意味著修習念處觀的先決條件是先去除五蓋！由於佛教徒未用到說明書的這一部分，因此才使得念處無法發揮它的效用。

暫時去除五蓋是禪那的功能（參見*Naḷakapāna Sutta*, MN 68,6：「未達禪那，五蓋將侵犯行者的心並駐留；達到禪那，則五蓋將不侵犯行者的心且不駐留。」），凡是體驗過禪那的人都知道，退出禪那後正念是很強且很容易維持的，這是五蓋不存在的結果。

我記得以前在大學時與女孩們出遊。在派對中，燈光總是昏暗的；當我們出去晚餐時，燭光搖曳生輝；在河岸划船時，則是在一片銀白的月光下。我了解到，想要出現浪漫的事，光線就得要暗。事實上，那麼暗，我根本看不清楚我是和誰出遊。

微弱的正念就如同在夜間出遊，你無法看清楚。有些人喜歡微弱的正念，不想看清事物真實存在的樣子，因為正念會揭露他們不想面對的一些真相。許多人寧可沉迷於幻想中，以毒品麻醉自己或喝得爛醉如泥；有些人則藉由忙碌來逃避清醒；只有極少數的人有勇氣誠實地保持警醒。

念的力量

如果念如光，則禪修會讓那光輝耀。過去我還是泰國東北部國際森林寺（Wat Pa Nanachat）的年輕僧人時，在禪堂很平靜地行禪，目光放在兩呎前的水泥地上，但我不得不停下來，我無法置信原本晦暗的水泥地表開始出現極美的畫面，各種灰階投影與紋理呈現出我所見過最美的圖案。我想切下那個斷面送去倫敦的泰德藝廊（Tate Gallery），那是件藝術作品。但一、兩個小時過後，它又再度變回平凡無奇的水泥地。

發生在我身上的事，你可能也遇過，那是我對於「強念」的短暫體驗。在強念中，心就如百萬瓦特的探照燈，能讓人更深入照見正在看的東西。普通的水泥地變成一件傑作；一片青草忠實地散發出令人愉悅而閃亮的螢光綠暈；一根細枝則變成具有形狀、顏色與結構的無窮宇宙。在強念的明亮能量下，瑣碎變成深奧，凡俗變成天堂。

去除五蓋即是如此。經上說五蓋「削弱智慧」，當它們消失時，那種體驗就如同透過已清除污垢與灰塵的擋風玻璃去看東西，或透過已清除耳垢的耳朵去聽聲音，或經由已消除困惑的心去反省。當你親身體驗念強弱之間的差別而不只是一個概念時，你就會明白禪那先於念處的必要性。

禪那產生「超強念」，如果強念如百萬瓦的探照燈，那麼禪那所產生的超強念就如上兆瓦的太陽。假如你的目標是覺悟，那麼超強念就是你所需要的層次，任何有過禪那體驗者，都會明白這個道理。想想這個比喻：弱念有如以湯匙挖洞，強念如以鏟子挖洞；而超強念則像以大型挖土機挖洞，挖一次就抵得上你用湯匙挖好幾年。

千瓣蓮花

我想回到千瓣蓮花的譬喻，以說明維持正念在單一事情上如何揭露你的本質：你的心與身的本質。

回想一下，蓮花在夜晚闔上所有花瓣，清晨第一道陽光開始溫暖蓮花，這是觸發蓮花打開花瓣的機制。這得花上一段時間，等幾分鐘後累積足夠的溫暖，才能打開第一層花瓣；如果是陰天或起霧，那就得等上很久。一旦最外層的花瓣打開後，陽光的溫暖就能照到下一層花瓣，在不間斷的陽光照射幾分鐘後，這層花瓣也會打開。這讓下一層花瓣也能接收到溫暖，不久後它們也會接著開放。蓮花有好幾層花瓣，因此要頗長一段時間才會完全綻放開來。千瓣蓮花需要很強的陽光，且持續很長的時間，才能打開每片花瓣，露出核心的名貴珍寶。

在念處中，「千瓣蓮花」是對於這個「身心」，亦即「你」或正坐在某處閱讀本頁者的比喻，不管你想怎麼稱呼它都可以。陽光猶如正念，你必須維持正念很長一段時間在「身心」上，才能讓最內層的花瓣打開。若有五蓋存在，觀智就不會出現，就如有烏雲或迷霧時，陽光就不可能溫暖蓮花一般。

若無法長時間維持強念在「身心」上，那麼你的理解力只能看見最外層的花瓣；但如果能生起強念，並將之保持在「身心」上，則你將開始以完全不同的觀點看見這一切。過去你一直以為知道「你」是什麼，但如今你才了解自己錯得多麼離譜、懂得多麼少。透過維持強念在身與心上，實相開始顯現。

當你以此方式禪修時，所有的舊標籤都將消失，所有的舊觀念——過去你以為自己是誰，別人說你是什麼，以及你相信自己是什麼——都是外層花瓣，這些花瓣打開後會露出更深層的實相。標籤與觀念都是舊制約，它們是膚淺的描述，實相就藏在裡面。當你移除這些外圍花瓣時，你開始看見以前從未看過的東西，體驗到找不著標籤的事物，那超越每個學習過的感知㉘。我們多數的感知都只是重複以往學校或家裡教過的東西，「牛」、「狗」、「僧人」、「警察」這幾例不正確的標籤，都是我們被訓練去執著的世間對象；「思想」、「感受」、「意識」、「自我」這幾例錯誤的標籤，是我們被訓練去執著的內心對象。實相就被掩藏在這許多經過學習的感知背後。

這個譬喻稱為「千瓣蓮花」，因為大約有一千個實相等著被發現。禪修得花很多時間打坐，以揭開關於自己與世間的許多深層妄想與錯誤觀念。當佛陀教導痛苦的根本原因是「無明」（avijja）時，他並未說它很容易揭開。層層揭開無明的真實情況，就如蓮花瓣的綻放一樣。

在你的精神生活中，尤其在禪修中，有個危險你應警惕，那就是高估自己的成就。

有時維持「身心」的強念時，觀智會出現。或許陽光已令蓮花頗為溫暖，已有四十九瓣打開，而你看見千瓣蓮花的第五十瓣。這第五十瓣很美、很深奧，因此你心想：「哇！這就是了。我終於證悟蓮花的核心祕密。」抱歉，我的朋友！你還有九百五十瓣有待開啟。所以請小心，你尚未完全覺悟。

當第一千個花瓣打開時，非常美麗與超俗，那時你將看見蓮花核心的名貴珍寶。你知道那個珍寶是什麼嗎？是鑽石？紅寶石？不是，它是「空性」，你在「身心」的核心看見無價的「空性」珍寶，那完全超乎你的預期。正因如此你才知道，它不是另一片花瓣而已。「空性」的本質和其他所有花瓣與一切事物完全不同，它一無所有！要達到這麼深入的階段，通常需要超強念維持在它的焦點上很久才行。

念處的目的

開始念處之前的另一個重要條件，是完全理解念處的目的。任何一種修行的目的，都有助於解釋應該如何達成。當你對目標有清楚的概念時，就更有可能到達。

那麼念處的目的是什麼呢？目的是看見「無我」（anattā）——沒有自性，沒有「我」，也無任何事物屬於「我」。經上說：「**如是安住正念，以了知唯有身、受、心、法。**」（我如此翻譯經中的一段重複章句。）

當你謹記念處的目的，是發現「我」、「我的」或「自性」的迷妄，以洞見「無我」或「蓮花心中的空性」時，修行的方法就會變得很清楚，尤其你會明白佛陀只教導身、受、心、法四念處的原因。他教導這四者，是因為它們是生命被執著為「我」或「我的」的主要區域。

因此要修習念處，以維持超強念在四個對象中的每一個上，俾能解除自我的迷妄。你已被蒙蔽太久，包括認同色身；視感受為你的（因此受你控制）；相信心（覺知的過程）是你的自我；以及執著心的對象為和你有關的事。

前行小結

這些便是成功修習念處所需要的準備工作。在此條列如下：

（一）除世貪憂（vineyya loke abhijjhā domanassam）——先透過禪那體驗，去除五蓋。

（二）極念（satimā）——擁有由禪那產生的超強念。

（三）熱（atāpi）——精勤地維持超強念於念處上。

（四）正知（sampajāno）——謹記念處的目的是了悟「無我」。

接下來，我將逐一介紹四念處的每一支。

身隨觀

在《念處經》中一共提到十四個關於身體的念處，可以分類如下：（一）入出息；（二）身體姿勢；（三）身體活動；（四）身體組成；（五）四界觀；（六）屍體九觀。以下，我會梗概介紹除了第五項之外的所有身念處。

入出息

在印度哲學中，呼吸（梵prāṇa）有時被視為人類生命的要素，「動物」與「呼吸」的巴利語確實都是pāṇa。同樣的，英文的animal（動物）是衍生自拉丁文animalis，意指「有呼吸的」。「呼吸」在古代理所當然地被視為生命很重要的部分，幾乎等同於「自我」或「靈魂」。

藉由將超強念集中在呼吸上，我們可從呼吸體驗到「空」的過程，完全合乎因緣法，並無任何存在的實體在進行呼吸。此外，在深度禪那中，我們可能經歷呼吸完全消失（在第四禪），但不會危及生命。

我的老師阿姜查在長年生病的過程中，經常會停止呼吸。有一次，新當班的看護感到驚恐，他知道阿姜查有天一定會死，但不希望此事發生在他輪值時！那晚值勤的近侍比丘們請他放心，阿姜查和之前許多次一樣，那只是個禪那的徵象。這名看護還是很擔心，因此在那段呼吸停止時期，每隔幾分鐘就抽血檢驗，以確保血氧濃度維持正常，畢竟只要血液中有足夠的氧氣，就不會對身體造成危害。這位看護發現，即使阿姜查很長一段時間沒有呼吸，血氧濃度依然正常。在禪那中，新陳代謝變得很慢，以致幾乎不消耗任何能量，因此你無需呼吸。

為何普通人在興奮時會倒抽一口氣，或在臨死前掙扎著要呼吸呢？也許，他們對呼吸的執著超乎自己的理解。切記！念處揭發你完全料想不到的執著。當你感受到呼吸停止時，顯然它根本就不是你的，從這樣的洞見，你將能去除對呼吸的執著。

身體姿勢與身體活動

要了解一件事有兩種方式：思惟它的組成，以及思惟它的表現。此處便是藉由思惟它的表現來解析身體。心想「我」在走路、站立、躺臥、坐下、伸臂等，這是一種妄想，事實上是有個身體在做這些事，但並非「我」。

許多在運動、藝術或甚至禪修方面有很高成就者，以「進入能場（zone）」來描述一種無我狀態。當某位著名的古典印度舞者被問到如何達到如此高水準的演出時，她的答案是練習再練習，但是要開始表演時，她就刻意忘記所學的一切，她「要自己閃開」，並讓舞蹈來接手，這是「進入能場」的經典描述。當運動員在某種能場中時，他可以毫不費力、優雅與完美地行動。當禪修者在能場中時，他可以莊嚴、無間與靜默地深觀等持。你清楚地體驗這一切都只是過程，並無任何存在實體在主宰過程，這即是「無我」。

你以超強念觀察身體的姿勢與活動，並迅速進入一種能場，在此所有身體的姿勢與活動，都被視為只是因緣驅動的過程，而非自我所驅動。你變得愈來愈不像一個只在乎身體的控制怪物，你出離且活得很自在。

有些老師誤以為，念一定總得集中在當下的活動上。事實上，「念」的巴利語sati，也有「記得」的意思。超強念能專注在許多剎那以前的對象上，鑽進它，不讓對象消逝，並發現它的實相。

例如，《念處經》裡教導行者修習專注於「睡眠」的正念。即使是阿羅漢，當他們睡著時也無法覺知，那麼這段話是什麼意思呢？有些譯者想藉由將意思改為修習「入睡」（fall asleep）正念，來解決這個問題。然而《念處經》所用巴利語是指「睡眠」（in sleep），「入睡」的巴利語是另一個辭彙：niddam okkamati。修習專注於睡眠的正念，是指行者使用先前入睡的經驗作為當下超強念的焦點，念即是以從前的經驗為對象。這對你們來說，現在可能有點咬文嚼字，但你們以後會明白，當我解釋「心念處」時，這會變得極為重要。

身體組成

我記得大約十一歲時在家看黑白電視節目，那時流行血淋淋的大型外科手術細節。我的父母與兄弟都坐不住，只留下我一個人在看，因為我認為這個節目很有教育性，覺得觀看身體內部很有趣。

多年以後，我成為佛教僧人，渴望觀察泰國與澳大利亞的驗屍。讓我覺得有趣的是，為何有些人會排斥看驗屍，並經常在靠近現場時昏倒。雖然我們在學校都上過生物課，但多數人還是排斥身體的自然本質。為何有人在看到腸子外露時會昏倒或呻吟呢？

我們對於身體有大量的執著，此妄念造成許多痛苦。藉由集中超強念在身體的組成上，你將能穿透抗拒與恐懼的藩籬，如實地觀看身體。它不過就是個身體，由零碎的東西組成再瓦解，既不美也不醜，既不強也不弱，它就是自然的事物，並不屬於你所有。你能永遠保持苗條與健康嗎？你能讓身體不死嗎？那麼是誰擁有你的身體呢？顯然的，是自然擁有你的身體，而不是你自己。

你已洞見身體實相的徵象是，你完全無懼自己的死亡；對於洞見的另一個考驗是，當摯愛的親屬或好友去世時你的反應。若你接到來電，有人告訴你他們已死於車禍，而你的反應是：「是的，那在預料之中。」則你已解脫對於身體的執著。

屍體隨觀

屍體隨觀結合了身體組成與身體表現的思惟。它起初會造成厭離，中段生起觀智，最後則達到解脫。它是強而有效的。

車禍的屍體會被迅速覆蓋並送到停屍間，並在那裡做防腐處理與化妝美容，處理的技巧讓喬治大叔看起來像是快樂地睡著而非死了。我們不想看見屍體真實的樣子，而是更滿足於擁有幻想，但不幸的，妄想需要付出昂貴的代價。我們了解死亡愈遲，遭受的痛苦就會愈大。

當超強念集中在屍體或對屍體的清楚回憶時，死屍會像千瓣蓮花一樣開啟，露出深藏在表面下的實相。屍體正在教導你，這就是你的身體表現——它會變老、衰敗與死亡，這是你與其他所有人身體的命運。這樣的洞見將會使你對身體離欲，且對其他身體不感興趣。看見屍體敗壞，重回它的自然狀態，再次證明自然才是真正的主人。你就不會再執著身體，或喜愛伴侶的身體，或害怕死亡。此外，若你的觀智深入核心，你將再也不會轉生到另一個身體。

受隨觀

第二念處是「受」（vedanā），此字必須先解釋一下，英文以 feeling 來翻譯，並不精確。feeling 的意義很廣泛，可以兼指內在情緒的感情與外在肉體的感覺；而 vedanā 則是指六識經驗的特質，無論是透過色、聲、香、味、觸或心，而有快樂、痛苦與不苦不樂的感受。

在英文裡，我們用不同的形容詞傳達六根個別的愉快或不愉快，若指稱形色，我們稱感受（vedanā）為「美麗」、「醜陋」或「平庸」；若說到聲音，感受是「響亮」、「刺耳」或「無趣」；若描述身體的感覺，則感受是「痛苦」、「高興」或「沉悶」。美麗、悅耳與肉體愉悅所共有的那個宜人特質，名為「樂受」（sukha vedanā）；相反的，醜陋、刺耳與痛苦共有的討厭特質，名為「苦受」（dukkha vedanā）；既不宜人也不討厭的特質，則名為「不苦不樂受」。

切記！我們所認為美麗、醜陋、響亮、高興等感受，並不住在對象裡面，否則我們會一致同意什麼才是美麗或高興的事。樂、苦或不苦不樂的特質，是我們透過受制約的心，而於實相上所添加的價值。「受」即是指伴隨六識經驗而來，令你感覺快樂、痛苦或不苦不樂的特質。

當「念」強而穩定時，你可觀照現在與過去的「受」，而不涉及貪愛或憎惡之事。五蓋會在心的「定」微弱時現形，心因此會對討厭的事生起憎惡，而對喜歡的事生起貪愛。這些反應擾亂心並扭曲實相，猶如風激起湖面的波浪，並扭曲水面下的游魚影像。

這再次說明「禪那」體驗必須先於「念處」的重要性，俾能壓制五蓋，尤其是貪欲與瞋恚，以便能以完全離欲之心觀「受」。

受的起伏

心不動且無貪欲與憎惡時，它看見樂受不過就是兩個苦受剎那之間的暫歇。你也確實不難察覺，樂受的強度和它之前的痛苦程度直接成正比；而苦受的強度則取決於你剛失去的快樂有多少。

在一本描述一九七〇年代阿根廷政治犯遭受囚禁與苦刑的驚悚書籍中㉙，作者提到他最痛苦的經驗不是鞭打或「蘇珊」（警衛對於電擊刑具的暱稱）刑罰。在經年累月的囚禁後，最慘的時刻是當迫害者將其妻子的信遞給他時。為了對付目前的恐怖與絕望，他過去一直刻意淡忘入獄前的快樂時光。那封信喚起了妻子與家庭的許多溫暖回憶，而使他對目前黑暗與苦惱的處境更加難以忍受。他咒罵妻子寄來這封信，並在心底深處吶喊，聲音甚至大過遭受電擊的痛楚。這故事生動地說明，你痛苦或不滿的強度，和回想如今你所失去的快樂程度成正比。

受並不屬於你

因此我們清楚看見，受是有條件性的，就如晝與夜的關係彼此相互制約，它只是自然二元性的演出，非你與任何人所能控制。我們應將它理解為並非「我的」、「我」與

「自性」，透過超強念去了解「受只是受」，且它是非任何人所能控制的，這將讓人生起離欲，而不會傾向於樂與苦。你確切了解，既無恆常的樂，也無恆常的苦，完美的天界是不可能的感覺，那只是一廂情願的想像而已，而永恆的地獄也同樣不可信。

因此第二念處的目的，是洞見「受」並非「我的」，樂與苦相擁而舞，兩者是輪迴場中難分難解的伴侶。渴愛變得毫無意義，當我們終於斷捨渴愛時，就解脫了痛苦（也解脫了快樂）。

心隨觀

第三念處「心隨觀」，是最難修習的一種，因為多數人的禪修都不夠深入，連心也看不到。心宛如從頭到腳被五件厚重衣著所包覆的君王：他的靴子長及膝蓋，褲子從腰遮到小腿，上衣從脖子蓋到大腿並從手臂遮到手腕，手套蓋住手與前臂，頭盔則遮住整個頭部。由於被徹底蓋住，因此君王完全不可見。同樣的，心被色、聲、香、味、觸等五外入處所覆蓋，你根本無從看到裡面。

要想看到君王，你得先去除他的衣物。同樣的，要想看見心，你得先去除五外入處，禪那的任務就是去除五入處並揭露心。因此，除非你已有禪那的體驗，否則第三念處將無從開始。當你不曾真的體驗過心時，怎麼可能隨觀它呢？這就像當你只能看見君王的衣物時，根本談不上觀察他（或她）。

觀照心的本質，也很像研究黃金的本質，在化學家開始測試材質之前，必須先確保黃金的樣本是純淨無雜質的百分之百純金。同樣的，在你開始觀照心的本質之前，必須先確保意識是純淨無染的，亦即外在五識的雜染都已去除，而這只有在退出禪那之後才可能達成，此時超強念以先前的禪那體驗為它的觀照對象，也就是排除了五根之後的心的持續體驗。唯有如此，我們才會看見實相：心是無我的；心受制於生與滅，既非「我」，也非「我的」，亦「無自性」；既無上帝，也無宇宙意識。那只是心，因為有燃料，所以才有火焰在燃燒。

覺悟之後，心去哪裡

火焰依賴燃料，「燃料」的巴利語是upādāna。蠟燭的火焰依賴熱、蠟與燭芯，三者之中若缺少任何一項，「燃料」就完了，然後火焰滅了。如果風吹散熱，火焰會熄滅；如果燭芯燒盡，火焰會熄滅；若是蠟沒了，火焰同樣也會熄滅。一旦火焰熄滅，它並不是去了哪裡，好的火焰不會快樂地升上天堂永遠閃耀，也不會融入宇宙的、超越的「上火」（Flame）[30]，它就是消失了，如此而已。火焰「熄滅」的巴利語是nibbāna（涅槃）。

心也依賴燃料，經上說，心依賴「名色」（nāma-rūpa，心理與身體），當「名色」止息時，心也隨之止息（SN 47,42），它熄滅——「涅槃」了。它哪裡也沒去，就只是不復存在。有趣的是，兩位著名的比丘尼翅舍憍答彌（Kisāgotamī）與波吒左囉（Paṭācārā），都是在看見燈火熄滅時完全覺悟的（Dhp 275; Thig 116）。

當你在純淨的心上維持超強念時，各種識的本質都會自行展現，在你看來識並非平順流動的過程，而是一連串個別、獨立的事件。它可比擬為沙灘上綿延的沙，表面上看起來連續好幾百哩，但你仔細觀照過後，發現這其實是由許多個別、獨立的矽酸鹽所組成，每顆沙粒之間有空隙，兩顆沙粒之間並無沙的元素在流動。同樣的，我們所以為的識流，此時被清楚地洞見為一連串個別的事件，其間並無任何東西在流動。

另一個比喻是水果沙拉。假設盤子上有顆蘋果，你清楚看見它完全消失，並在原來的地方出現一粒椰子。然後椰子消失，出現另一顆蘋果。然後第二顆蘋果消失，被另一粒椰子取代。那粒椰子消失，並出現一根香蕉，當香蕉消失時，盤子上才又出現另一粒椰子，然後是另一個香蕉、椰子、蘋果、椰子、芒果、椰子、檸檬、椰子等。當某樣水果消失時，緊接著便出現另一樣全新的水果，它們都是水果，但品種完全不同，每個水果都不一樣。此外，並沒有連接的水果元素從一個水果流動到下一個。在這個比喻中，蘋果代表眼識事件，香蕉代表鼻識事件，芒果代表舌識，檸檬代表身識，椰子則代表意識。每個根識剎那都是個別的，沒有什麼東西從一個剎那流到下一個。

意識——此處的「椰子」，在其他每種根識之後出現，因此造成每個根識經驗都相同的假象。對一般人來說，有種屬於「見」的特質，在聽、嗅、嚐與觸當中也找得到，這個特質可稱為「覺知」。然而，在超強念的觀照之下，你將能辨識出這個覺知並非見、聽等的一部分，而是在每種根識之後的剎那生起。此外，這個覺知在眼、耳等根識出現時消失；而當覺知（意識）出現時，眼、耳等根識則消失。在水果沙拉的比喻中，盤子上不可能同時出現蘋果與椰子。

覺知者並非「我」

以這種方式觀心——看見它是一連串個別、獨立的事件，沒有東西從一個剎那到下一個——將會揭穿覺知者總是存在且一直在那裡接收世界經驗的假象，於是你顛覆了自我假象的最後庇護所。先前你可能認為「我是覺知者」是顯而易見的事，但顯而易見的事經常是錯的。現在你看見它就只是「覺知」，或只是意識，就如椰子不會時時都在那裡。心只是個自然的現象，也會止息，它不可能是「我」、「我的」或「自性」，你終將了解覺知者——心，是「無我」的。

如先前所說，修習念處的目的是覺悟「無我」，自我或靈魂假象的最後兩個歸處是覺知者與造作者。如果你將任何東西都視為本質上的「你」，則它將是這兩者或其中之一，你認為自己是那個造作者或覺知者，這兩種根深柢固的假象就橫梗在你與覺悟之間。看穿這些假象一次，你就是入流者；每次都能看穿這些假象，你就是阿羅漢。

法隨觀

「法」（即心所對境）是四念處中的最後一項。《念處經》中列出的法是五蓋、五蘊、六內外處、七覺支與四聖諦。我了解這只是「法」的代表舉例，因此經中未提到的思想與情緒等法，也一併於此納入。

隨觀五蓋

在前面探討「受隨觀」時，我已解釋過必須先去除五蓋，才可能有效地觀察任何事物。但去除五蓋後，你如何觀察它們呢？如先前所說，念包含記憶，可以取已消逝的經驗為對象。例如，超強念可以取先前昏眠的經驗，並持守那個過去的經驗在強光下夠久的時間，以洞見它的真實本質。你以超強念所體會的，只是螢幕上的影像情況，它們並非你的或和你有關的事，舉例說明如下。

許多年前，有個老同學去牙買加旅遊。他到一處能開車進入的偏遠小鎮的戲院看電影，當地以暴力著稱。他驚訝地發現，螢幕是兩呎厚的強化水泥牆，那一定所費不貲。事後的情況證明，當地人很喜歡西部片，然而每當故事進入無可避免的槍戰鏡頭時，許多觀眾便紛紛掏出自己的手槍加入戰局！若他們不喜歡警長，就朝螢幕射擊他的影像，或轟掉印第安人，或任何令他們不爽的人。戲院主人無法阻止他們加入戰火，已換過許多彈痕累累的帆布螢幕，因此才會建造這個打不壞的水泥螢幕。從此之後，他就可以放心地讓觀眾們加入戰局。

如果你像這些看電影的人一樣，將螢幕上的影像視為真實的，你就會想開槍射他們。然而，秉持正念，你將洞見他們與你無關。當你將蓋障只視為意識螢幕的影像時，它們就再也不會干擾你，你將是解脫的。

隨觀思想

思想——內心私語，是可能產生巨大痛苦的「法」，它可能展現為掉舉、後悔、疑惑、貪欲或瞋恚。因此，思想是五蓋的核心，持續悲觀的思想導致沮喪，甚至自殺；過度恐懼的思想則導致偏執狂。透過這第四念處的隨觀思想，顯然將可獲得很大的利益。

再一次的，只有超強念才可能看穿思想的把戲。在平常的念之下，你很容易相信思想而被它擄獲，甚至崇拜它，認為它比實相更真實。某位饑餓的人上昂貴的餐廳用餐，侍者呈上菜單，他吃了菜單，付錢後離開，他依然饑腸轆轆。菜單不是食物，如同思想並非實相。

超強念看到那個思想，最好的情況是思想只偏離實相一步，最糟的情況則是完全偏離。瞋恚將思想激化為憤怒，貪欲將思想膨脹為愛欲，掉舉則將思想扭曲為挫折。當清楚看見思想時，就不可能再相信它，連現在這個也是！

當念處如實地看見思想，視它為權宜方便，此時我們會對思想離欲。這種離欲與智慧的表徵，就是你能隨時放下思想；這種觀智的證明，就是你靜默的能力。在經典中，覺悟者的術語是「寂靜聖者」（santamuni）。

隨觀意志

我在此想要討論的另一個重要的法是「意志」（will）[31]，它被放在第四念處中的「觀五蘊」底下[32]。意志是造作者，如我前面所說，意志是自我假象的兩個最後歸處之一，另一個是覺知者（citta，心）。因此，隨觀意志（即造作者）並視之為「無我」，對於覺悟的經驗很重要。

多年以前，我曾是劍橋大學「心理研究社」的活躍成員。每年我們都會邀請一位專業催眠師來展示技巧，對學生來說那通常是很大的娛樂。有一次，催眠師使一位志願學生進入深度催眠狀態，在所有學生面前，催眠師告訴他，稍晚之後當催眠師碰觸他的左耳時，他會站起來唱英國國歌。接著出了催眠狀態，當催眠師碰觸他的耳朵時，這名可憐的學生立即起立唱歌：「天佑女王」！他個人獨唱，伴隨著哄堂大笑。這個展示最有趣的部分是，事後當他被問起時，堅決認定唱國歌是出於他的自由意志，並提出一些牽強附會的理由。由此可見，被洗腦的人還是可能視洗腦為自由意志。

你天真地以為你正在讀這些是出於自己的自由意志。我的朋友，你讀這些是沒有選擇的！意志不是個人的行動，而是過程的最後產物。

當超強念以最近的禪那體驗為對象時，它看見那個意志（即造作者）在那個狀態中完全止息，它消失了很長一段時間。隨觀一個無意志的完全覺知狀態，將讓你明白意志、選擇與造作者並非「我」、「我的」或「自性」。你所做的一切，都只是複雜程序的結果。

當我這麼說時，人們感到害怕，這種恐懼是一種徵象，反映出你很執著的「意志」就要被取消。西方人很執著「自由意志」的妄念，我們的憲法與人權宣言事實上也都奉此為圭臬。你可能會提出抗議，若無自由意志，那憑什麼要為覺悟而精進呢？答案很明顯，你精進是因為你別無選擇！

只有超強念有能力穿透恐懼所豎起的障礙，並如實地隨觀意志的過程。如同千瓣蓮花，當代表造作者的內層花瓣打開時，你驚訝地看見，此中並無人在造作這一切。意志是「無我」的，渴愛於此開始消散。

隨觀情緒

我在此想討論的最後一個法是「情緒」。情緒是心的紋理，被歸類為沮喪或興奮、罪惡或寬恕、憂慮或平靜、憎怒或慈悲等。情緒是心的對象，是呈現在意識螢幕上的事物，且是這第四念處的一部分。

當我還是個年輕的佛教徒時，看了電影〈西城故事〉（*West Side Story*）。故事最後有個令人心碎的場景，英雄人物東尼奔向愛人瑪莉亞，在紐約市的街燈下被射殺，並死在瑪莉亞的懷中。他們悲慘的宿命關係被撕裂，他們唱道：「有個地方適合我們，某個地方適合我們。」許多觀眾開始情不自禁地啜泣。他們為何哭泣？那畢竟只是一場電影，只是布幕上的光影表演。

當你被情緒蒙蔽時，認為它們重要、真實且是「我的」，你會反覆沉浸在所追求的事物中，即使那是如此處所說的悲傷痛苦情緒。為何人們明明從影評得知那是賺人熱淚的電影，卻還要帶著整包面紙去看呢？那是因為他們執著於情緒，喜好、認同它們，並不想解脫。

超強念集中在情緒上，無論你是否想解脫，實相都將被揭開。它拋開你的喜好，你認出情緒是誘騙人去撞上危險岩石的女妖。但實質上，它們只不過是心的對象，因緣湊巧形成，猶如呼嘯而過的氣壓鋒面，與你無關。當你看清實相時，便能跳出情緒，解脫它們的專橫統治。

只要是心的對象，只要出現在意識螢幕上，無論它是五蓋、思想、意志或情緒，都能放在超強念不間斷與具穿透力的光束下，你將會有完全超乎預期的領悟，看見佛陀在菩提樹下所看見的。你將因而明白，意識螢幕上的這一切事件都只是自然的演出，而非上帝或靈魂的表演，其中一無所有，「無人在家」，這些心的對象是「空」、「無我」的。你已看穿假象，如今是解脫的，不受任何心的對象所影響。

佛陀承諾任何努力修習四念處者，都將會在七日之內達到不來果或阿羅漢果。也許現在你才了解，為何許多禪修者會感到失望，因為他們已遠遠超出七日卻依然未覺悟。如我先前所說，原因是他們並未遵照佛陀的指示修習念處。不妨試試看！增長由禪那產生的超強念，這樣你就會知道普通的念是多麼微弱。把「心」（覺知者）或「思」（意志、造作者）放在超強念的聚光燈下，勇敢地超越你習以為常的見解，等待不可預期的事發生，但別預測實相。耐心等待，直到千瓣蓮花完全打開，露出它的核心為止，那將是無明的結束、輪迴的結束，以及念處的結束。

第2部

禪悅與超脫

第1章——禪那[1]：禪悅

在原始佛教典籍中，對於「禪修」只有一個字——jhāna（禪那）。根據完全正覺的阿難尊者在《瞿默目犍連經》（*Gopaka-Moggallāna Sutta*, MN 108,27）所說，佛陀唯一推薦的禪修是「禪那」。因此，禪那正確標示出佛教的禪修，禪修者在禪那中的心是不動諸想、遠離一切五入處的活動，且煥發著超俗的禪悅。簡而言之，若無禪那，就無佛教的禪修！也許這就是佛陀將「正定」——四種禪那（譯按：即初禪至第四禪），列為八聖道終極支的原因。

佛陀的發現

古老的佛教經典說佛陀發現禪那（SN 2,7; AN IX,42），但原始經典未曾說佛陀發現「觀」（vipassanā），這些權威性的經典也說，佛陀出世之後才有四種禪那出現（SN 45,14-17）。佛陀發現禪那的事實不容輕忽，因為這個發現是戲劇性的正覺事件中的核心活動。

當最具權威性的阿羅漢阿難說「佛陀發現禪那」時，並不表示之前不曾有人體驗過禪那。例如，在上一位佛陀迦葉（Kassapa）的時代，無數男女達到禪那並隨之開悟。但在兩千六百年前的印度，所有禪那的知識都已消失，例如與佛陀同時代的耆那教主大雄（Mahāvīra），在聽過禪那的描述後，公開駁斥其為不可能。如果不是那時最重要（根據許多學者的看法）的宗教領袖竟然令人難以置信地對於常見的靈修無知，就是禪那確實是佛陀的發現。而後者更為可信，此點藉由觀察佛陀時代之前並無任何宗教典籍提到禪那，就可獲得進一步的支持。

有些人可能會舉佛陀先前的老師阿羅邏迦羅摩（Alāra Kalāma）、鬱陀迦羅摩子（Udaka-Rāmaputta）教導禪那為例，而提出異議，因為經上說他們指導菩薩（將來成佛者）達到「無所有處定」與「非想非非想處定」（MN 26）。不過在早期經典中，從未將這兩種成就稱為「禪那」〔首次出現「無色禪」（arupa-jhāna）一詞，是在相當晚期的註釋文獻中〕，一般的說法是必須先逐步通過四種禪那才可能達到這兩種成就。那麼這兩位早期的宗教領袖真的知道四種禪那，並將之傳授給菩薩嗎？

果真如此，那為何明明禪那能導致涅槃（MN 36,31; 52,4-7; 64,9-12），而佛陀卻說他們的方法無法導致涅槃（MN 26,16）呢？又為何菩薩當時要放棄苦行並問：「有另一條路可以到達涅槃嗎？」（MN 36,30）那時他不是必須遙想更久以前童年時在蒲桃樹下的初禪回憶，而不是在兩位老師座下更近、更強的禪那體驗嗎？對於那些執意堅持阿羅邏迦羅摩與鬱陀迦羅摩子曾教導禪那的人來說，他們必須先回答這些問題才行。

這兩位老師究竟教導了什麼，讓佛陀一面持續否定其有效性，一面卻又讚嘆禪那的有效（MN 108,27）。答案揭曉，那就是阿羅邏迦羅摩與鬱陀迦羅摩子從未教導過禪那，而他們宣稱的那兩個無色界定並非真正的無色界定，比較像是迦葉古佛時代原始形式的稀釋版本。如同今日有些老師自稱達到一種禪修程度，並稱之為「禪那」，但它其實距真正的禪那還很遙遠；或者就像有些大學為了經費，以函授方式授與學位，但那其實並非真正的東西。同樣的，阿羅邏迦羅摩與鬱陀迦羅摩子所教導的法，也不可能是真正的東西。真正的無所有處定確實會導致覺悟（MN 52,14），然而阿羅邏迦羅摩名存實異的教法卻不會。

禪那在佛陀出世之前不為人知的另一個理由是，禪那的因——中道的修行，那時也同樣不為人知。如《初轉法輪經》（*Dhammacakka-ppavattana Sutta*, SN 56,11）之類的古老經典說佛陀發現中道，而中道與八聖道同義。另一部經典則說，佛陀發現的八聖道，就如一條佚失久遠的通往古城之道（SN 12,65）。我們還應注意，八聖道或中道是終結於正定（禪那）的漸修之道。因此，若我們接受佛陀發現中道或八聖道的說法，則也必須接受佛陀發現這條道路的最後或部分階段是禪那。

《無諍分別經》（*Arana-vibhanga Sutta*, MN 139）認為中道等同於追尋禪那。該經詳細解釋，行者不應追求苦行或五根之樂，而應追求中道。若行者不追求六根中的任何一種痛苦（苦行）或五根之樂（kāma-sukha，欲樂），而只剩下追求第六根（意根）的快樂，這必然就是中道。這部經接著說佛陀鼓勵人們追求內在的快樂，顯然所指的即是中道，這時他才將它定義為追求四種禪那。結論是中道即追尋禪那。

在佛陀正覺的故事中，佛陀一旦了解禪那是正覺之道（MN 36,31），便立即領會到想以憔悴之身達到禪那是不可行的，因此才開始好好進食。他最初的五名弟子看見此事，都鄙夷地離開他，認為他已放棄努力（MN 36,32）。由此可知，在佛陀出世之前，像這樣追求身體平靜後再追求禪那的溫和修行，並不被像這五位弟子一類的有識之士認可為有效的道路。當這條道路不被廣泛認可為有價值時，理所當然地也不會有人想追求它，當然更不可能達到禪那。現在我們都應該很清楚，剛開悟的佛陀，他初轉法輪的第一部分，為何是通往禪那與其後覺悟的中道或八聖道法。

關於這一點我寫了這麼長，並引用了許多原始經典，那是因為對西方人來說這是個新觀念，只要是開創性的事就一定會有爭議。佛陀說執著於見解可能有礙內觀，因此我要懇請所有用心的讀者暫時拋開成見，仔細思惟此處提出的證據。畢竟，《般闍羅旃陀經》（*Pancālacando Sutta*, SN 2,7）確實是原始經典，因為藏經別處有提到它（AN IX,42）並經證實為五百阿羅漢於初次結集誦出的真實法，而這部經中說佛陀發現禪那。

可能執著禪那嗎？

當菩薩洞見禪那是正覺之道時，他心想：「我為何要對無關於五入處或不善法的那種樂趣感到害怕呢？我對於那種（禪那的）樂趣應無所畏懼（MN 36,32）！」即使到了今日，仍有些禪修者錯以為，像禪那之類會使人非常有樂趣的事物是不可能導致苦滅的，因此依然畏懼禪那。然而，佛陀在許多經典中反覆說道，禪那的樂趣是「**應被追求**、

增長、鼓舞的，不應畏懼它！」（MN 66,21）

雖然這明確的忠告出自佛陀本人，有些禪修學生仍受到那些勸阻禪那者所誤導，理由是人們可能會執著禪那，以致永遠無法覺悟。我在此必須指出，佛陀對於「執著」的用語是upādāna，那僅指於五入處世界的享樂或各種邪見（如我見）的執著，它絕非指對禪那之類善法的執著㉝。

簡而言之，禪那是「放下」的狀態，我們無法執著「放下」，正如同自由無法囚禁我們一般。我們可沉浸於禪那中，沉浸於「放下」的禪悅中，有些人卻受誤導而對禪悅感到恐懼。但佛陀在《清淨經》（*Pāsādika Sutta*, DN 29,25）中說，沉浸於禪那樂趣者，只能期待四種結果：入流、一來、不來與阿羅漢！換言之，沉浸於禪那中只可能導致四種解脫果位。因此，以佛陀的話來說，即「**人們不應畏懼禪那**」。

對一些禪修者而言，禪那似乎和本身經驗離得很遠，因而與他們無關。但其實不然，就如地圖標示出前方的位置般，討論這些崇高的禪修狀態將能產生激勵作用。更重要的是，當行者趨近任何一種解脫境界時，這些討論將能讓他知道該怎麼做，最後，它能讓人深入了解法，尤其是第三聖諦——苦滅。這是因為禪那的狂喜與樂，直接關係到所斷除的輪迴數量，儘管那只是暫時的。因此討論禪那是相當值得的，即使現在它們看似遙遠。

有些讀者根據自身的經驗，可能已成熟到能了解這樣的討論，那麼這將有助於做進入禪那的最後一躍。此外，當禪修者經歷深奧的禪修狀態時，他們會想找出它的真相，印證佛陀對於這些狀態的描述。因此，能正確辨識禪修階位是很重要的。

對於自己的成就產生一些鼓舞也很重要，這些正面的情感可以鼓勵行者進一步放下。我的用意是想告訴你們，這些禪那狀態有多麼美妙與深奧，並說明這種體驗對於覺悟有多麼重要。

最後，透過閱讀禪那討論所種下的種子，有天一定會結果，到了適當時機，心將自動知道它該怎麼做。例如，禪相生起時，心將立即知道如何反應。有時事後回想：「那個反應來自何處呢？」答案是它來自閱讀這類的討論，有時則是來自前世的學習！

因此請別以為自己尚未達到禪那，所以就覺得這類討論是無用的，事實上，它以後會很有用。在你達到任何一種禪那之後，那時便會了解此處所做的指示，將適時地對你提供幫助。

美麗的呼吸：禪那之旅的起點

在從歷史與理論的觀點討論過禪那後，接著我將從修行的角度來解釋。以「美麗的呼吸」為起點，展開這趟禪那之旅是最好的，未達到此階段之前，心的知足、覺察或穩定度都不夠，不足以支持心進入更高層次的意識狀態。但當你能不間斷且長時間輕鬆地維持入出息念時，心便具備強大的正念，呼吸令人感覺愉悅，此時你已準備好展開禪那之旅。

別畏懼禪修中的愉悅，禪修中的快樂很重要！此外，欣喜若狂是你應得的，對呼吸欣喜若狂是這條道路的精華部分。因此，當愉悅伴隨呼吸生起時，請像對待珍寶般地珍惜、保護它。

在美麗呼吸階段生起的愉悅，是把正念固定在呼吸上的黏著劑，它能使正念輕鬆地待在呼吸上。行者能完全地注意呼吸，是因為心喜歡觀察呼吸，而不想去其他地方，它自動地停留在呼吸上，一切放逸都止息了。

若無愉悅的體驗，就會有一些不滿，而它正是放逸心的來源。在行者達到美麗的呼吸階段之前，不滿會把正念從呼吸推開。此時保持入出息念的唯一方式，是透過意志的努力或控制，一旦達到美麗的呼吸階段，當愉悅產生持久的滿意時，心就不會放逸。此時可放鬆控制、放下努力，心將自然而然地維持不動。

就如石油是推動汽車的燃料，不滿則是推動心的燃料，當汽車的油料用盡時，車輪緩緩滾動直到停止，根本無需使用煞車。同樣的，當內心的不滿耗盡時，透過美麗呼吸的生起，它緩緩地停下來，而無需使用意志力煞車，心很自然就能達到定的狀態。

喜與樂

在巴利語中，複合字 pīti-sukha 是指喜與樂的結合。我們可把這些字用在許多經驗上，甚至包括世間的經驗。但在禪修中，pīti-sukha 僅指透過放下所產生的喜與樂。

就如同能藉由各種燃料來區分火，例如有木材的火、燃油的火或矮林地的野火，我們也可藉由快樂的各種因來區分喜與樂。美麗的呼吸所產生的喜與樂，是以放下過去與未來、放下內心評論以及放下各種根識的負擔為其燃料。因為它是由「放下」所產生的愉悅，所以不可能造成執著，我們不可能同時執著與放下。由美麗的呼吸所產生的愉悅，其實是已有些離執的明確跡象。

喜與樂可能從官能上的歡愉、個人成就或從「放下」而生起，但這三種快樂的本質不同。由官能歡愉產生的快樂是熱烈而刺激的，但也是激昂而容易疲倦的，它會因重複而消退。由個人成就所產生的快樂是溫暖而充實的，但也很快消退，只留下空洞感。由「放下」所產生的快樂則是清涼而持久的，它和真正解脫的感覺有關。

此外，由官能刺激產生的快樂會造成更強烈的欲望，使得那種快樂變得不穩且專橫；由個人成就產生的快樂會使人更加投入而成為控制怪物，並鼓舞個人權力的假象，此時控制者將會扼殺任何快樂。至於由放下產生的快樂，則會鼓舞更多的放下與更少的干涉，因為它鼓勵人們順其自然，所以是穩定且輕鬆的，它不依賴外因，而且最接近無為——無因。

禪修要想成功，認清快樂的不同類型相當重要。若入出息念所產生的快樂是屬於官能歡愉的類型，例如波浪式的肉體快樂奔流過身體，則當你放鬆努力時，它便會快速消失，只剩下沉重與疲倦。若快樂是和成就感有關——「哇！我終於獲得一些禪修成就」，則它通常會衰變，會被控制者的出現所破壞，或被喜歡干涉的自我所摧毀。但如果這是隨著美麗呼吸生起的快樂，則是由「放下」所產生，那麼你會覺得無需說什麼或做什麼，這種快樂的兄弟是解脫，它的姊妹則是安穩。它的強度會以驚人的方式自行增長，宛如禪那花園中的花朵綻放一般。

除了美麗的呼吸之外，還有許多其他的禪修對象，包括慈、身至念（kāyagatāsati）、遍（kasiṇa）等。此外，所有導入禪那的禪法中，都一定要經過從「放下」所產生的喜、樂階段。例如，修慈將接通對全宇宙極美妙與無條件的愛，禪修者內心將會充滿甜美的喜悅，喜與樂的發生源自於「放下」的出現，此時你將處於「美麗慈心」的階段。有些禪修者專注於身體的部分（通常是頭蓋骨），當禪修深化，正念停留在頭蓋骨的內心畫面上時，驚人的過程將會展現，心中的頭蓋骨畫面會開始變白，然後顏色變深，直到它發出極亮的白光，成為「美麗的頭蓋骨」為止。再一次的，喜與樂的發生源自於「放下」的出現，你的整個經驗都充滿了喜、樂，即使有些修「不淨」（asubha）觀者，例如觀察死屍的比丘，也可能體驗到原本令人厭惡的屍體，突然轉變成最美麗的畫面。「放下」已產生許多快樂，以致蓋過自然的厭惡，反而充滿喜、樂的畫面，此時行者已了悟「美麗屍體」的階段。

在入出息念的禪法中，佛陀教導隨著呼吸的體驗生起喜與樂，是入出息念十六個步驟中的第五與第六步。對於此重要的禪修階段，我已在前面詳細解釋過㉞。

當喜與樂並未生起時，那一定是因為缺乏足夠的知足——我們還是太努力嘗試了。我們應該思惟五蓋的前兩支：第一蓋欲貪使注意力轉移到貪愛的對象，因而偏離呼吸；第二蓋瞋恚會挑剔呼吸的經驗，這個不滿使我們無法注意呼吸。知足是介於貪欲與瞋恚之間的「中道」，它使正念可以在呼吸上保持夠長的時間，以便生起喜與樂。

定之道

定（stillness）是指「不動」，由於意志（思，cetanā）會造成心移動，因此要體驗定，我們必須去除一切意志、造作與控制。當你抓住一片樹葉，並盡全力讓它保持靜止時，無論你多麼努力嘗試，一定都不能成功，因為肌肉顫抖總會引起一些震動。然而，當你不碰樹葉，只是保護它不受風吹，那麼樹葉自然會達到安定。同樣的，你無法在意志箝制下抓著心而想藉此達到定，但若去除心中移動的因——意志，心很快就會定下來。

因此，我們無法憑意志讓心定下來，定之道是透過「放下」所產生的喜與樂，一旦愉悅伴隨美麗的呼吸出現，意志就會變得多餘而全無必要，因為念已自行輕鬆地守著呼吸。念喜歡與呼吸同在，因此無需勉強。

當定出現時，它會增進喜與樂，喜與樂的加深反過來會創造更多輕鬆的機會而增強定，自行強化的回饋過程啟動了。定增進喜與樂，而喜與樂又提升定，這過程只要持續不中斷，將一路進到禪那，此時定是深奧的，而喜與樂則是極強的。

在本章，我探討了一些經常被問到的禪那議題。下一章所探討的禪相，將帶領我們更深入禪那的境界。

第2章 禪那[2]：禪悅增上

禪相——進入禪那之前的最後階段

當呼吸消失且內心充滿愉悅時，禪相通常會出現。我曾在第二章簡短討論過禪相與其特徵，此處我將深入探討。在禪修的脈絡中，禪相是指出現在心中美麗的「光」。但我得先聲明，禪相並非視覺對象，並非經由眼根看見，在此禪修階段中，眼根並無運作。禪相是純淨的心理對象，為意根所覺知，不過它們通常被感知為光。

此處的情況是，感知努力地想要詮釋這類純淨的心理現象。感知是心的作用，它以我們能了解的語彙來詮釋經驗，它非常依賴比較，拿先前類似的經驗來詮釋新的經驗。然而，純淨的心理現象是難得遇到的，以致感知很難找到任何事物能和這些新經驗相比。這就是禪相看起來很奇怪的原因，它不像我們曾體驗過的東西，但我們過去經驗範疇中最接近禪相的現象就是視覺的光，例如汽車的大燈、黑暗中的手電筒，或夜空中的滿月。感知接受這個近似但不圓滿的比喻，並將禪相詮釋為光。

當我了解到所有體驗過禪相的人都經驗到相同的東西時，對我來說是個很有趣的發現！不同的只是禪修者詮釋那個經驗的方式。有人看見禪相為純淨的白光，有的是金色的或深藍色的；有人看見一個圓圈或橢圓形，有人看見輪廓清楚的或模糊的邊緣。描繪的禪相形狀其實有無限的可能，重點是顏色、形狀等無關緊要，感知會根據它自己覺得有意義的方式，賦予禪相顏色與形狀。

當禪相太早出現時

有時「光」可能在很早的禪修階段便出現於心中。然而，除了造詣深厚的禪修者之外，對所有人來說，這些突然闖入者都很不穩定，若把注意力放在上面，我們將一事無成。那並非禪相出現的適當時機，最好將它視為分心，然後重新回到早期禪修階段的主要任務。

當禪相在美麗的呼吸階段出現，但尚未平靜到接近呼吸消失的程度時，它仍具有相當的不確定性，禪相再次看起來像是突然闖入者，它將會擾亂維持覺知美麗呼吸的主要任務。若此時刻意把注意力轉向禪相，通常不會維持太久，因為心尚未精細到能持守微細的禪相。所以，此時最好的做法是忽略禪相，並把一切注意力都放在美麗的呼吸上。

在我們遵從這個忠告後，禪相通常會再回來，比上次更強且更亮。再次忽略它，當它第三度重返時，又更強大、更明亮，請重新回到呼吸上。如此修行，最後會有個非常強大且明亮的禪相闖入你的覺知中，此時你便可隨順它。事實上，禪相幾乎不可能被忽略，它通常會帶領你進入禪那。

上述的情況可比喻為有訪客敲你的門。他可能只是推銷員，因此你忽略他，繼續做自己的事。這件事通常就此結束，但有時訪客會再次敲門，且更大聲而持久。你第二度忽略他，然後在片刻沉默後，他撞得更大聲、更猛烈。這個持續性的發展告訴我們，這位訪客一定是你的好友，所以你開門和他共享歡聚的時光。

在美麗呼吸階段出現早期禪相的另一個處理方法是，把禪相併入呼吸當中，試著將此情況觀想為類似在蓮花瓣中心持守著珍寶。閃耀的珍寶是禪相，蓮花瓣則代表美麗的呼吸，如果心尚未做好待在禪相上的準備，那它至少還有呼吸可以停泊。有時心尚未準備好讓呼吸靠向禪相，結果禪相消失而只剩下美麗的呼吸，這個退步並不會影響禪修。有時心已經為禪相做好準備，禪相增強且擴大，被推開的呼吸則消失在行者覺察的範圍外，只留下禪相。這個方法是善巧的，因為它並不涉及把心從一件事移向另一件，那種粗糙的移動會嚴重擾亂禪修。行者的作法只是被動地觀察從美麗的呼吸轉移到禪相，有時也許會再回到美麗的呼吸，應該放手讓這個過程順其自然增長或消退，而非順著自己的意願。

雖然以下的忠告只適合造詣深厚的禪修者（已有豐富禪那體驗的人），但是為了教學的完整性，我仍將它列在這裡。當行者進入禪那的技巧純熟，且最近才體驗過禪那時，他的心會非常平靜且強大，甚至在開始禪修之前，便可跳過許多階段。由於他非常善巧，因此幾乎能在開始後便立即生起禪相，心很熟悉禪相並熱衷於它們，因此直接躍入禪相並安住其中，行者很快便達到禪那。對於這些造詣深厚的禪修者來說，禪相愈早生起愈好。

當禪相不出現時

有些人在呼吸消失時並未出現禪相，心中沒有出現光，取而代之的是安穩、空與無的深刻感受，這可能是很有益的狀態，不該輕忽，但它並非禪那。此外，它缺少更進一步的力量，它是個死胡同；雖然精妙，但無法向前進展。有許多方法可繞過此階段，產生禪相的因並趨入禪那。

上述的狀態，是因為禪修者並未培養足夠隨呼吸而來的喜與樂，由於呼吸消失時沒有足夠的愉悅，缺乏清楚的美麗心境讓念依止。明白此事之後，禪修者只需在觀呼吸時加強培養愉悅，並修習愉悅直到它成為強烈的美感為止。例如，你可以將呼吸看成是曾經共度美好時光的親密老友，回想那些快樂時光會為你帶來喜悅，而喜悅會讓你覺得呼吸很美。無論禪修者所用的善巧方便為何，只要清楚地專注於隨呼吸而來的美麗，美麗將自行綻放，所注意的對象通常會增長。

在上一章，我曾提醒大家別畏懼禪修中的愉悅，我很重視這個勸誡，因此我要在此幾乎是逐字地重述一次：別畏懼禪修中的愉悅，許多禪修者抗拒快樂，認為它不重要，或自認為不應得到這種愉悅。禪修中的快樂很重要！此外，欣喜若狂是你應得的，對呼吸欣喜若狂是這條道路的精華部分。因此當愉悅伴隨呼吸生起時，請像對待珍寶般地珍惜、保護它。

另一個禪相不生起的原因是，禪修者未投入足夠的能量到覺知者。如同前一章所做的解釋，愉悅是藉由使能量流入覺知者而產生。我們大多數的能量通常是流失在造作中——在計畫、回憶、控制與思想中。若禪修者可將能量從造作者抽出，並全部導入覺知者或注意中，則心將會亮起來，充滿著愉悅的能量。當禪修者具有許多愉悅或強大的喜、樂，在呼吸消失之後，禪相便會出現。因此，禪相不生起的原因，也許是禪修者投入了太多能量在控制上，而缺少足夠的能量在覺知上。

然而，若呼吸消失而依然無任何禪相生起，此時禪修者必須小心別落入不滿之中。不滿會削減既存的喜與樂，並令心陷入掉舉，因而使禪相的生起更加困難。所以禪修者必須安忍，並尋求知足的補救措施來鞏固它，只要透過注意，它通常便會深化。當知足逐步增強時，愉悅便會生起，愉悅的力量增強時，禪相便會出現。

當呼吸消失時，另一個生起禪相的有效方法是：更敏銳地專注於當下。「當下的覺知」是這套禪修方法的第一個階段，應在一開始便安立。但在修行中，隨著禪修進步而禪修者注意其他事物時，當下的覺知可能會變得有點鬆弛，禪修者的正念可能變成環繞於當下而非準確地集中。藉由察覺此問題，禪修者很容易就能調整念的焦點，將它精準地放在現在的中心，就如調整透鏡般，原本有點模糊的影像立即變得清楚。當注意力準確地集中於當下時，它會感到更有力量。喜與樂隨著聚焦而出現，禪相也將隨之而來。

適當的禪相與無用的禪相

以感知光的方式修習禪相很有效。這些「光禪相」是引領禪修者進入禪那的最佳工具，而使用「受禪相」有可能進入禪那，但很難達成。我指的是有人未看到光，而是感受到心中的禪悅，我們必須謹記此時已超越觸入處（五外入處的最後一個），這種禪悅的感受完全是由意根（意入處）發起。它是純淨的心理對象，但被感知為極接近身體的禪悅感受。這是真實的禪相，但很難運用這類禪相去達到禪那，雖然並非絕對不可能。基於這些理由，我建議禪修者們，若想達到禪那，最好修習光禪相。

有些視覺性的禪相無助於禪那之道，最好能辨識這些「無用的」禪相，這樣禪修者才不會把時間浪費在它們上面。

有時心中會清楚呈現完整的景象，可能是風景、建築、熟人或陌生人，這些畫面可能極吸引人去看，但它們既無用處也無意義，禪修者當然不應誤認為這些是實相的顯現。根據我的經驗，這個階段生起的畫面是故弄玄虛且全不可信的，禪修者若嫌時間太多可稍事逗留，但理想的做法是打消一切興趣，重新回到美麗的呼吸。這些難懂的禪相只是錯綜複雜的心的反射，在放下呼吸之前，心應該更有效地安靜下來，回歸單純。當禪修者持續注意美麗的呼吸，保持長時間不受干擾時，那就是在單純中修行。接著當呼吸消失時，簡單統一的禪相將會出現，那個禪相是適合進步的。

一種較不精巧但依然複雜的禪相，我們可稱之為「煙火禪相」。顧名思義，它是由許多來來去去的火光構成，絕不會持久且顯示出許多動作，在同一個時間內可能有好幾個火光迸出，甚至連顏色也不同。再一次的，這煙火禪相是心仍然複雜且很不穩定的徵象，若禪修者想要看，可以暫時欣賞一下餘興節目，但不應浪費太多時間在這上面，而是應該忽略令人眼花撩亂的五光十色，重新回到呼吸，並增長「一境性」與「止」。

另一種禪相稱為「害羞的禪相」，一道淨光快速閃現並隨即消失，片刻後又再次閃現，每次都只持續一兩秒。這種禪相更能激勵人心，其單純透露了心的一境性，其力量是喜、樂強大的徵象；但閃現之後無法持續，則顯示出「止」的程度還不夠。在這種情況下，禪修者無需立即返回美麗的呼吸，應耐心等待，增長更多的「止」，讓心更能接受非常害羞的禪相。這個禪相消失是因為心通常懷有興奮或恐懼，而對它的到來反應過度的緣故，在下面篇章中我會再詳細解釋。只要建立穩固的「止」，並自信能完全不反應，害羞的禪相就會回來，每次都會停留久一點，很快地就不會再害羞，欣然被「止」心所接納，而能維持較長的時間。禪修者應先嘗試此做法，但假如禪相持續害羞，且未顯示出較為持久的徵象，則應重回美麗的呼吸，並忽略禪相。當禪修者隨著美麗的呼吸建立起更多的內心平靜時，他便可重回禪相，看看這次它是否能自行安住。

另一種禪相是「點禪相」：單純、有力而很小的光，可以持續許多秒。這種禪相可能會很有用，它顯示出極佳的一境性，「止」也足夠，但還欠缺一些喜與樂，此時禪修者只需要溫和地深入觀察它，讓正念聚焦。接著禪相開始放大，彷彿覺知趨近這個禪相，而當它擴大一些時，禪修者應持續專注於中心，而非邊緣或邊緣以外。只要將心的焦點準確地保持在「點禪相」的中心，力量便會增強，喜與樂也會增長，它很快就會展現為最佳的禪相。

最佳的禪相（最適合禪那者）是從類似無雲夜空中的滿月開始，當美麗的呼吸緩緩消失時，它便優雅地生起。它先花三、四秒鐘現身與安頓，在心眼前保持靜止且極為美麗。當它輕鬆地維持時會逐漸變亮，很快地它便會比正午的太陽還明亮輝耀，散發出禪悅，它將成為你迄今為止所見過最美的東西，其美麗與力量常會讓人覺得難以承受。禪修者納悶，是否可能以如此極端的力量接受如此巨大的禪悅，但這確實是可能的，因為他所能領受的禪悅是無限的。然後禪相爆炸，使人沉浸在更大的禪悅中，或潛入光芒四射的狂喜中心，若禪修者繼續待在那裡，這便是禪那。

使禪相發亮

在第一部第七章，我曾提到鏡子的比喻，那是了悟此禪相其實是內心影像的深入洞見，就如同照鏡子看見自己的臉，我們在此禪修階段的深入安定中，看見自己心的影像。因此，當禪相模糊或甚至出現污穢時，那意味著禪修者的心是模糊或是污穢的！通常的可能原因是他近來瞋怒或憍慢，而使戒行有虧。在此禪修階段，他直接觀察自己的心，根本毫無自欺的機會。禪修者總是如實地照見自心，因此禪相若出現模糊或垢染，就表示此人要在日常生活中持戒淨化自己的行為、只說慈善的話語，並修習布施且無私地利他。從禪相出現的這個禪修階段，我們可清楚了解，持戒是禪修成功的必要元素。

根據許多年來帶領禪修閉關的經驗，我發現最容易進步與成果最卓著的禪修者是那些所謂心靈純淨的人。他們是歡喜布施者，絕對不容許自己傷害其他眾生，他們總是輕聲細語、溫柔且很快樂，美麗的生活型態讓他們擁有美麗的心。接下來，當他們達到此禪修階段時，禪相就會呈現在他們心中，它非常明亮與純淨，輕易地帶領著他們到達禪那。這說明禪修者不可能過著放逸與墮落的生活，卻能輕易完成禪修；相反的，修習淨戒與增長悲心將可為禪修做好準備。因此，使模糊與污穢的禪相發亮的最佳作法是：淨化禪修之外的行為。

然而，若禪修者的日常行為不會太踰矩，那麼在禪修當中就可自行使污穢的禪相發亮。禪相的大部分領域可能模糊，但最中心總是最明亮又最純淨的部分，儘管禪相的其他部分是僵硬與難以使用的，但中心部分將會是柔軟的。當禪修者專注於中心時，它會像氣球般膨脹開來，形成第二個更純淨且更明亮的禪相；他再度深入檢視第二個禪相的最中心，它又膨脹形成比前一個更純淨且更明亮的第三個禪相。凝視中心可以有效地擦亮禪相，禪修者持續這麼做，直到禪相光輝燦爛為止。

當禪修者於生活中養成挑剔之心，過分地到處挑毛病時，會發現很難挑出模糊禪相的美麗中心並專注於此。因為他已習慣挑出事情的缺失，若要他忽略禪相所有模糊與污穢的部分而只專注美麗的中心，是違背其意願的做法。這再次說明，生活中的不良態度對於達到禪那的阻礙有多大。當禪修者培養生活中的寬容態度時，他將更能接受善與惡的二元性——既不消極迷惘也不激進亢奮，而是平衡地接受，他不只能看見錯誤中的美麗，也能在模糊與污穢的禪相中看見美麗的中心。

要想進入禪那，一定得有個光明輝耀的禪相，模糊與污穢的禪相就如同會中途抛錨的破舊老車。模糊的禪相，如果你沒有擦亮它，通常不久就會消失。因此假使禪修者無法使禪相發亮，就得回到美麗的呼吸上，在那裡累積更多的能量，產生隨呼吸而來的更大喜樂。然後，下一次呼吸消失而禪相生起時，它將不會是模糊的，而是美麗與明亮的。事實上，禪修者已在美麗的呼吸階段擦亮了禪相。

使禪相穩定

當禪相很亮時，它也很美，通常它以超乎尋常的方式呈現其至美，比人們所曾體驗過的任何事物都更加美妙。無論禪相的顏色為何，它都比肉眼所能看到的豐富千倍，如此的驚人之美將會擄獲禪修者的注意力，使禪相得以維持。禪相愈美，它就愈可能穩定與不變動。因此，如同上一節的解釋，穩定禪相以使其久住的最佳方式之一是使它發亮。

然而，有些明亮的禪相依然不能持久，它們隨著強大的禪悅闖進覺知的領域，但維持不了多久，頂多就如清朗夜空中亮麗的流星一般。這些禪相雖然有力量，卻缺乏足夠的穩定性。為了穩住這類禪相，禪修者最好能了知，分散禪相的兩個敵人是恐懼與興奮。

兩個敵人當中，恐懼更為常見，恐懼是認出某事比自身更強大的自然反應，所以禪相所呈現的無比力量與美麗，經常會讓人感到害怕。此外，這類經驗如此陌生，似乎嚴重威脅到禪修者的個人安全，他似乎可能喪失一切控制。然而，只要禪修者能放下「自我」並信任禪相，他就能充滿禪悅地優遊其中！此時他會體驗到超俗的禪悅蓋過欲望與控制，對於自我的執著大都會消失，只留下真實的解脫感。當強大禪相出現時，禪修者會因害怕失去部分的自我而感到驚慌。

那些了解佛陀「無我」的教法者，將會比較容易超越這個恐懼，並接受禪相。他們了解沒有任何東西該被保護，因此能放下控制，相信空性，以無我的心態享受那個美麗與力量，禪相因此得以安定。即使只是在理智上了解當下並無恆存實體，也有助於克服放下最內在控制者的恐懼。然而，那些無法體會無我真諦者，則可藉由感知更有力的禪悅而克服這個恐懼。

我們可用小孩子在游泳池的比喻來說明上述觀點。剛學會走路的小孩初次看見游泳池時，很容易感到害怕。因為陌生環境會威脅到他們的安全，擔心自己幼小的身軀能否應付得了這些不穩固的物質。他們害怕失去控制，因此先把一根腳趾頭放進水中，然後便快速地抽出來，覺得還好後便接著把三根腳趾頭放進水中久一點，結果也還好，然後把整個小腿都放進去，最後是整隻腳。隨著信心增加，游泳池感覺起來也很有趣，於是喜悅的盼望蓋過恐懼。小孩跳進水裡，完全沉浸其中，此時他們已樂不可支，反倒是父母親很難讓他們出來。

同樣的，當恐懼隨著強大的禪相生起時，禪修者此時能做的只是稍微停留一會兒，然後回想那個感覺如何。說它感覺很好已是保守的，下一次它給人的感覺又更好，而他會待得更久。經過逐步嘗試之後，信心很快地增強，喜悅的期盼取得優勢，此刻當令人敬畏的禪相生起時，禪修者立即跳入並完全沉浸其中，甚至樂不可支，任何人都很難讓他出來。

克服此階段恐懼的另一個好辦法，就是實施一個交付信心的心靈小儀式，尤其當恐懼不是太強時。這就好比到目前為止，禪修者一直是自己禪修的駕駛，但此刻則要將控制權轉交給禪相。如同我在第七章的建議，禪修者可觀想遞交一組鑰匙給強大的禪相，就像讓信任的朋友接手開自己的車子一樣，藉由觀想遞交鑰匙的姿勢，禪修者轉移控制權並賦予禪相完全的信任。這種信心的移轉，將使禪相與其後續的深化更為穩定。

這裡禪修者再次相信覺知者，而取消對於造作者的信任，這是貫通整條禪修之道的主軸。禪修者從一開始就修習被動的覺知，也就是清楚覺知對象但完全不干預的能力；精進伴隨著信心，流進正念而遠離造作。當禪修者學會觀察如呼吸之類的普通對象而不干預時，接著被動覺知就要受到更引人注意的對象的挑戰，例如美麗的呼吸。如果你通過這個考驗，接著最艱鉅的挑戰對象——禪相，就會出現在面前，那就是被動覺知的最後考驗。假如你干預禪相並試圖控制它，無論程度多麼輕微，你都無法通過最後的考驗，必須回到美麗的呼吸進行重修。禪修的經驗愈豐富，禪修者就愈能領會強力覺知時要放下一切造作，當此技巧純熟時，他就很容易通過最後的考驗，並以完美的被動覺知穩住禪相。

鏡子的比喻也再次適用於此。當你觀察在鏡中的影像時，影像在移動，那是因為你並未靜止。想靠固定鏡子來穩住影像是無效的，事實上，如果你嘗試這麼做，鏡中的影像反而動得更厲害。鏡中影像移動，是因為觀者在動而非鏡子；只有當觀者靜止時，影像才會靜止。

禪相其實是心的反射，是覺知者的影像，當此影像（禪相）來回移動時，嘗試藉由固定禪相來穩住它是沒有效果的。禪相在移動，是因為觀察禪相者在移動，當禪修者了解到這一點時，就會專注於覺知者，讓它靜下來。當覺知者不動時，禪相也隨之不動。

禪相不穩定的另一個敵人是興奮或愉快，亦即我所說的「哇！」反應。當禪修成功出現驚人的事物時，禪修者會感到很興奮，尤其當比太陽更亮、比奇花異葩更美的美妙禪相初次出現時！在這種情況下，心經常會發出「哇！」的驚嘆。不幸的是，禪相會立即縮回去且久久不願返回，時間甚至長達數月。為了避免這樣的災難，禪修者應該謹記阿姜查著名的「寧靜森林水塘」的比喻，我已在第一部第七章詳細敘述過了。

在這個比喻中，森林水塘代表心，坐在水塘邊的森林僧代表念。當念平靜時，美麗呼吸與喜樂等動物會紛紛走出叢林，在心的邊緣嬉戲。念一定要保持平靜，若能如此，則美麗呼吸與喜樂結束在心中的活動時，美麗而害羞的禪相就會小心翼翼地出現在心中嬉戲。若禪相意識到覺知者「哇！」的念想，它就會羞怯地奔回叢林，許久不再重現。

因此，當強大與美麗的禪相出現時，請試著以阿姜查的平靜來觀看，絕對不動地坐在遙遠的湖邊加以觀察。然後禪修者會看到這個奇異而美妙的禪相在心中嬉戲許久，直到它準備好帶領禪修者進入禪那為止。

進入禪那

當禪相穩定且輝耀時，此時禪修者正處於禪那的入口，他必須訓練自己在此耐心等候，靜止不動，直到進入禪那的因緣成熟。但在此階段，有些禪修者會因為窺視禪相邊緣而犯下擾亂過程的錯誤。

一旦禪相穩定且明亮，禪修者可能會對它的形狀或尺寸感到興趣。它是圓形或橢圓形呢？邊緣是清楚或模糊呢？它是小是大呢？當他觀察邊緣時，念便失去了它的一境性。邊緣是介於內外之間的二元地帶，二元性是一境性的反面，若觀察邊緣，禪相會變得不穩定，甚至可能消失。禪修者應該將正念保持在禪相的正中心，遠離邊緣，直到所有邊緣的感知都消失，融入非二元的一境性為止。同樣的，倘若禪修者試圖擴大或縮小禪相，他也可能會犧牲根本的一境性。擴大與收縮涉及尺寸的感知，而那又牽涉到禪相邊緣與外圍空間的覺知，禪修者再次因這個無益的擴大與收縮，又掉進二元的陷阱，並失去一境性。

因此，當禪相穩定且明亮時，你必須安忍，不要動。禪修者此時正在增長喜樂與心一境性的禪支，當它們累積足夠的力量時，就會自行展開而進入禪那。

有一段常被引用且與此處討論有關的經文，經常被誤譯為暗指本心存在，這段經文出自《增支部》（*Aṅguttara Nikāya*）㉟。

諸比丘！此心光明，但被雜染染污。世俗凡夫未如實了知此事，故其心無法增上。

諸比丘！此心光明，並解脫雜染。聲聞聖弟子如實了知此事，故其心得以增上。

(AN 1,6,1-2)

在美麗且穩定的禪相階段，禪相輝耀、無比光明。一如先前所說，禪相是心的反射，當禪修者體驗到這樣的禪相時，他認出其為上述《增支部》經文所說的光明（或輝耀）心。禪相輝耀是因為心已解脫「雜染」（即五蓋），此時禪修者了解此禪相（解脫五蓋的光明心）是禪那的入口，而真正了解到「心增上」的意思。

當禪相輝耀且穩定時，它的能量逐漸累積，就如安穩不斷增加，直到變得很巨大！當安穩變得很巨大時，喜與樂也隨之變得很巨大，禪相的亮度也會增加。若此時禪修者能保持專注於禪相的最中心，藉此維持心一境性，則力量將可達到臨界點。他會覺得覺知者好像被拽入禪相中，掉進最輝煌的禪悅，或禪相逐步逼近直到包住覺知者，將之吞沒在宇宙的狂喜中。禪修者正在進入禪那。

溜溜球禪那

當無經驗的禪修者掉進禪相中時，有時會立即彈回開始的地方，我根據小孩子的玩具，稱此為「溜溜球禪那」（yo-yo jhāna）。那不是真正的禪那，因為它並不持久，但已非常接近。造成「念」從禪那反彈的敵人是前面提到的「興奮」，這種反應不難理解，因為掉進禪相所體驗到的禪悅，超過禪修者所能想像的喜悅程度。他過去認為最棒的性高潮已很好，如今發現和這些禪那的禪悅相比，它簡直微不足道。甚至在「溜溜球禪那」之後，他還經常會掉下快樂的眼淚，因為那是他迄今為止此生最美妙的經驗。因此，禪修初學者初次體驗「溜溜球禪那」是可理解的，畢竟要經過許多淬鍊，才能處理這種巨大而強烈的禪悅，而且得有很大的智慧才可能放下興奮。不論如何，那可是他們修行過程中應得的大獎之一。

對於那些年齡大到可以記得棋戲「蛇梯棋」的人來說，降落在目標前一格的方格中最危險。最長的蛇頭坐落在第九十九個方格，若落在第一百格你就贏了，但落在第九十九格就得掉入蛇尾，回到起點。「溜溜球禪那」就像那第九十九格，你幾乎要贏得遊戲進入禪那了，但就差那麼一點，落在興奮的蛇頭上，然後滑下來或彈回起點。

即便如此，「溜溜球禪那」還是很接近真正的禪那，因此不應輕蔑它。禪修者在其中體驗到不可思議的禪悅並欣喜若狂，它使人心情有如觀象氣球般高昂達數小時之久，超凡離俗且充滿能量，使人很難入睡。這個體驗是禪修者一生當中最美妙的，它將會改變你。

只要稍加練習並明智地思惟個人的體驗，你就能再掉進禪相中或被它包住而無反彈。此時，你已進入驚人的禪那世界。

第3章——禪那[3]：禪悅極增上

一切禪那的界標

從進入禪那的那一刻起，禪修者將喪失一切控制，無法如平常一般下命令。當控制的意欲消失時，塑造個人未來概念的「我將……」也隨之消失。由於時間的概念會在禪那中停止，所以「我接著該怎麼做」的問題無法生起，他甚至無法決定何時出定。那是徹底失去意欲與它的產物——時間，那給予禪那無時限的穩定性，並讓它們有時可以持續數小時的禪悅。

因為圓滿的一境性與不動念，禪修者在禪那中失去展望的功能，其理解只能依賴比較——相關的此與彼、此處與彼處、此時與彼時。在禪那中，一切感知都是不動的、籠罩式的與非二元的禪悅，使得展望無法生起。這就像有人出示一個著名物件的相片讓你猜，但物件以罕見的角度拍攝，因此讓你猜不出來。我們若不曾從不同角度去觀看的話，就很難認出某些物件。當你去除展望時，理解也隨之停止，因此在禪那中不僅失去時間感，也不會理解發生了何事，禪修者甚至不知道自己是在哪一個禪那中，只知道美妙的禪悅，不動、不變，而且不知過了多久。

雖然禪那中沒有任何理解，但禪修者當然並非處於恍惚狀態，他的正念大幅提升至真正不可思議的敏銳程度，其覺知力極強，只是念不動，凍結住了。超強念的定——圓滿的心一境性，使禪那的體驗完全異於他先前所知的任何事物。這並非無意識，而是非二元的意識，它只知道一件事——無時間性的不動禪悅。

然後，當禪修者退出禪那時，這些達到極致的心一境性便瓦解了。隨著一境性變弱，展望重新浮現，心也能再次移動。心重新獲得比較與理解所需要的空間，禪修者重新恢復平常的意識。

甫出禪那，通常的做法是回顧剛剛發生的事，並檢視禪那的深刻體驗。禪那是深具影響力的事件，因此會在禪修者的記憶庫裡留下難以抹除的紀錄。事實上，禪修者在有生之年絕對忘不了禪那的經歷，他們能輕易地喚起鮮明的回憶，理解禪那體驗的完整細節，並了知那是哪一種禪那。此外，回顧禪那所獲得的資料，則是構成導致正覺的觀智基礎。

另一個區別禪那與其他所有經驗的奇異特質是：五入處在禪那中完全關閉，禪修者無法見、聽、嗅、嚐與觸，他聽不到烏鴉叫或咳嗽聲，即使附近有雷鳴也聽不到。若有人拍你的肩膀，或把你舉起後放下，禪那中的你都渾然不知。禪那中的心完全切斷五入處，致使它們闖不進來㊱。

有位在家弟子告訴我，有一次當他在家禪修時，很偶然地掉進深度禪那的情形，妻子以為他死了，因此趕緊叫救護車。他在警笛聲中被匆忙送到醫院，在急診室中，心電圖顯示他已經全無心跳，腦波圖也看不出腦部活動。因此值班醫師在他的胸膛上進行電擊，他在病床上被電擊震得上下起伏卻渾然不知。當他在急診室退出禪那時，身體完全無恙，不知道自己怎會在那裡，也不知道救護車、警笛與震動身體的電擊器。那段時間他都處在禪那中，他完全覺知，但只覺知禪悅。這是禪那經驗裡所指的五入處關閉的一個例子。

一切禪那界標的摘要

以下幾點對於了解禪那中的情況會很有幫助：

（一）不可能有思想。

（二）無做決定的過程。

（三）無時間感。

（四）意識是非二元的，因此無法進行理解。

（五）雖然禪修者意識非常非常清楚，但只固定在禪悅的覺知上。

（六）五入處完全關閉，只有第六根意根（意入處）在運作。

這些都是禪那的特色。因此在深度禪修中，如果禪修者心裡想著這是不是禪那，可以確定那一定不是！在禪那的定中，這種想法不可能存在。這些特色只有在退出禪那而心能移動後，利用回顧的念才會被認出來。

初禪

晃動（尋與伺）

所有禪那幾乎都是不動的禪悅狀態，但在初禪中，則有些難以辨識的活動，我稱此為初禪的「晃動」（wobble）。禪修者覺知美妙的禪悅，它很強大，完全克服意欲與造作的自我部分，他在禪那中處於如實的自動導航狀態，無任何控制的意識。然而，禪悅太甜美了，它可能造成少許的殘餘執著，心本能地執取禪悅。由於初禪的禪悅是由「放下」所推動，因此不自主的執取將削弱禪悅，見到禪悅被削弱，心自動放下執著，禪悅的力量因而再次增強，然後心再度執取、放下。這種微細的非自主活動造成初禪的晃動。

這個過程可能以另一種方式感知，當禪悅因不自主的執取而變弱時，念看似稍微偏離禪悅，然後在心自動放下時，念又被推回禪悅。這個來回的運動是描述「晃動」的第二種方式。

事實上，這個晃動是初禪的禪支——「尋」（vitakka）與「伺」（vicāra），尋是自動移回禪悅，伺則是不自主地執取禪悅。有些註釋者將尋與伺解釋為「初想」與「續想」，這一組在其他情況可被指為「思想」，但在禪那中，它們當然是指別的東西。思想這類粗疏的活動，不可能存在於像禪那這類精細的狀態中，事實上，在禪那之前很久思想就已停止。在禪那中，尋與伺都是離言絕慮的，不應稱為「思想」；尋是心回入禪悅的次言語活動，伺則是心執取禪悅的次言語活動，這些心的活動在退出禪那後常會造成思想，甚至話語。但在禪那中，尋與伺都太微細了，以致無法產生任何思想，它們能做的只是把念移回禪悅，以及執取它。

一境性

初禪的第三禪支是「一境性」（ekaggatā）——念精準地聚焦於存在物的極小範圍。它在空間上是「一境」，因為它只看見源自一點的禪悅，以及由初禪尋、伺所造成禪悅周遭的小範圍晃動。它在時間上是「一境」，因為它只感知當下，絕對且精確，以致一切時間感完全消失。它在現象上也是「一境」，因為它只覺知一個對象——喜、樂的心理對象，完全不在意五入處的世界與自己的身體。

這種空間上的一境性，造成非二元意識的獨特經驗，只有在禪那中才能發現，禪修者於此完全覺知——對象只有一件事，只從一個角度，且無時間限制。由於意識完全集中在一件事上，因此其理解的功能暫時被擱置，只有在一境性消散而退出禪那後，禪修者才能認出這些初禪的特色，並完全理解它們。

時間上的一境性，造成初禪非凡的穩定性，讓它能輕鬆地維持很久。時間的概念端賴時程的測度：從過去到現在，或從現在到未來，或從過去到未來。當我們在初禪內所感知的一切都是當下時，就無測度時間的機會，一切時程都被關閉，取而代之的是無時間性、不動的感知。

現象的一境性，造成禪悅增上的特殊情況，在整個禪那期間都維持不變，這使初禪成為寧靜的住所。

就學術術語而言，ekaggatā是個巴利語複合字，意思是「一頂端」。agga（梵agra）是指山頂、高峰經驗，或國家首都，例如印度蒙兀兒帝國的古都阿格拉（Agra）。因此，ekaggatā不只是我們先前所說的「一境性」，這個辭彙還有集中一點於昂揚與崇高事物的意思。在初禪中，這個崇高的頂峰（ekaggatā的焦點），就是指喜與樂的最高禪悅。

喜與樂

初禪的最後兩個禪支是喜與樂，由於它們是關係很密切的一對，因此我在此合併討論。事實上，它們只有到第三禪才分開——喜消失而只剩下樂「寡居」。因此，只有在第三禪之後，禪修者才可能從經驗分別得知什麼樂或什麼喜。此處，將兩者合併解釋就可以了。

初禪的這兩個禪支是指念的焦點——禪悅，它形成初禪的核心經驗，也是初禪的首要特色，由於很顯著，所以是禪修者退出禪那而回顧時所認出的第一件事。佛教之後的神祕傳統，確實已被初禪的全然無限、無私、安定、狂喜、無上與清淨脫俗徹底征服，他們將這樣的經驗理解為「與上帝合一」。然而，佛陀解釋這僅是出世間禪悅的形式之一，它還有其他更殊勝的形式。在佛教的禪那經驗中，禪修者會逐步了知出世間禪悅的許多層次，初禪是第一層，雖然在退出初禪後，他無法想像還會有更令人喜樂的經驗，但其實還遠得很！

每個禪悅層次都有不同的「滋味」，一種用以區別它的特質，這些不同的特質可用禪悅的各種因來加以解釋。就如陽光產生的熱與燒柴造成的熱擁有不同的特質一樣，以此類推，陽光的熱和火爐產生的熱也不會相同。因此，由不同的因所推動的禪悅，將會顯現出不同的特色。

初禪禪悅的獨到特色，是由完全止息一切五入處活動所推動。當五入處（包括顯現為思想的一切五入處反應）都關閉時，禪修者將拋開身體與物質（kāmaloka，欲界），進入純粹的心的世界（rūpaloka，色界）。這就猶如拋開一個巨大的負擔，或如同阿姜查常說的，從有記憶以來你脖子上就一直緊纏著一條繩子，因為時間過久，以致你已習慣它而不再認得出痛苦。有一天繩子解開，緊張突然消除，此時你所感覺到的禪悅是束縛消失的結果。

同樣的，初禪的禪悅是重擔完全消失，過去一直被你視為世界的一切都消失的結果。這種深入初禪禪悅之因的洞見，是了悟佛陀四聖諦中苦諦的基礎。

初禪摘要

（一）尋與伺：感覺為「晃動」，是進出禪悅的微細活動。

（二）一境性：感覺為非二元、無時間性與安定。

（三）喜與樂：感覺為勝過物質世界一切事物的禪悅，由完全超越五入處的世界所推動。

第二禪

晃動止息

當初禪加深時，晃動減少而禪悅增強，禪修者達到一種狀態——伺依然以最微細執取的方式抓住禪悅，但不足以使禪悅不穩定。禪悅不會因伺而稍減，而念看來也未偏離源頭；因為禪悅很強，以致伺無法中斷它。雖然伺仍在活動，但已無任何尋，心沒有移回禪悅源頭的動作，晃動已消失，這是經中所說有少許伺而無尋的禪那狀態（MN 128,31; AN VIII,63）。它非常接近第二禪，以致常被歸入此禪那中。

當禪悅增強至極穩定時，伺便無任何可執取的目標，此時心變得完全自信，能徹底放下。隨著這個最後的放下，對於禪悅的穩定性產生內在信心，於是伺消失，禪修者進入真正的第二禪。

此時，經中描述第二禪的第一個特色是「無尋」（avitakka）與「無伺」（avicāra），在經驗中，這意味著不再有心的晃動。第二個特色是「內等淨」（ajjhattaṁ sampasādanaṁ），這是指完全信任禪悅的穩定性，那正是伺止息的因。

圓滿的心一境性

第二禪的第三特色，也是最好辨認的特色是「心一境性」（cetaso ekodibhāvaṁ），心不再有任何晃動時，就如屹立不搖的磐石，比山更堅定，比鑽石更堅固。這種圓滿的不動定是不可思議的，心停留在禪悅中，毫無動搖，這就是後來被認知為圓滿特質的三昧。

三昧即等持，在第二禪中，注意力被完全不動地保持在對象上，連最微細的動搖也沒有。禪修者被固定、凍結，並用「超級膠水」黏住，連顫動也不可能。一切心的擾動都消失了，心的安定莫過於此，它稱為「圓滿的三昧」，這特色不只出現在第二禪，也出現在更高階的禪那中。

定生喜樂與停止一切造作

正是這圓滿的三昧，賦予第二禪的禪悅獨特的滋味，因為已斷捨影響初禪的負擔（即移動的苦惱），一切事物都處於完全安定的狀態，甚至包括覺知者在內。這種絕對的安定超越心移動產生的痛苦，揭露了由純粹等持所推動的美妙禪悅。在經中，第二禪的禪悅稱為「定生喜樂」（samādhija pīti-sukha, DN 9,11），這種禪悅非常強大，比從超越五入處的世界所產生的禪悅更令人感到舒暢，它超乎禪修者的預期，是完全不同的層次。在經歷過第二禪，了解兩個出世間禪悅的稀有「種類」之後，禪修者很想知道前方可能還存在何種禪悅的層次。

第二禪的另一個顯著特色是：一切造作皆完全停止，連造成晃動的不自主活動也完全消失，造作者已死。只有當禪修者體驗過第二禪時，他才可能完全領會「造作者」一詞的意思，就如只有當青蛙初次登上乾燥的陸地發現水消失時，蝌蚪才可能完全領會「水」的意義一般。不只是造作者消失，它就如禪修者永恆身分這顯然不可或缺的部分已從世上被刪除一般；看似明顯者如今也變成幻影或假象。禪修者使用從第一手經驗獲得的資料，看穿自由意志的幻象，主張「做即存在」的哲學家（沙特）不可能知道第二禪，在那裡「存在」並無任何「造作」。這些禪那是奇異的，違反平常的經驗，但它們是真實的，比世間更真實。

第二禪摘要

第二禪的特色由另外四個禪支組合而成：

（一）無尋與無伺、內等淨：感覺為來自初禪的晃動止息，起因是對禪悅穩定性的內在信心。

（二）心一境性：圓滿的心一境性，起因是完全信任禪悅。它通常的感覺是如磐石般不動或圓滿的三昧。

（三）定生喜樂：這是第二禪禪那的焦點，由止息內心一切活動而產生的出世間的禪悅。

（四）停止一切造作：第一次看見造作者已完全消失。

第三禪

當覺知者的安定持續時，被覺知對象的安定就會更加深入。別忘了被覺知的對象在禪那中是心的鏡像，而心是覺知者。起先是覺知者安定下來，然後是鏡像（即被覺知對象）逐漸安定下來。在前兩個禪那中，心的鏡像被認知為禪悅，迄今為止一直稱之為喜與樂。在第三禪中，心的鏡像已進入下一個安定的層次，到達一種非常不同的禪悅。

喜消失了

在第三禪之前，一切禪悅都有共通之處，儘管它們由於不同的因而滋味相異。那個共通之處是喜與樂的結合，因兩者總是在一起，就如連體雙胞胎般，分開它們不只無意義，也不可能。正是這個結合，才使得迄今為止的一切禪悅都有共通的特質。如今在第三禪中，喜消失而只剩下樂，因而造成完全不同的另一種禪悅。只有在體驗過第三禪之後，禪修者才可能知道樂是什麼，並推理得知喜是什麼。第二禪的喜似乎比其他任何事物都更令人滿意，然而如今它卻被視為禪悅的次要部分，樂才是更精妙的部分。

正念、正知與等捨

一切禪那的體驗都是難以言傳的，層次愈高，體驗愈深，也愈難以描述，這些狀態與其語言都是遠離世間的。勉強而言，我們可說第三禪的禪悅（即樂），有更大的舒適感，更寧靜且更祥和。在經典中，樂常伴隨「念」、「正知」（sampajañña）與「等捨」（upekkhā）出現，儘管根據《不斷經》（*Anupada Sutta*, MN 111）所說，這些特質是出現在一切禪那中。也許第三禪所強調的這些特色，是為了指出在這個非常深入的禪那中，禪修者非常地正念、正知且安定，能不動地直觀，那是「等捨」的根本意涵。

同樣如磐石般安定且無造作者

第三禪保持圓滿的三昧，如磐石般安定、無造作者以及遠離五入處的世界。禪悅的本質提升至另一個層次，藉此區分第二禪，呈現出完全不同的另一種禪悅。因此，經中引用佛陀所描述的第三禪：「**住於禪悅中，正念，直觀。**」[37]（DN 9,12）

第三禪摘要

因此第三禪有以下幾點特色：

（一）禪悅已分家，失去較粗的部分——喜。

（二）留存的禪悅——樂，呈現正念、正知與直觀的特質。

（三）一如第二禪，如磐石般絕對安定，且無造作者。

第四禪

當覺知者的安定使被覺知對象靜止下來時，禪悅這個前三禪的核心特色，在禪修者進入第四禪時將會再變化，只是這次它變得更徹底。「樂」完全消失，只剩下絕對安定的覺知者看著絕對的安定。

從第四禪的觀點來看，先前禪那的禪悅被視為心理對象的殘餘活動，以及遮蔽更美妙之事的苦惱，當禪悅消退時，只剩下深刻的安穩，那是第四禪的標誌。不動也不輝耀，不感到樂或苦，禪修者內心最深處感到完全平衡，就像處於暴風眼中，無任何事物在心眼中心擾動。此時有圓滿的感覺——圓滿的安定與覺知，佛陀稱此為「捨念清淨」（upekkhā sati pārisuddhi, DN 9,13）。

第四禪的安穩，完全不同於世上找得到的其他安穩，它只有在經歷過前三種禪那之後才可能被了知。事後要證實禪修者所感覺的不動安穩確實屬於第四禪，唯一的方式即經歷前三禪。此外，第四禪的狀態實在是太安定了，以致禪修者能維持在高原狀態達數小時，他似乎不太可能用更少的時間體驗第四禪。

雖然喜與樂在第四禪已止息，只剩下圓滿的安穩，但事後回顧認出這種經驗時，卻是無比的愉悅，它被視為迄今為止最棒的禪悅，這是無上禪悅之禪悅！這不是在玩文字遊戲，或故作聰明與神祕，而是它本來就是如此。

第四禪摘要

因此，第四禪有以下幾點特色：

（一）樂消失。

（二）極為持久且不變，感覺為圓滿的安穩，只有經歷過前三禪才可能達成。

（三）如同第二、三禪，如磐石般安定，且無造作者。

（四）完全遠離五入處的世界與個人身體。

佛陀對於四種禪那的比喻

佛陀常藉由生動的比喻來描述四種禪那中的經驗（MN 39,15-18; 77,25-28）。在解釋這些比喻之前，我想最好能先釐清所有比喻中常用的一個巴利語關鍵詞 kāya 的意思。

kāya的意義範疇與「身」相當，就如「身」不只可用來指稱人的身體而已，還有所謂的「證據體」（body of evidence），因此kāya也能指除了身體之外的其他事物，例如心理成分之身——「名身」（nāma-kāya, DN 15,20）。在禪那中，五入處都不運作，那意味著無身體的經驗，身體已被超越。因此，當佛陀在這四個比喻中說：「他全身沒有一個部分不被（喜、樂等）遍滿」，便可解釋為「他『全部的名身經驗』沒有一個部分不被（喜、樂等）遍滿。」（MN 39,16）。這點常遭到誤解。

佛陀對於初禪的比喻是泥球（作為肥皂使用），水分剛好適量，既不太乾也不太濕。泥球代表統一的心，其中念已侷限在由「晃動」（尋與伺）創造出來的極小區域。水分代表徹底遠離五入處的世界所造成的禪悅，它完全遍滿泥球；完全遍滿泥球的水分，是指徹底遍滿心理經驗的空間與時間的禪悅。事後我們曉得，禪悅緊接著禪悅，然後是更大的禪悅，沒有間斷。水分不過量因此不會外漏，這是形容在禪那持續的時間中，禪悅一直被包含在由尋與伺所造成的空間裡，永遠不會從心的領域外洩至五入處的世界。

第二禪被比喻為無外來進水，而只有內在湧泉注入冷水的池子；池子代表心。完全沒有任何外來進水，是指心遠離外來的影響，在此禪那中，連造作者也無法進入，這種密閉性是第二禪如磐石般安定的因。內在湧泉注入冷水，則代表「內等淨」（ajjhattam sampasādanam）——對於第二禪禪悅的內在信心，它造成完全的放下，使心清涼入定，無任何移動。清涼代表禪悅本身，它從三昧生起而遍滿整個心理經驗，在整個禪那期間皆不變。

第三禪被比喻為浸在冷水池中茁壯成長的蓮花；蓮花代表禪那中的心。水可使蓮花的花瓣與葉子清涼，但永遠無法滲入蓮花中，因為所有水珠都會滾落。清涼代表樂，濕潤代表喜。因此，就如蓮花浸在水中般，第三禪中的心因樂而清涼，但喜不會滲入，心只經歷樂。在第三禪中，心持續經歷如磐石般的安定，永遠不會向外移動，就如比喻中的蓮花永遠浸在水中一般。如同冷水使蓮花茁壯成長，第三禪的禪悅也支撐著處於其中的心。再一次的，就如同冷水使蓮花從頭到尾徹底浸潤一樣，第三禪獨一無二的禪悅再次從始至終遍滿整個心理經驗。

第四禪猶如人從頭到腳都覆蓋上一塊乾淨的白布；這個人代表心，布則代表完全清淨的捨與念，它們是第四禪的標記。第四禪的心是無垢的，如白布般純潔——完全安定與等捨，毫無瑕疵。這個絕對的清淨安穩，就如白布從頭到腳完全覆蓋人的身體一般，從始至終遍滿全部的心理經驗（名身）。

就我的理解，這些便是四個禪那比喻的意義。

禪那間的移動

如我先前所說，禪修者在禪那中完全無法移動，他無法做決定要從這個禪那前進到下一個，甚至無法決定要出定，一切控制皆已斷捨。此外，禪那中深定之念凍結了理解的心理活動，而在深定中，禪修者根本無法感覺到自己的經驗，禪那的標記只有在出定與回顧時才會被認出來。因此，在禪那中，禪修者不只無法移動，也不知自己身在何處，遑論去處！那麼禪那之間的移動如何發生呢？

想像有座四個房間的屋子，只有一個出入門。走進那個門，禪修者進入第一個房間，他必須從第一個房間進入第二間，從第二間進入第三間，再從第三間進入第四間。離開屋子時，他退出第四個房間、再退回第三間，然後退回第二間，最後是第一間。因此，禪修者是從當初進來的同一個門離開屋子。現在想像所有房間的地板都很滑，以致你無法施展任何多餘的動作，因此，如果你只以很小的動量進入屋子，滑到第一個房間就會停住；以大一點的動量就可能滑到第二、第三或第四個房間。

這個比喻道出了在禪那之間移動的實際情況。禪修者在禪那中不做任何控制，假如他以很小的動量進入禪那，就只能停留在初禪；以更大的動量，便可能達到第二禪或第三禪；若再以更大的動量，則可能達到第四禪。進入的動量只能在禪那之外產生，也只有此時才有可能控制動量的大小。

動量在此是指「放下」。禪修者在進入禪那之前，修習「放下」到它成為心不自主的意向或強烈的自然趨勢為止。若他以少量「放下」的動量進入禪那之門，則將停留在初禪；若以更大的自動趨勢放下，他便達到第二禪或第三禪；若以很強的意向放下，則他達到第四禪。但當他在禪那之中時，無法增加「放下」的動量強度。

禪修者可藉由回顧禪悅的經驗，或藉由認出所謂「執著」的障礙，在禪那之外修習「放下」的動量。在心認出「放下」的妙樂時，「放下」的意向將會增長。有時我會思惟：「瞧！心，瞧！在放下的狀態中還有更多的禪悅。瞧！心，別忘了，心，好嗎？」藉此教導我頑固的心。心將因此學會更堅定地放下，或可能認出阻礙進入更深禪悅的障礙，那是不同層次的執著。透過回顧，心學會認出自身快樂的敵人「執著」時，它「放下」的意向將會因智慧而提升。

另一個了解禪修者如何在禪那之間移動的方式是，回想千瓣蓮花在陽光下開放的譬喻。初禪可比喻為很接近中心的一排希罕細緻的花瓣，陽光曬暖它們，露出裡面更芬芳的一排花瓣；同樣的，安定的念溫暖希罕細緻的初禪，張開露出更令人愉悅的第二禪。就像這樣，第二禪位於初禪之內，第三禪在第二禪之內，第四禪則在第三禪之內，就如一層層排列的蓮花瓣一般，一排在另一排之內。

當禪修者有更多的禪那經驗時，他可以利用「攝持」（adhiṭṭhāna）的力量在禪那間移動，在本文中，「攝持」是指佛教規畫心的方式。在禪修者開始禪修時，他可規畫心照預定的時間進入特定的禪那，當然這項工作只適用於熟悉目的且通曉其路徑的老練禪修者，這就如在離地後不久即設定自動飛行一般。然而，即使是老練的禪修者，一定也要通過正常的路徑才能達到特定的禪那，例如他規畫心進入第三禪，那麼一定得先通過初禪與第二禪，不過他可能進行得很快。

無色定

在千瓣蓮花的譬喻中，最內排的花瓣中有四排代表禪那：最內第八排是初禪，第七排是第二禪，第六排是第三禪，第五排是第四禪。你現在可能會好奇，最後的四排花瓣代表什麼，四禪之外還有四無色定。值得注意的是，佛陀從來不曾在經中稱這些無色定為「禪那」，只有一千年後的註釋書才如此稱呼它們。四無色定如下：

◎空無邊處

◎識無邊處

◎無所有處

◎非想非非想處

就如第四禪位於第三禪之內，第一無色定位於第四禪之內，而第二無色定則位於第一無色定之內，就像蓮花的層層花瓣一樣。因此，所有的四無色定必然都延續禪那所具有的以下特色：

（一）心持續遠離五入處的世界與對身體的一切認知。

（二）心持續長時間如磐石般安定，無法形成任何思想或計畫。

（三）理解被凍結，以致禪修者那時很難知道自己的經驗，理解只有在出定之後才得以完成。

（四）第四禪純淨的捨與念，持續成為每個無色定的基礎。

就如前三禪以不同的禪悅形式為其對象，第四禪是以純淨安穩的殊勝狀態為其對象，而各無色定則採取純淨的心理對象，我稱這些對象的感知為「心的基地」（mind-bases，即意處），因為它們是無色定安住的心理平台。無色定愈高，這些不動的「心的基地」就變得更微細與空寂。

回到第四禪，念強大且安定，只直觀遠離五入處世界與心一境性的圓滿安穩。在心一境性的狀態中，出世間的感知將取代衍生自世間的世俗概念。

例如，當處於早期階段的禪修者變得完全專注於當下——時間的一境性時，出世間的時間感知將取代世俗的時間概念，當他完全專注於當下時，一方面感到時間消失，一方面又感到擁有世上所有的時間。在當下的那一點，時間是無邊、不確定、空與無量的，它同時既是無限也是空的，它是無邊的（anantā）。在早期的禪修中看見時間一境性的經驗，可成為了解在無色定中「無限」與「空」同時發生的關鍵。

空無邊處

從第四禪起，心能洞見圓滿的安穩，從而感知空間的絕對一境性，這是如實審視第四禪永遠有效的特色之一，也是進入無色定的入口。在絕對的一境性中，所感知的空間是無限與空，類似某種無空間的狀態，沒有通常的侷限空間——「色」（rūpa），因此它與接著的禪定都稱為「無色」（arūpa）定。

因此，第一無色定是「空無邊處」，被感知為無限與空、無量與無定界的，這感知完全充滿心並長久維持不變。正念、強大、安定與清淨，在完全知足下，直觀此感知。

識無邊處

在空無邊的感知內，存在著無空間與空間喪失其意義的感知，當心在第一無色定之內注意到這個特色時，空間消失，並被識的絕對一境性的感知所取代。在此狀態中，意識同時感到無限與空、無量與無定界，禪修者已進入第二無色定「識無邊處」。這個感知完全充滿心，而且毫不動搖（不間斷）地持續更久。

無所有處

在識無邊的感知內，存在著無意識與意識正喪失其意義的感知，心在第二無色定專注於這個特色時，意識的一切感知都消失了，色與空間的感知已消失，只剩下無所有的一境性，禪修者已進入第三無色定「無所有處」。這個概念完全充滿心，並且無間地持續得更久。

非想非非想處

在無所有的感知（想）內，存在著連「無」也沒有的感知！若心微細到能看見此特色，則無所有的感知消失，並被非感知亦非非感知（非想非非想）所取代。對於這第四無色定，我們只能說它事實上是一種感知（想，AN IX,42）。在千瓣蓮花的譬喻中，這個狀態代表最後排的花瓣還閉著，而其他所有花瓣都已完全打開，這最後一排的花瓣完全不像花瓣，是最微細與最殊勝的，因為包在它們輕柔構造裡的是著名的「蓮花心中的珍寶」——涅槃。

涅槃，滅一切想

在「非想非非想」的感知內，存在著一切感知（想）的結束，即一切感受與感知（想）的滅盡[38]——涅槃，若心注意到此，它就會停止。當心再次開始時，禪修者達到阿羅漢果或不來果，它們是唯一可能的結果。

逐漸息滅

另一個看待四種禪那與四無色定的方式，是把它們擺在逐漸息滅的順序中。導致初禪的過程，是五入處的世界以及身體與一切造作的息滅；初禪到第四禪之道，是認出樂與苦的那一部分心的息滅；第四禪到第四無色定之道，是心的其餘活動（即「覺知」）幾乎息滅；最後一步是最後殘餘覺知的息滅。經由四種禪那與四無色定，禪修者先放下身體與五入處的世界，然後依次分別放下造作者、樂與苦、空間與意識、一切覺知。當他放下一個對象時，該對象就會消失、息滅，若沒有消失或息滅，則表示他並未真正放下。藉由放下一切可被覺知的對象，覺知者會止息，這是一切事物的息滅，包括心在內。這是意識不再顯現之處，地、水、火、風在此都無法立足，名與色完全摧毀（DN 11,85）。空——滅——涅槃，蓮花心中的珍寶。

在本章的「禪那」探索中，我帶領你展開一趟從理論到修行的旅程，登上高山的峰頂「禪那」，再攻上最高峰的「無色定」。這趟旅程似乎和今日的你毫不相干，但明天你會發現自己正往這條道路邁進。因此，今日擁有這張地圖，對你會很有幫助。

此外，這些禪那就如同非常豐富的金礦，但其中蘊含的是最珍貴的觀智而非貴金屬，它們提供原料（意想不到的資料），使人們得以打開慧眼，洞見涅槃。禪那是莊嚴佛教顏面的珍寶，它們是覺悟經驗不可或缺的，而且今日依然可行。

我以世尊的話總結此章：

無禪不智，無智不禪；
道從禪智，得至涅槃。

（Dhp 372，《大正藏》卷四，頁572a）

第4章 深觀的本質

「觀」（insight）常見，「深觀」（deep insight）罕見；觀令人欣慰，深觀充滿挑戰，有時令人害怕。觀對於人們的個性有少許影響，深觀則改變人們的生命。

例如，兩名僧人為了風中的一面旗子爭執，一人說是「旗動」，另一人說是「風動」，他們去見禪師，禪師說兩人都錯了，答案應該是「心動」。然後一位上座部森林僧前來說，他們三個人都沒有看到重點，問題是他們的「嘴動」！這是「觀」。

一位相識的僧人告訴我，他在家時曾有過一次充滿深長禪悅的強力禪修經驗，比性高潮更好，於其中身體消失，一切事物都靜止不動。那次不尋常的經驗，挑戰並顛覆了他先前對快樂的理解，並挑戰他的整個人生。因此，他餘生出家求道，這是「深」觀。

十正道

在《增支部》中，佛陀的教誡是依經中提到的法數來安排的。例如，「四正勤」——導致強大力量的四條道路，與其他許多四支法都被收集在「四法」篇中。當初次讀到「八法」篇時，我預期會看到八法中最著名的「八正道」，但它卻不在其中，這令我感到很驚訝。在《增支部》中，著名的「八正道」竟出現在「十法」篇，因為佛陀新增了另外兩支（AN X, 103）——「正智」（sammā-ñāṇaṁ）與「正解脫」（sammā-vimutti）。

我們可以推斷八正道是指修行（該做的事），而多出來的正智與正解脫兩支是指目標（修行的結果）。因此，十正道就是教導我們道路與目的地。

深觀即是指正智。《增支部》就清楚指出，深觀或正智不可能沒有禪那——正定（AN X,103）。此外，深觀必然的結果是正解脫，也就是正覺。

正智：如實智見

在經典中，正智或深觀經常稱為「如實智見」（yathā bhūta ñāṇadassana）。許多人聲稱「觀」並主張自己如實智見，但他們卻很少取得共識。事實上，我們有許多宗教，每個宗教各有許多派別，各派都聲稱自己如實智見，別派則否！即使那些堅持無宗教的人也是如此，因為他們相信只有無宗教才能如實智見。為何「觀」如此容易引發爭議呢？

問題在於，確實有少數人真的如實智見，大多數的人只是看見事物的表象，便執著那是觀、那是真理。請小心！即使當你清楚覺知時，呈現於五根的事物也已被過濾、清洗與裝扮，以取悅你。

有位僧友曾是越戰老兵，後腦勺挨了一顆子彈，槍傷破壞了一小部分的腦。醫師認為他會失明，但他們錯了，他的視力看起來很好。幾週以後，他和一些朋友在玩棒球時，打擊者把球揮到他守備的高空，當他移動準備要接球時，沿著他的視線，球突然消失了，它從宇宙消失了！幾秒之後，這情況又再次在他的視線前方重現，那是他第一次察覺自己有盲點。盲點的問題是，人們看不見它們，我們的視覺區域確實有個洞，但心以虛擬的東西填補那個洞，而我們看不到心這麼做！即使當我們的經驗被清楚觀察時，也未必是事物的實相。

每當我們被貪欲誘惑或怒火中燒時，短暫的盲點便會出現，只是自己不自知而已。戀愛時，我們看不到對方的缺點，就如老丈人對女婿說：「你視我女兒為完美是很自然的，因為你正在戀愛。但一、兩年後，當你開始看見她的缺點時，一定要切記：若我的女兒當初沒有那些缺點，她可能會嫁給比你好的人！」因為貪欲或期望性的想法，我們扭曲實相以迎合自己的喜好。

同樣的，當我們憤怒時，可能只看見他人、伴侶甚至狗兒的過錯，所以我們才會踢狗出氣！在憤怒的心態看來，事情的真相就是：我們的痛苦是別人的過錯，包括那隻可憐的狗在內。在佛教裡，憤怒稱為「暫時性發瘋」，它是危險的疾病，在病中我們自以為看見事情的實相，但其實自己的見解是扭曲的。

「我慢」（māna）也許是腐化我們智慧最潛藏與隱伏的力量，我們的身分是建立在見解上，以致若改變見解，承認自己的錯誤，常會危及自我的觀念。因此，否認證據並滋長心中更大的盲點，便成了較為輕鬆便利的方式。相反的，要如實智見必須有更大的勇氣，因為它必須放下許多珍愛的見解。洞見「法」是令人驚駭的，因為我們必須放下最珍愛的觀念——我見。

因此，我們要如何才能如實智見呢？如何辨識深觀與妄想的差異呢？答案是，只有當我們抑制五蓋時，才真的可能如實智見。

五蓋與深觀

五蓋阻礙我們如實智見。在此再次提醒讀者，五蓋是：

（一）欲貪
（二）瞋恚
（三）昏眠
（四）掉悔
（五）疑

欲貪扭曲實相以迎合我們的喜好。例如，當我在青少年時期喝下第一杯啤酒時，我無法相信那味道怎麼會如此令人作嘔。然而，我身處的男性社會對啤酒幾近崇拜，並奉之為慶典中不可或缺的部分。因此不久之後，我開始喜愛啤酒的味道，那味道並未改變，但我對味道的感知改變了，以迎合自己的希望。實相被欲貪扭曲了，「性」也是如此，受社會制約的荷爾蒙交配饑渴扭曲了原始的經驗，使它顯得令人歡愉。究竟性歡愉是事物的實相，或只是由欲貪所假造，而使它看似如此呢？阿難（Ānanda）尊者對婆耆沙（Vaṅgīsa）尊者說，欲愛只不過是顛倒的感知（顛倒想，SN 8,4）。

第二蓋「瞋恚」，是躲在「否定」背後的力量。我們很討厭老、病與死，因此抗拒它們，認為它們不會發生在自己身上，拒絕如實智見這身體的實相，而代之以維持謊言。我們憎恨和所愛者分離的想法，因而活在他們會一直與我們同在的幻想中。我們也厭惡被證明是錯誤的，以致操弄事實來欺騙自己。總之，實相經常不是我們喜歡的，因此乾脆下意識地排除它，而瞋恚是阻礙我們如實智見的主要蓋障。

昏沉與睡眠是身體的嗜睡與心理的昏沉，我們對它的感受是好像走在黑暗中，一切事物皆模糊不清。夜晚時因為看不清楚，以致把女友看成超級模特兒，或把男友看成足球明星帥哥。如果是在白天約會，當他們能清楚看到雙方臉上的面皰時，就沒有幾個人會墜入愛河了。夜晚扭曲事物的真相，同樣的，昏眠的黯淡也扭曲了諸法實相。

掉舉與後悔，讓我們沒有完全如實智見的機會，心快速移動時，抵達覺知的資訊是不完全的。例如，我的寺院坐落在山頂上，只離高速公路兩公里，好些年我都是乘車上下山，然後有一天我決定徒步走上陡峭的山路。走路時，我感到很驚訝，過去一直認為熟悉的山坡與溪谷，如今看來和以前並不相同，不僅看起來更美，風景的細節與色彩也更豐富。然後我站著不動，一切所見再次全部改變，不移動時，我看見景色變得更壯麗，察覺到過去所疏忽的精緻特色。一切都很清楚、完整，且令人愉悅。當透過移動的車子張望時，我們的眼睛只能接收到窗外正在行進事物的片段，落在視網膜上的光線，並無足夠的時間在下一個畫面出現前形成完整的影像。當我們在走動時，視覺有更多時間攫取特色，而當你站著不動時，視覺才有完全的機會覺知精彩山谷的所有豐富美景。只有當我停止移動時，才能看清山谷中呈現出來的完整實相。同樣的，唯有心靜止不動時，我們才可能如實智見完整實相。

疑，佛陀將之比喻為在沙漠中迷路（MN 39,14），沒有路標或地圖能找到路。它阻礙如實智見，只因人們不知該看哪裡或該怎麼看。佛陀給了一份指出道路的地圖——法，記錄在經典中流傳到後世。像本書之類的書籍，可以在沙漠中增加更多的地標，以補充經中的訊息。

總之，五蓋是妄想無明的抬轎者，它們阻礙人們如實智見，而將社會上能接受、喜歡與和稀泥的事呈現在覺知之前。此外，五蓋的工作是在幕後完成的，我們多半不知道它們的運作方式，那正是它們之所以稱為「無明」的原因。因此，當五蓋在運作時，人們無法確定覺知對象是如實存在的，而「觀」能被信任的唯一確定時機是暫時抑制五蓋的時候。

因此一切有意義的「觀」，尤其是深觀，其先決條件是長時間持續地去除五蓋。

近行定——禪那的近鄰

經由禪那可去除五蓋，但人們卻無法在體驗禪那時獲得深觀，這是因為禪那狀態太安定，以致隨觀的心理活動無法發生。然而，禪那經驗有助於在退出禪那後，長時間有效地持續抑制五蓋，而使深觀成為可能。

退出禪那之後，緊接著出現的禪修狀態稱為「近行定」（upacāra samādhi），即「禪那近鄰」的意思。在此狀態中，五蓋已經完全沉滯達數小時或更久，念超強、易於集中且無所畏懼，這是因為失能的五蓋遭到抑制的緣故。以佛陀自己的話來說，此時「**心清淨、明亮、離染、無瑕、順服、敏捷、穩定，且趨於沉著。**」（MN 4,27），因此深觀才可能發生。

正要進入初禪之前的階段也是「近行定」，禪修者在此階段也是處於初禪近鄰的狀態，通常的感覺是能輕鬆地維持很美與安定的禪相頗久，此時五蓋也被抑制。然而，禪那之前的近行定，其穩定性顯然不如禪那之後所發生者，因為禪那之前的五蓋只是新近、輕微地受到抑制，仍能輕易地溜回來。如果禪修者於此時隨觀法，將會失去近行定，五蓋也將重返，所以佛陀在經中（AN III,100）說，此時隨觀法是一種障礙，不應該這麼做。

因此，如佛陀在《那羅伽波寧村經》（*Nalakapāna Sutta*, MN 68,6）中所說，只要禪修者尚未達到初禪或更高的禪那，不滿與厭倦就會伴隨五蓋侵襲其心並駐留；但當他確實達到至少初禪時，五蓋、不滿與厭倦就不會侵襲其心並駐留。由於深觀需要抑制五蓋，因此也需要禪那。

兩位使者的故事

為了強調禪那對於深觀的必要性，佛陀以兩位使者的譬喻來教導我們。該譬喻的主要元素出現在《緊叔迦經》（*Kimsuka Sutta*, SN 35,24）[39]，註釋書中有詳細說明。我以意譯方式講述這個譬喻於下。

有位帝王正在教導王子治國的技巧，為了讓年輕王子直接體驗，便指派他到王國邊境內的某個小州郡，授與他國王該有的一切權力，讓他去學習如何統治。

幾個月後，該郡的重要市民代表團向帝王抱怨王子疏於履行職責。王子每天都在舉行宴會，這不難理解，也許那是因為年輕人初次離家在外。帝王召來最聰明的大臣，派他前往該郡，指導王子負起君主的責任。但聰明的大臣已預見，如果他單槍匹馬前往，傲慢的年輕王子將不會聽他的話，因此他要求王國中最勇猛的將軍陪同。帝王同意了，於是聰明的大臣與勇猛的將軍這兩名使者一起去指導年輕的王子。

他們終於抵達王子所在的宮殿時，遠遠就聽見宮裡傳來不絕於耳的宴會歡笑聲，而王子的五個朋友則制止他們進宮。聰明的大臣表明身分，並說明是受誰的派遣前來時，那五個人只是揶揄地大笑，並叫他們回去。他們聲稱：「這是我們王子的領地，他可以為所欲為。」

眼見聰明的大臣跟王子的五個朋友有理講不清，於是勇猛的將軍拔出劍來逼近五人，不過一下子，這五個人就消失得無影無蹤了。

然後帝王的兩位使者長驅直入宮殿，喝令停止宴會，並站在王子面前。聰明的大臣再次表明身分及來自何處，然而就像剛剛的五個人，王子同樣命令兩位使者離去，因為這是他的封邑，他能為所欲為。他頑固地拒絕聽父王最聰明謀士的話，勇猛的將軍再次拔出劍來，同時抓住王子的頭髮，將銳利的劍刃抵住王子的喉嚨。

「王子，請聽你父親派來的大臣之言！」將軍命令道。

「我在聽！我在聽！」王子尖叫，感覺利刃劃過皮膚。

就這樣，勇猛的將軍讓王子動彈不得，也讓王子得以全神貫注，加上聰明大臣的指導，王子因此了解身為一國之君該有的所有責任與權利。從此之後，他完全變了個人，不僅能明智地統理小州郡，還能在適當時機接掌王位，為全國人民謀福利。

在這個譬喻中，帝王就是佛陀，王子是佛陀的一位弟子，而聰明的大臣代表觀智，勇猛的將軍代表禪那，王子的五位朋友則是五蓋，因此是禪那排除了五蓋，而非觀智。禪那使心保持安定夠久後，接著是近行定讓「觀」發生，並以佛法指導心。

鑼槌

由上述兩名使者的譬喻可知，心需要安定才能深入洞見事物的本質。我經常以「鑼槌問答」對大眾說明這點。

我舉起身邊用來敲鑼的槌子問聽眾：「這是什麼？」

「木棒。」有人說。

「還有呢？」我答道。

「圓柱形。」另一個人說。

「還有呢？」我繼續。

「一半黑，一半白。」「白的那半包著布。」「六吋長。」「敲鑼用。」

「這個東西就只是這樣嗎？」我鼓勵道。

「閃閃發亮。」「圓形的末端。」「你手握著的地方磨損了。」

當描述的詞語窮盡時，我的聽眾仍然在看，他們明白自己尚未完成對鑼槌的了解，看得愈久，見到的東西就愈多。他們現在開始見到的東西，找不到言語可以形容，因而了解符號是表面的，除了「木棒」、「圓柱形」、「半黑半白」之外，還有更多內容。符號是我們小時候在學校學到的，它們是佛陀所說的「世俗諦」，當錯認符號為本體時，它們將會妨礙我們的理解。當聽眾說「那是木棒」，並認為自己已掌握到它的意義時，他們將會停止進一步探究。我必須誘導他們持續發現，直到一切符號皆窮盡，直到他們開始看見符號之外的東西為止，此時他們是以靜默安定的心在看。

世上最美的竹叢

我第一次閉關時，還是劍橋的學生，我們每個早上都有一小時自由散步的時間來活動身體。第一天早晨，經歷過一些安靜的禪修後，我決定去附近的植物園。走進園中時，入口處的一叢竹子打動了我的心，那是我這一生見過最精緻美麗的植物，修長竹幹的形狀與質地迷人，明亮的色澤在晨光中閃耀，竹幹到分枝到竹葉的比例恰到好處，整叢竹子在風中優雅搖曳的方式令人陶醉。我靜靜地站著不知過了多久，敬畏地凝視這美妙的竹子，然後坐在附近的長椅上，繼續探索竹子之美，直到時間將盡為止。我得強迫自己回去禪修中心。

翌日重返，竹子之美再次擄獲我。我再次將活動身體的時間花在長椅上靜坐，凝望著那一小叢竹子。閉關九天中有八天早晨（有天因為需要真正活動一下，我沿著葛蘭塔河〔River Granta〕河岸散步），我都將時間花在歡喜地凝視劍橋植物園入口一叢簡單的竹子上，並且意猶未盡！

閉關結束大約一週左右，一天早晨剛好有空，於是我騎單車重訪老友——世上最美的那叢竹子。抵達時，我既困惑又失望，同樣的竹子還在那裡，但看起來卻很普通、單薄、灰黃與無趣，就如參差不齊的小灌木！

這個轉變引發我去探究改變那叢竹子的因素，幾天前它還那麼迷人。我很快就了解到，改變的是我的心而不是竹子。在閉關結束之後，且在騎單車穿越過劍橋市的車陣後，我的心根本無法和閉關時的安定相比。現在它只能看見事物的表面、符號與缺點，而無法使竹子保持安定夠久，以便深入發覺它美麗與無窮的真相，就如前述兩位使者譬喻中的王子一般，它無法看見實相，除非禪定鎮伏它。

在那回初次閉關期間，我有了第一次禪定經驗。當我走進植物園時，心異常安定，因此當眼睛轉向竹子時，心在那裡停駐、嬉戲，深入事物的核心，並樂在其中。當我們的心那樣安定時，即使鑼槌也會變得極精緻與迷人，我們將會發現許多鑼槌的新鮮事，好幾個小時都看不厭，永遠覺得意猶未盡。

手電筒加地圖

看見灰黃的竹叢轉變成世上最美的灌木，既令人興奮也有很大的妙趣，但它無法改變禪修者的生命，無明比最堅硬的竹子更難穿透。然而，這種經驗有助於禪修者了解，心在三昧的加持下可以多麼深入。定愈安穩，心就愈安定與無畏，念也愈透澈，這正是禪那之後的心常是深觀發生之處的原因。

禪那之後，當禪修者不知該看哪裡時，深觀也可能無法發生，竹叢便是看錯地方的一個例子！繼續第一部第八章的比喻，禪那之後的心可比喻為照亮前方一切事物的強力手電筒，但如果不知道要將手電筒照往何處，你就不太可能發現深觀的藏匿處。因此，除了強力的手電筒之外，我們還需要一份精確的地圖。佛陀的教導——法（Dhamma），就是那份地圖。

如果只有地圖而無手電筒，或者手電筒不夠亮，我們還是無法發現深觀。這就像研究經書的學者和造詣深厚的禪修者討論經文，學者對理論有很好的掌握，但因為缺乏禪那的親身體驗，手電筒不夠亮，所以無法產生深觀。

但對於擁有地圖者——聽聞有經驗老師的教導並發問與研究的人，如果此人同時也擁有強力手電筒（即禪那加持的心），這樣的人就很接近深觀。如佛陀所說：「**道從禪**（手電筒）**智**（地圖），**得至涅槃**。」（Dhp 372）

第5章

解脫的深觀

記得前世

根據佛陀在菩提樹下證悟的可靠記載，藉由進入禪那增強其心後，佛陀運用其心作深觀的第一個領域是有關前世的問題。因此，根據經中發現的「地圖」，這是獲得深觀的有效入手處。

現代佛教界對於前世的可信度曾有過許多討論，很遺憾的，其中許多是以訛傳訛、誤解或缺乏深觀的。探究最早期的經典，我們可以清楚看見，轉世不只是如某些人所認為的「文化增添物」，而是佛陀深觀的中心支柱。例如，佛陀對於具有邪見者的標準定義是——不相信業與轉世（MN 117,5）。佛陀在《無戲論經》（*Apannaka Sutta*, MN 60,8）中更強調：「**由於其實有他世**（轉世），**因此抱持『無轉世』看法者具有邪見。**」㊵

懷疑者理直氣壯地質問，人們如何能於當下對自己證明轉世是真的。我會解釋如何證明，也就是我們要如何深入轉變生命的深觀之一：洞見自己的前世。

有天晚上，我從很安穩的禪修出來時，我給自心一個簡單明瞭的指示：我最早的記憶是什麼？然後重返內在靜默，無所期待，保持當下知足的正念。

片刻之後，我的鼻子出現一個熟悉的氣味，我並未想像氣味，我在當下清楚地再次體驗它，伴隨氣味出現怪異但確定的回憶，這是我嬰兒時期的推車氣味。剎那間，我宛如回到嬰兒車內，重新詳盡地體驗新生嬰兒的世界。一邊嗅聞的同時，我一邊忍不住以心眼看見當時最喜歡的玩具之一——我母親口中稱為「胖胖」的可愛藍色玩具豬，她讓它走向我並發出咯咯聲。在非常精確與輕鬆的情況下，我以一個四十多歲的比丘之身，記起新生嬰兒的生活細節，整件事伴隨著一種異常的確定感，我毫不懷疑這個嬰兒就是四十年前的我。這令我震驚，並改變了我了解記憶的方式。這引發我的興趣，我事後從一位醫學博士處得知，新生嬰兒第一個發展的感官就是嗅覺。嬰兒藉由氣味認出母親與其他熟悉的事物，例如自己的推車，我從自己的親身經驗證實此事。

當禪修者了解如何達到早期記憶的方法時，就能繼續清楚地指示自己的心：「請再往前。」然後回到無期待的定心，安靜地照顧當下。若先前禪定的狀態夠深，另一個記憶會出現，而且會以快速與不勉強的方式出現；此外，若這是真正的早期記憶，那麼總是會伴隨著異常的確定感，確定這來自更早以前。如果你有絲毫的懷疑，那麼該記憶就不可信，那可能只是期望性的想法。

我有些學生重新經歷過在母親子宮內，漂浮在水中的那種溫暖且泰然自若的感覺。有些學生甚至重新體驗過更奇特的記憶，他們變成了比現在年紀還要大得多的人，而且是在很久以前的另一個地方的另一個身體內。這個體會令人震驚但無可避免，這便是他們在前世的情形。

這些由禪那產生的回憶，比我們通常所稱的記憶清楚許多，而且和所謂的幻想完全不同。它們只出現在高度覺知的狀態中，在這種狀態下禪修者感知的清晰度會大幅提升，兩者（高度覺知與清晰的感知）共同形成獨到的特色，使得我們可以辨識出當事人的身分。

此外，這些早期記憶經常會造成困擾，因此不可能是期望性想法的產物。某位學生憶起她剛出生後的第一週，仰望正慈愛地推動搖籃的女人，並驚訝地發現其相貌和她的母親不一樣。難道她是領養的嗎？母親是否有些事沒告訴她呢？當她有機會與那位她一直以來稱為母親的人見面時，劈頭就問對方她是否是親生的。她的母親趕緊問她是怎麼回事，她告訴母親這是禪修喚起的記憶時，母親便請她描述在禪修中看見的女人。她毫不費力地清楚描述那個女人的相貌，母親聞言立即笑了，因為那個女人是母親在她出生一週時所僱請的保姆。母親很驚訝女兒能很明確地記起那個女人，女兒也為她的母親不是別人而鬆了一口氣。

有些記憶甚至會造成更大的困擾，因為他們憶起自己前世的死亡，有些才退出記憶幾秒鐘的學生，因為發現此事而十分難受。我們應該注意，前世的死亡是最接近此世的前世事件，而如此強烈的經驗會留下難以抹滅的傷疤。我們得藉由禪定生起的無畏去觀察這個可怕的事件，然後超越它而回到更早的時候。我們應忠於實相，那難過的感受清楚證明這些不是期望性的幻想，而是自己前世真實事件明確而令人震驚的回憶。

這些前世的回憶符合深觀有四個理由：

第一、佛陀稱它們為導致涅槃的「三明」（tevijjā）中的第一明（MN 91,33）。在《有學經》（*Sekha Sutta*, MN 53,20）中，佛陀將憶念宿命比喻為第一個從蛋破殼而出的小雞。

第二、它們只有在禪那的經驗後生起，就如「如實智見」只在禪那之後發生一般（AN VII,61）。

第三、憶念宿命是建立在當下的個人經驗上，而非信仰、傳統或推論上。

第四、這些回憶徹底改變禪修者的生命，禪修者經歷一次盛大的思惟轉換。例如，對自己死亡的恐懼以及對他人死亡的悲傷將大幅減少，如今可從另一個觀點來看待此世。他們擁有「寬廣的視野」，正如他們所說，他們擁有整個拼圖而非僅是稱為此世歲月的一小片。更重要的是，直到現在他們才從自己拓寬的經驗中接受第一手資料，真正體會到佛陀所說「苦」（dukkha）的意思，而了解到為何佛陀最有智慧的弟子舍利弗會說：**「再次轉生即為苦義，停止轉生即是樂義！」**（AN X,65）

深觀苦

四聖諦是佛陀的核心教法，其中第一諦是苦諦，因此佛陀才說眾生無法覺悟的主要原因是，他們未「徹底」了解苦（DN 16,2,1）。

眾生無法徹底了解苦的原因之一，是他們只看見此世，且經常只看見此世的一部分。他們不只否定無可避免的病與死，更強烈否定過去世與未來世！當禪修者只見樹而不見林時，他永遠無法達到究竟涅槃。因此那些忠於實相並嚮往實相帶來解脫者，必須藉助由禪那產生的深觀，去挑戰這個對於轉世的深層否定。

當禪修者真的獲得多生多世的深觀——奠基於禪那且之後沒有任何疑惑時，然後深觀就能形成苦的完整意義，此時他就能了解佛陀以下的說法：

你在無數輪迴轉世的過程中，在遭遇苦難的過程中，流下的淚水之河，比四大海水還多。（SN 15,3）

你經歷無數次死亡所遺留的骨骸，若堆起來將比任何山都高。（SN 15,10）

你的骨頭累世以來充滿墓地，足以令你厭惡、出離並解脫此生。（SN 15,1）

徹底了解將讓你看見，只要有轉生就會有隨之而來的痛苦。深觀是建立在不可思議、浩瀚輪迴的直觀智上，它澈入心髓看見此事，而非僅於膚淺的理智中看見。它看見「緣起」（paticcasamuppāda）決定性的初鏈——「生緣苦」（jātipaccayā dukkha）。從這轉變生命的觀智，渴愛與執著開始瓦解，再也無任何東西值得執取。

禪那的經驗，打開通往徹底了解苦的第二條通道——深觀樂！禪那的主要特色之一是前所未有且持續的禪悅經驗，我說過那遠比性高潮更快樂與持久，即使戀愛的滋味也比不上。無可避免地，你一定會想問這個禪悅是什麼，以及它來自何處。

絞繩

阿姜查對於絞繩的清楚譬喻，有助於解釋這種快樂，我在第二部第三章講解初禪時曾經提到過。

想像一個人一出生脖子就被套上繩子，持續由兩個強壯的無形惡魔拉緊，他就這麼長大且習以為常，甚至修習正念時，也察覺不到緊繃的繩子。脖子上的繩子一直都存在且被認為是正常的，因此被排除在他的注意範圍外。然後有一天，這兩個名為「五入處」與「造作」的惡魔暫時消失並放下繩子，他生命中頭一次體驗到解脫束縛、解脫五入處與造作的重擔，體驗到不可思議的喜樂，這種喜樂不像他先前所知的任何事物。直到那時，他才了解快樂是什麼，以及絞繩與兩位虛偽惡魔是多麼令人痛苦，也了解到快樂是痛苦的止息。

同樣的，我們從一生下來心就被身緊緊地「綁住」，還被五入處與造作（意志、選擇、控制等）的惡魔持續拉緊，我們就這麼長大且習以為常，不覺有異。有些人甚至開始享受五入處的世界，並縱情造作事物，甚至在心裡造作名為「思想」的事物，以此為樂，真不可思議！

即使我們修習五入處或思（意志）的正念，仍無法辨識其核心的痛苦本質。假如我們一直認為「這就是它的實相」，那怎麼可能了解苦呢？然後有一天，當你第一次進入禪那，五入處與名為「造作」的心行暫時消失，身體也隨之消失，心此生第一次解脫一切造作與五入處的活動，也解脫了如繩索般緊縛美麗之心的沉重身體，我們感受到禪那的禪悅，那種體驗超越了先前所知的任何快樂。直到此時，我們才了解到快樂與痛苦各是什麼，才了悟身即是苦，見、聽、嗅、嚐、觸時時皆苦，以及造作（有為）徹徹底底是苦，已能深觀苦的普遍性（諸行皆苦）。我們還了悟到，禪那的禪悅是巨大痛苦在禪那期間消失的結果。

除非你有過禪那的體驗，經歷過一切五入處都消失，否則將無法理解為何在晨光中看著露珠瑩潤的玫瑰是苦，或者聆聽貝多芬動人心弦的第五號交響曲是苦，或美妙的性愛經驗竟如烈火焚身般令人痛苦，你會視這樣的說法為瘋狂。但當你從自身經驗了知禪那時，就會認出這些說法是非常真實的，如佛陀在經中說：「**凡夫稱為快樂的事物，覺者稱之為苦。**」（SN 35,136）深觀使人看見凡夫難以企及、理解與震撼人心的事物。看見自己的第一個小孩出生，可能被視為一生中最美好的時刻，但前提是人們不知道還有更好的事。禪那便是那更好的事，而且它可能徹底改變你對快樂的了解。結果是它揭露苦的意義，令你名副其實地心花（千瓣蓮花）怒放。

監獄譬喻

另一個譬喻強調相同的重點。在監獄出生與長大的人，從未曾踏出監獄，他只知道監獄的生活，對於自由與外面的世界毫無概念，不了解監獄是痛苦的。若有人說他的世界很苦，他肯定不會同意，因為監獄是他僅有的經驗。但有一天，他可能發現了前人挖掘的逃脫地道，他穿越監獄外牆，通往無法想像與廣闊的真實自由世界。只有當他進入地道逃離監獄時，他才可能了解監獄事實上是多麼令人痛苦，以及結束痛苦與逃離監獄才是快樂。

在此譬喻中，監獄是身體，監獄的高牆是五入處，而殘酷嚴苛的獄卒是人們自己的意志（即造作者），前人挖掘的地道可以幫助他脫逃，那就是禪那（參見AN IX,42）。只有當人們體驗過禪那後，才會了解五入處的世界不過就是五面牆的監獄，它有些部分可能稍微舒服一點，但終究還是監禁每個人的死囚牢房！只有在深刻的禪定之後，人們才會了解「意志」是折磨者，它偽裝成自由，卻阻止人們快樂地安住。只有出了監獄，人們才能獲得資訊，生起深觀，發現苦諦。

總之，如果沒有禪那的經驗，禪修者的世間知識因為太受侷限而無法徹底了解苦（第一聖諦），當然也就無法達到正覺。

深觀無常

觀一切事物無常的本質看似容易，因為顯而易見地任何事物都不可能恆存，我們甚至不需要成為禪修者就能了解此事。假如看見無常就能究竟覺悟，那為何覺悟的人那麼少呢？

那是因為我們有極深的無形盲點，如越戰老兵僧侶故事的情況。我們看不見無明顯變化但一直存在的現象，有些事物太穩定了，以致我們甚至無法察覺它們，這些是構成「無明」的盲點。以下的譬喻將有助於了解此事。

電視譬喻

想像你坐在家裡看電視，你可在看著那個盒子時隨觀無常。畫面來了又去，節目來了又去，頻道也來了又去，甚至可在關掉電視只剩下空白螢幕時，觀察「空頻道」。但此處生起的任何一種無常觀都是膚淺的，它無法斷除你對電視的執著。

同樣的，我們雖能隨觀關係變化、晝夜交替、花朵凋零、身體老化，看見這些事物的無常，但渴愛卻依然無法平息。即使當你隨觀死亡時，當生命消逝只剩下如漆黑電視般的屍體時，仍無法炸掉你的執著。停屍間的醫師與喪葬業者每天工作時都看見死亡，但他們並未覺悟，這種隨觀很有幫助，但它們還是膚淺的。

讓我們回到電視，想像你坐在家裡看電視，並隨觀無常。突然間，不只節目停止，整台電視機也跟著消失！它在一瞬間完全消失，電視機不該如此，它不在保證書的保證範圍內。它完全出人意表、令人震驚且改變生命，深觀就是這麼一回事。

有些現象我們看不見，我們依賴它的牢靠穩定，完全無法想像它的無常，例如我們的意志（做事的潛能）。即使當我們壓抑意志，在某些專注活動中抑制它們，我們還是知道那個做事的能力（造作的潛能）始終存在。我們一直受到某種程度的控制。

在深度禪修中，意志或造作的潛能突然消失了，這就像看見電視機在眼前消失般出人意表、令人震驚且怪異。在禪那中，尤其在第二禪以上，意志止息但意識繼續，較以往更明亮且清晰，連造作的潛能也消失了。我們在正念之下凍結，心比鑽石更為堅硬且明亮許多，就如虛空般不可動搖。這些經驗雖怪異但很真實，異常真實，它們的訊息顯而易見，猶如漆黑暗夜中巨大的霓虹燈招牌般明顯，那就是過去人們認為始終存在的某些東西（意志或造作的潛能）已完全停止，憑空消失。這便是深觀無常的意義，你可看見有些難以想像與令人沮喪的事為真，「我」、造作者或意志都被制止，而意識則繼續。在這樣的深觀之後，你再也無法認為自己是自我的主宰。

消失的海洋

想像你看著海面上的波浪起伏來去，就如看著樂受與苦受起伏來去一般。這是隨觀無常，沒錯，但只是膚淺的。現在想像有一天，你在隨觀海浪的起伏，突然間整個海洋消失了，連同包含海洋的陸地也跟著不見，一切都不見了。這即是深觀，難以想像、令人驚訝且很令人沮喪，海洋不應該突然消失得無影無蹤。

禪那中的情況即是如此，禪修者隨觀樂與苦的波浪，在五入處之海起伏，然後整個五入處之海完全消失，連同包含五入處的身體也跟著不見。禪修者真正出離這個世間——欲界（kāmaloka），而進入禪那的領域——色界（rūpaloka）。他對於無常的真實意義與其延伸範圍還有另一個層次的了解，他深觀五識止息，再也不會認為見、聽、嗅、嚐、觸者是「我」。

眼球與望遠鏡

想像你正透過望遠鏡看星星，然後有人在儀器末端放上一面反射鏡，結果你看不到天空，反而看到正在執行「看」的眼球，屢試不爽。對於覺知者，即使是膚淺的無常觀也很難獲得。

現在想像你使用貼上反射鏡的望遠鏡看正在執行「看」的眼球時，突然間眼球的影像連同它旁邊的東西都消失了，甚至連虛空也跟著消失。事後，你很快就了解到，若覺知的所有對象都消失，則執行覺知者也必然已經消失。深觀生起，你會知道覺知的對象是無常的，以及覺知者不是「我」。

這便是經歷禪那與無色定的情況。五識在進入初禪時已消失，現在剩下的是意識，它被層層剝開，就在達到「八解脫」（atthavimokha）的最後一支「滅一切受想定」（滅盡定）前，最後殘餘的意識消失。「意識的眼球」（即「心」）止息，一切皆消失。深觀發現覺知者（心）、一切存有的基礎、「我」或不管各文化如何稱呼它，全都是無常的，終歸於滅，這就稱為「滅度」（parinibbāna，般涅槃）。

因此，深觀無常深入的程度遠超過多數禪修者所能預期，當他運用禪那經驗的資料時，他看見曾經堅實的基礎瓦解，長久以來許多自我假設賴以維生的「我見」整個被顛覆與摧毀。深觀讓人很快便了解到，無論在任何地方、任何時間，沒有任何東西是穩定的可讓自我立足於上。再也沒有任何問題，因為你已了解到可以立足者已蕩然無存。

深觀無我

深觀引爆三顆炸彈：苦、無常與無我，其中任何一顆都會破壞無明的基礎，佛陀稱它們為「諸法三相」。我先前已指出，深觀苦與無常如何使人完全無任何東西可以執取，以及使自我無立足之地。現在我將引爆第三顆內觀炸彈——無我的真諦，它真的能把「自我」炸掉！

再一次的，深觀無我只有在使用禪那獨家提供的資料，以及憑藉禪那增強的心才可能發生，我們完全無法只用建立在不完整經驗上的理性思考去趨近這些真諦，例如有些傳統想透過「我是誰？」這樣的提問，來思辨「法」以獲得深觀。在《一切漏經》（*Sabbāsava Sutta*, MN 2,7）中，佛陀特別稱這種質問為「非如理作意」（ayoniso manasikāra）。「我是誰？」的問題不夠深入，因為它帶有錯誤的假設。如果問「我是誰？」首先就必須假設有個稱為「我」的人存在，在問題的前提上這只是嘗試要發現「誰」是那個人；即使我們探究「問此問題者是誰？」也未抓到重點。更有建設性的提問是：「被我當作『我』的是什麼？」或「問這問題的是什麼？」

在中世紀佛教的印度，在某位博學比丘與大天（Mahādeva）之間發生了一次針對「無我」的著名公開辯論，內容如下：

博學比丘：早安，你是誰？

大天：大天。

比丘：誰是「大天」？

大天：我。

比丘：誰是「我」？
大天：一隻狗。
比丘：誰是「一隻狗」？
大天：你是！
比丘：誰是「你」？
大天：大天。
比丘：誰是「大天」？
大天：我。
比丘：誰是「我」？
大天：一隻狗。
比丘：誰是「一隻狗」？
大天：你是！

……這個辯論就如此不斷地繞圈子，直到觀眾的笑聲點醒博學比丘為止。他了解到，自己竟然允許聰明的大天稱自己為「一隻狗」許多次。這個令人莞爾的歷史性對話，說明語言包含了多少不明確的假設，兩個比丘的文字底下的假設非常不同。它顯示出若未設定好問題，你就得不到適當的答案。

更有建設性的問題探究的不是「誰」，而是被你當作「你」的是什麼，然後問這符合經驗的事實嗎？我可能認為自己是比丘、英國籍的澳洲人、白皮膚（或更像不勻稱的粉紅色）、五十四歲、身體健康等。膚淺的觀就能看出這些身分特性都只是暫時的，並非本質上的「我」。

隨著年歲漸長，我們愈來愈清楚，自己不可能等同於這衰變的身體，而且不可能認為自己是腦子的副產品。

腦死心存活

最近的醫學研究支持我的主張，即「心」不只是腦子的副產品。如以下說法：

近來對於心跳停止存活者的研究指出，雖然多數心跳停止存活者沒有對整個事件的回想記憶，但卻有將近百分之十的人有符合典型瀕死經驗的記憶。其中包括能「看見」並回想急救的細節描述，並獲得急救團隊的證實。許多針對人類與動物的研究指出，心跳停止期間腦功能也會停止，問題來了，這麼清晰且架構良好的思想過程，不只能推理還能形成記憶，如何能在這種時候發生。㊶

心臟科醫師薩門（Sabom）提到一個年輕美國女人在腦部手術的併發症中，心臟停止跳動，腦皮層與腦幹的電波圖（EEG）都呈現一直線。手術結果是成功的，經證實這個病人有很深的瀕死經驗，包括出體經驗，後來確認這與直線腦波圖期間

的觀察符合。㊷

由這兩段出自不同研究的引文顯示，臨床上判定死亡之後，意識仍然持續。第一個研究出自西元二〇〇〇年英國南安普敦總醫院（Southampton General Hospital）的醫師團隊，第二個研究則由西元二〇〇一年荷蘭的醫師團隊負責，後者被刊行在全球最富盛名的醫學期刊《柳葉刀》（*The Lancet*）上。他們嚴謹地研究心跳停止者所出現的瀕死經驗，作者的結論說：「我們的研究結果顯示，醫學因素無法說明瀕死經驗的發生……所有病人都已在臨床上被判定死亡。」㊸

用通俗的話來說，這兩個廣泛研究發現了為數眾多的案例，其中顯示心在腦死之後依然存活，如果心只是腦的副產品，這事就不可能發生。腦停止運作後，意識依然存在的這個事實，是心可不依賴腦的一個很有力證據。另一個研究說：

該資料意味著，在這個心跳停止模式中，瀕死經驗產生於無意識期間。這是一個驚人的結論，因為當腦部如此異常而讓病人陷入深度昏迷時，支持主觀經驗與記憶的大腦構造必然也遭到嚴重破壞，像報導中那樣複雜的瀕死經驗不應該發生或者留在記憶中。這些病人按理不應有主觀的經驗（如研究中八十八．八％的病人），即使還保有一些腦功能，頂多也是混亂的狀態。即使無意識的腦中充滿神經傳導素，也不應該形成清楚明確的記憶經驗，因為那些產生意識經驗與支持記

憶的大腦單元已因為大腦缺氧而受損。當心臟停止跳動時，皮質功能喪失會比腦幹活動快速喪失更早發生，此一事實也進一步支持這個看法。㊹

排除了「慣犯」之後，對於你認為「你」是什麼，我們得到兩個最後的候選人。

自我假象的最後堡壘

自我的最後兩個候選人是造作者與覺知者。在一切短暫的身分底下，這兩者暗中行動，而成為對抗實相的最後據點——自我假象的最後堡壘。世俗凡夫被理智與觀智逼急時，最後會退至造作者與覺知者兩者或兩者之一，以此來捍衛自我的存在。要攻占這最後的堡壘並看穿假象，我們需要奠基於禪那的強大深觀。

自我主宰一切似乎很明顯，我們理所當然地認為是自我選擇聽音樂、看電視或閱讀。自我產生我們的意志，這種經驗似乎是真的。但是很遺憾，看似明顯的事經常不是真的。

舊金山加州大學的神經科學家班潔明．李伯特（Benjamin Libet）請志願者伸出手臂，讓他們可以隨著自己的自由意志屈曲手腕。有個時鐘讓受試者精確地注意決定行動的時間，手腕則安裝電極，以測量開始行動的時間。更多的電極被安裝在志願者的頭皮上，用來記錄稱為「就緒潛能」的特殊腦波型態，這種腦波型態會出現在任何的複雜行動之前，且和腦子計畫其下一動作有關。研究發現，行動的意識決定出現在「就緒潛能」之後！㊺這個實驗無可逃避的結論是，可被觀察到的「決定行動」或我們自以為的自由意志，都是在行動已開始之後才出現。意志並非行動的創始者，而是該過程的副產品。

這些有力的證據很難被接受，因為它們違背人們對於生命的基本假設，甚至還會引起某些人的恐懼，他們很難想像自己竟然不是主宰身體與心理者。就算是強力的科學證據也不足以摧毀意志的假象，我們必須透過禪那去洞見只有因果緣起的空性過程，並無一個自我在產生意志。

禪修可以用「進入事物的核心」來概括，禪修者先進入時間的核心「現在」，然後進入沒有一切思想的現在的核心，接著以呼吸進入身體的核心，再進入呼吸的核心「美麗的呼吸」，然後進入美麗呼吸的核心，禪修者在那裡體驗禪相，然後進入禪相的核心而進入初禪，接著進入初禪的核心——第二禪，依此類推。這是「如理作意」（yoniso manasikāra），也是回歸源頭的作意，如是層層深入身體與心理的源頭，禪修者達到意志的源頭、造作者的所在地——潛在造作所住的堡壘。最後他看見一切都是「空」的，根本沒有一個自我。

無人駕駛公車的譬喻

如果將我們的生命比喻為公車之旅：公車代表我們的身與心，司機是意志，從車窗可以看見我們快樂與痛苦的經驗，那麼我想大多數人都會同意，我們所在的車子有個很糟糕的司機。因為有時公車會經過很快樂的場景，但無能的司機不只不停下來，甚至還會加速離開，就如生命中的歡樂時光好像永遠無法如願地持續很久一樣。有時公車會通過一些可怕的地方，而不適任的司機卻不會盡快加速駛離，反而放慢速度甚至熄火，就如生命中痛苦的時刻似乎總是超過它們應該停留的時間。終於到了需要找出這個差勁司機（即我們的意志）的時候了，要訓練他只駛向樂土，在那裡緩慢逗留，並避開或快速駛離生命中的有毒廢棄物傾倒場。為了找到公車駕駛座（即意志的源頭），我們必須經歷長程的內在心靈之旅，最後在禪那中發現它，然而當我們到達那裡時，卻對生命感到震驚，駕駛座是空的。我的朋友，生命是無人駕駛的公車！

目睹公車無人駕駛的結果是，重新回到自己的座位上安靜坐下來並停止抱怨，因為再也沒有可抱怨的對象。美好的經驗來了又去，痛苦的經驗來了又去，人們只是抱持平等心坐在那裡，抱怨或不滿（又稱為渴求快樂）終於止息。

渴愛就如擁有兩端的手臂，會伸出去抓取或推開東西。禪修者通常只看到手臂錯誤的那端，即渴愛的對象（親愛的人、財產或巧克力等），但他們應該看的是手臂的「這端」——會執行渴愛的事物。執行渴愛的過程是自我的無明，只要有自我的無明，就一定會有渴愛；渴愛是無明表現自己的方式。當禪修者以深觀洞見駕駛座是空的，沒有造作者時，無明被戳穿，渴愛立即停止，因為再也沒有執行渴愛的事物。

有些聰明的學生問我，倘若公車的駕駛座是空的，為何我還要費心修行？努力的意義是什麼？答案是，因為公車的駕駛座是空的，你除了修行以外別無選擇！努力是這趟旅程的一部分。但永遠要記得，努力是從許多其他因緣產生，它並非來自你的自我。

佛陀針對「覺知者」的開示

即使有些勤於修行的好比丘，也無法突破假象的最後防線——覺知者，他們將「覺知者」、「本心」、「純粹覺知」或其他對於心的描述，視為究竟與永恆的實相。正確來說，這些概念屬於印度教的教法而非佛教，因為佛教清楚駁斥這些理論不夠深入。

例如，在佛教經藏中的第一部經典《梵網經》（*Brahmajāla Sutta*）中，佛陀詳細描述六十二種邪見。第八邪見就是認為稱為心（citta）、意（mano）、識（viññāṇa）的那個事物是指永恆的自我（attā），它穩定、永恆、不受制於變易、永遠相同（DN 1,2,13）。因此佛陀說，堅持覺知者恆存是一種邪見。

在《因緣相應》（*Nidāna Saṃyutta*）中，佛陀說：

然而，比丘！那㊻被稱為「心」、「意」與「識」者，愚痴凡夫無法厭離它，無法對它離欲，並解脫它。為什麼？因為長久以來，它一直被他持有、占用並執著為：「這是我的，這是我，這是自性。」……比丘！對於愚痴凡夫而言，將身體視為「我」更好……因為這個身體……被目睹存在一百年或甚至更久。但被稱為「心」、「意」與「識」者，在日與夜生起時是一回事，息滅又是另一回事。（SN 12,61）㊼

然而，就如先前所提確鑿的科學證據無法去除「我們自己即是造作者」的見解一般，連佛陀所開示確鑿的經典證據，也無法去除「覺知者是最高本體『我』」的見解。有些人甚至主張佛經一定已遭到篡改，只因為經文不符合他們的見解！㊽

這些不理性的固執來自「有愛」（bhavataṇhā）——對於存有的渴愛。「有愛」很強，以致我們為了存在而準備放棄包括財產、身體與想法等幾乎所有東西，只要最後還能保有「存有」的一小塊。畢竟我們希望享受「般涅槃」，為了能夠到達那裡已經付出了那麼多。「有愛」是許多大禪修者無法和佛陀一致的原因，他們無法做捨離的最後一躍，徹底地放下一切，包括「心」在內。即使佛陀說「一切法皆不值得執著」（sabbe dhammā nālam abhinivesāya, MN 37,3），人們仍執著心，持續執持覺知者，並將它提高至虛無飄渺的神祕層次，稱它為「一切存在的基礎」、「與上帝合一」或「本心」等，無視於佛陀強力駁斥這些執取，而說一切存有的層次皆臭不可聞，手上即使只沾了一點糞也是臭（AN I,18,13）。

我們需要許多禪那的體驗，並結合佛陀本人教導的完整知識，才能突破「有愛」的障礙，並親自洞見人們所稱的「心」、「意」、「識」或「覺知者」只是「空」的過程，是由「有愛」所推動，且被無明常見所遮蔽，它的本質其實是寂滅無餘的。

深觀心

統治一切根識活動的是「心」。我們可能以為眼根本身就可見色，但事實上是意根，它緊跟著眼根覺知可見者，眼根自己無法登錄。如佛陀所說（SN 48,42），心能反應五根的任何事件及心本身獨特的經驗領域。由於意識緊隨每個可辨認的五識事件，因此這五識產生相同的假象，在見、聽、嗅、嚐、觸時似乎都有相似的事。一旦我們在禪那中直接見到心，就能看出產生連續識流假象的是伴隨的心。

心的粒狀本質

我們現在了解到，正因為識流是粒狀的，所以其成份「心」也是如此。就如先前所說，沙灘上的沙看似連綿一片，但仔細看，就會看見沙灘是由小石粒所構成。再看仔細一點，還可看見各沙粒之間出現空間，它們甚至沒有任何接觸。心有同樣的粒狀特質，它不像表面所見的是連續實體，現在我們可以清楚認出心是由一系列個別的「覺知」所組成，心藉由因、果與其鄰居緊湊聯繫在一起。我們甚至可看出，心與心或各個覺知之間有個間隙，心於其中暫時完全消失。

那應該足以讓深觀生起。基於許多禪那體驗，禪修者看見即使是清淨心也是無常的，是個別心粒子的行進行列，並受制於滅。他會有大突破的了悟——「覺知者」、「覺知」、「意」或「清淨心」只是「空」的過程，沒有任何自我實體。此外，它是由因與果驅動的過程：由於一切心皆受制於「生」，因此它們也受制於「滅」。如佛陀的觀察：「**凡具有生法者，皆受制於滅法。**」（yaṅkiñci samudaya-dhammaṁ, sabban taṁ nirodha-dhammanti, SN 56,11）。

心的遠離

當禪修者不只體驗初禪，還體驗好幾個更高的禪那時，他將有足夠的資料，可以看清每個更高禪那的特色都是逐漸增加心的遠離。當他逐步經歷禪那與無色定時，將會發現覺知者的經驗愈來愈少，而了解到若初禪之道是指放下五識，那麼更高禪那之道便是放下意識——心。

例如，在第四無色定中，心幾乎完全消失，因此它才會被稱為「非想非想」。心此時的情況是站在自己終止的邊緣，一旦越過邊緣，它就稱為「滅受想」（saññā-vedayita-nirodha）。在此，心最微細現起的可能契機如今息滅了，它消失、寂滅——涅槃。

從寂滅的狀態出來時，禪修者若非成為已完全正覺的阿羅漢，就是成為幾乎完全正覺的「不來者」（anāgāmī，阿那含）。暫時息滅覺知者（即心）是非常深奧的，必須出現深觀才行。禪修者看清一切事物都已停止，無任何東西殘餘。這種深觀必將導致第三或第四聖果。

就算禪修者尚未進展到「滅盡定」（nirodha samāpatti，滅受想定），他仍可以只用一、兩個禪那的資料去推知心入於滅的本質。他已看見心的初步遠離，如今能以推論的方式去了解覺知者的完全遠離。此外，心消失得愈多就愈安穩、莊嚴，此時他將可使心趨入於滅。如經中所說，經歷過禪那後，禪修者會了解到：

這個完全遠離是安穩的；這是勝法，亦即諸行止息，捨棄一切執著對象，渴愛

盡除，離、滅、涅槃。禪修者由此達到心的諸漏盡除，若他未達諸漏盡除（成為阿羅漢），則將成為不來者。（MN 64,15）

緣起與清淨心

什麼是清淨、無染與光明的心？在經中，佛陀一貫地描述退出禪那之心為「清淨與無染」（MN 51,24），解脫五蓋的心也稱為「光明」（pabhassara, SN 46,33）。因此，根據佛陀的說法，清淨、無染與光明的心，是指退出禪那之心。

根據許多經典的說法，深觀催化覺悟，領悟到即使這最清淨、完全無染與光明的心，也是緣起、無常並終歸於滅的。例如，在《八城經》（*Aṭṭhakanāgara Sutta*, MN 52）中，阿難尊者被問起佛陀稱哪一法為正覺之門時，阿難尊者回答，佛陀稱正覺有十一個入處，都需要禪那以觸發深觀：

他思惟此事，並了解到：「這第一（或第二、第三等）禪那是因緣法與有為法。但一切因緣法與有為法皆無常，終歸於滅。」他由此證入（阿羅漢或不來果）。㊾

在沙粒的譬喻中，禪修者不只看見沙灘是由彼此並未接觸的個別沙粒所構成，還看見最初是因果關係使沙粒位於那裡，他了解海洋如何沉積沙粒並帶走它們，如何以沙子整平並包覆沙灘。同樣的，當禪修者仔細觀察清淨心時，他將看出造成此心的因果關係，而了解渴愛與其同伴——思（意志）如何沉積個別心（剎那心）並帶走它們，如何整平心並染污它，就如受污染的海水有時能沉澱油與其他沙上的殘骸一般。在此，人們尤其看出「有愛」如何將序列的個別心包紮成識流，填滿每個空虛的空間，產生連續與永恆的假象。親自清楚洞見之後，禪修者了解到即使清淨心也是緣起與無常的，它並非獨立恆存的實體，也不是無因而生的。看見一切存在形式中最清淨與光明的覺知形式為無常後，禪修者了知心的其他所有形式更是如此，他已體驗了心（覺知者、心或其他任何名稱）不會永遠留存的深觀。當維持剎那心流的因停止時，意識流就會枯竭，它將完全止息，這就是「般涅槃」——完全寂滅。

清淨心跑哪裡去？一個笨問題

當遊方者婆蹉種（Vacchagotta）問佛陀，阿羅漢死後其所解脫的心會怎樣時，佛陀舉了一個火的譬喻（MN 72,19）。火依賴燃料而燃燒，它仗緣而起，當燃料耗盡時，火便熄滅（nibbuta），問火熄滅後跑哪裡去並無意義。同樣的，問阿羅漢入滅後解脫心跑哪裡去也毫無意義，這是個笨問題。如我們先前所見，著名的比丘尼阿羅漢波吒左囉是在看見油燈熄滅時獲得完全正覺的觀智（Thig 116）。她看見火與心的相似本質，它們都仗緣而起，就如火焰熄滅（nibbāna-ed，涅槃）一般，心亦必然如是。

阿羅漢的解脫心可比喻為流星，千百萬年來，一塊宇宙岩石或冰塊一直繞著太陽系轉，在明亮與黑暗的空間中沿軌道運行，就像識流（覺知者與造作者）一樣千百萬世一直在流轉，一塊宇宙虛空一直在生死中輪迴，在黑暗與光明的世界中出生與死亡。然後那塊岩石或冰塊撞到地球，進入大氣層而成為明亮純淨的流星，放光燃燒後永遠熄滅。就如我們所稱的「人」遭遇真實「法」——深觀造作者與覺知者的空性，心在光明輝耀中熾燃，散發出某種智慧，然後迅速熄滅，永遠熄滅。

就如著名的《三寶經》（*Ratana Sutta*, Sn 235）所說：

舊者已毀壞，新者未出生。
心厭來世者，其（轉生）種子已壞，彼無生之欲。
智者入寂滅，便宛如此燈。㊿

或者如《長老偈》（*Theragāthā*）中兩位大阿羅漢說：

於此轉折心入滅！（Thag 184: Sivaka Thera）

心，終必將毀滅！（Thag 1144: Tālaputa Thera）

深觀與念處

佛陀所教導的四念處既是達到禪那的資糧，也是深觀無我的方法。

洞見無我有賴於已經體驗過禪那，這正是為何每一念都以vineyya loke abhijjhā-domanassaṁ（意思是「已去除五蓋」）開始的原因，這在第一部第八章已解釋過。如《那羅伽波寧經》（*Naḷakapāna Sutta*, MN 68,6）證實，停止這五蓋「侵擾心並留駐」是禪那的功能之一。禪修者需要藉由禪那增強正念，以便讓深觀生起。

在每個修行的最後章句中會反覆揭露念處的目的，其中隨觀這些現象的緣生緣滅後，禪修者了解「唯有身」、「唯有受」、「唯有心」與「唯有法」，一切都是因與果的過程，沒有任何法被視為「我」、「我的」或「我自己」。如是「**彼無所依**（anissita）**而住，亦不取著世間任何事物**」（MN 10），換言之，念處的功能是獲取無我的觀智。

在本章中我特別注重第四與第三念處，這是因為最裡面與最難進入的無明巢穴，正是造作者與覺知者的住處。觀照造作者緣生與空的本質屬於第四念處，而深觀覺知者無常與緣起的本質是完整的第三念處。因此，我所詳細描述的深觀，不外乎是由禪那增強的念處。

阿姜查最後的話

當我的老師阿姜查開始生病時，西方僧眾為他在國際森林寺（Wat Pa Nanachat）蓋了一間蒸氣浴室，他每週一次從自己的巴蓬寺（Wat Pa Pong）來此做蒸氣浴。這樣我們不只能幫助老師，他也能藉由分享法義來幫助我們。事實上，通常他每週在做蒸氣浴之前會先開示，之後僧眾再攙扶他進入蒸氣浴室。

有一次，阿姜查在做了深具啟發性的開示後，我並未像往常般陪老師進去浴室，而是溜到會堂後面坐禪。那次禪修很美妙、很深入，以致我失去一切時間感。當我笑容滿面地走出來時，我想到老師，心想也許還有一些時間做些洗毛巾之類的服務，因此我走進浴室。

我太晚到了，阿姜查已做完蒸氣浴，因為我是在通往浴室的走道遇見他的。正要回到車上的阿姜查停了下來，以有成就的禪修者才擁有的眼神看著我。我猜他已察覺我放鬆的外表與笑容，並推知我剛從禪那出來，因此偉大的阿姜查嘗試點化我。

「布拉瑪萬索！」他詰問，聲音像劍般刺來。「為什麼？」

我猶豫了。我了解問題，但答案對我而言太遙遠。

因此我回答：「我不知道，老師。」

阿姜查銳利的表情放鬆下來，並且笑了。

「反正我會告訴你答案，」他說：「如果有人問你『為什麼？』答案是『沒什麼事。』」

那震撼了我，我目瞪口呆。這印象如此深刻，即使已事隔二十幾年了，現在提筆描寫時，當時的情景仍然歷歷在目。

阿姜查進一步追問：「你了解嗎？」

「是的，老師。」我很有信心地說。

「不，你不了解！」他笑著回答，然後繼續走向車子。

這是我所認識最慈悲與睿智的大師傳授我的，他總結了本章關於深觀的所有內容。在由禪那所增強的正念下，逼問「為什麼？」這個大問題時，正確答案只有一個：「沒什麼事！」

你了解嗎？

不！你不了解。

第6章

正覺：入流

我所證得的法很深奧，難以看見且難以了解，安穩且殊勝，無法單靠推理獲得；微妙，是智者所體驗。但這個時代的人喜歡執著，熱衷於此，且樂在其中。這樣的人很難看見這個真諦，即因緣與緣起。人們很難看見這個真諦，即諸行止息、無所得、斷渴愛、離欲、滅、涅槃。

——佛陀，剛正覺後㉛

雖然了悟涅槃的「正覺」（enlightment，譯按：相當於巴利語的sambodhi）很難獲得，但是這並非不可能，即使是今天，還是有活著的比丘體驗過這個真實法。根據《大般涅槃經》（*Mahāparinibbāna Sutta*, DN 16,5,27）裡佛陀對遊方者須跋陀（Subhadda）的教導，只要充份修行完整的八正道之處，便能找得到入流者、一來者（sakadāgāmī）、不來者與阿羅漢。但是如果少了其中一個道支，例如捨棄禪那，只剩下七個道支，或是捨棄正戒（正語、正行、正命），只剩下五個道支，那麼將找不到任何正覺者。今日只有在少數堅守獨身禁欲的僧團中，才找得到全心投入完整八聖道的修行者，也只有在那裡才找得到正覺者。

涅槃不是什麼

上述說法可能令人難以接受，但卻是真的，就如佛陀教導涅槃是「滅」，令人難以接受卻是真的一樣。本章我將按照佛陀指示的教法，也就是依照精準與清晰的原則解釋正覺，也會描述涅槃發生過程的最後一個部分。但首先我想說說涅槃不是什麼。

庸俗化的涅槃

每當佛教風行時，就會有改變涅槃意義以迎合更多人的趨勢。流行產生的壓力會曲解真諦，以便能更容易融入社會。當你只告訴人們他們想聽的話時，教法很容易就被接受。此外，虛榮心也會誘使一些法師，以不挑戰聽眾無明的方式解釋涅槃。這都會導致涅槃的庸俗化。

我們可在現代的佛教作品中，讀到「正覺」不過是被動地順從事物表象（與禪那之後，對事物如實智見的情況截然不同）；或「無為」僅僅是輕易可得的剎那正念，於其中可進行任何事情——沒錯，任何事情；或「無死狀態」（涅槃）只是非二元覺知、無分別，且肯定一切都是一體與有益的。於是佛教的最高目標就成了渾渾噩噩的生活藝術，或在生命的起伏中隨波逐流，以及否定苦是一切存在形式本具的。這就像精神有問題的囚犯頌揚監禁，而非尋找出離之道。這些庸俗化的「法」可能令人覺得溫暖與模糊，卻貶抑了真實的涅槃，那些買了這類扭曲而迷人書籍的讀者，將會發現他們其實買了一個無用的東西回家。

青少年時的我，曾請許多基督教老師解釋「上帝」的意義，他們不是告訴我祂不是什麼，就是給了一個晦澀難懂的答案。例如，他們會說上帝是「不可說」或「最高實相」或「一切存有的基礎」或「無限意識」或「純粹覺知」。

後來，我請許多佛教老師解釋「涅槃」的意義，他們不是告訴我它不是什麼，就是給了一個晦澀難懂的答案。例如，他們會說涅槃是「不可說」或「最高實相」或「一切存有的基礎」或「無限意識」或「純粹覺知」。此時我恍然大悟：我以前曾在哪裡聽過這類莫名其妙的話！我年輕時曾拒絕對於上帝無意義的描述，基於同樣的理由，我現在也拒絕對於佛教涅槃一切模稜兩可的描述。

有些涅槃的定義是完全矛盾的修辭，比如說「不顯現的意識」（unmanifested consciousness）或「契入不可理解的事」（attuning to the ungraspable）。意識是使經驗顯現的認知過程的必要部分，因此「不顯現的意識」其實是指「不顯現的顯現」或「無意識的意識」，那是胡扯！再者，我們只能契入心可能理解的事，因此後者的定義便成為「契入不可契入的事」或「理解不可理解的事」。上述與其他類似的描述，都只是裝扮成智慧的蠢話。

根本的問題在於，對涅槃沒有清楚的概念讓佛教徒很尷尬，這就像上了公車卻不知道它要駛向何方一樣；而當非佛教徒的朋友請你描述佛教之旅的目的地時，情形更是尷尬。因此，許多佛教徒只能含糊其詞，以聽來神祕的不尋常語句組合，哄騙他們的聽眾。當聽者不了解你在說什麼時，他們就可能會認為它很深奧，並認為你很有智慧。

這些涅槃的扭曲描述不坦率、不正直，因此我稱之為「香蕉涅槃」。經驗告訴我們，當人們熟知某事並經常直接體驗它時，他們將能提供清楚、詳細且率直的描述，故作神祕是說話者不知所云的確定徵象。

去除涅槃的神祕因素

在此，我給涅槃三個互補的描述：（一）涅槃是最高的快樂；（二）涅槃是貪、瞋、痴的完全止息；（三）涅槃是我們稱為身與心過程的無餘寂滅。這三個敘述都出自於佛陀，給了涅槃一個清楚又明確的描繪。一旦我們了解正覺是什麼，就很容易認出通往那裡的道路，佛陀的一切教法都將變得異常清晰。

最高的快樂

佛陀說：「涅槃是最高的快樂。」（Dhp 203, 204）這也許是最有益於正覺的敘述，不只率直且擲地有聲，同時也很能打動人心。它透露了過去兩千六百年來，世間男女努力追求涅槃的原因，我們都想要快樂，如果有人提供最高的快樂，那就是我們所要追求的。因此，佛教一再教導我們如何愈來愈快樂，直到我們於此世達到快樂的頂峰——涅槃為止。

近來，我在講解佛陀的四聖諦不共法時，將它們重新排列。我發現若從苦諦開始講起，聽眾會紛紛掉頭離開，他們從生活中已知道得夠多了，因此不想浪費晚上的時間來聽更多的痛苦。每個推銷員都知道，第一印象最重要，所以我如此介紹四聖諦：

（一）樂

（二）導致樂之道

（三）苦

（四）苦的因

這在本質上和佛陀的教導完全相同，只是重新排序以獲得更好效果。有些人可能會稱這樣的安排為「行銷」，但這只是為了強調佛教的目標，所以將「樂」排在第一位。

稱涅槃為最高的快樂，也揭露了八聖道是不斷增加快樂之道，那些全心遵循此道者會愈來愈快樂。如佛陀在《無諍分別經》（*Araṇavibhaṅga Sutta*）中說：「**人們應知如何界定樂，知道之後，他們應從自己的內在去追求樂。**」[52] 人們毫無畏懼地追求這種內在的樂——禪那，直至達到最高的快樂為止。

你所經歷過最高的快樂是什麼？毒品？性？音樂？戀愛？看見你的第一個小孩出生？你會發現，禪那之樂超過這一切，所以你的第一次禪那經驗才能粉碎以前有關快樂意義的所有舊概念，因為它提供洞見快樂的觀智。禪那並非最高的快樂，但已經非常接近，就如我們先前所說，佛陀稱它為「正覺樂」（sambodhi sukha）[53]。從禪那前進到更高一點的快樂，即是涅槃。

最近的科學研究結果支持禪修讓人更快樂的主張，以及佛教僧人可能是世上最快樂的人54。因此，所有想要擁有真正美好時光的人都應該是很好的禪修者，而如果你想要世上最高的快樂，那就往涅槃前進吧！

貪、瞋、痴完全止息

佛陀的大弟子舍利弗尊者將涅槃定義為貪、瞋、痴完全止息（SN 38,1），以下這個許願遊戲的故事可充份說明這個定義。

五個小孩在玩許願遊戲。每個人會輪流問：「若讓你許一個願望，那會是什麼？」擁有最佳願望的人就贏了。第一個小孩說：「若我許願，我會想要一些巧克力冰淇淋。」那是個大熱天，所以他想吃冰淇淋。

第二個小孩說：「若我許願，我會想要一間冰淇淋工廠。這樣每當我想要時，就可以有許多冰淇淋！」第一個小孩悶悶不樂地坐下，後悔他只想要一個冰淇淋，並認為第二個小孩好聰明。

第三個小孩說：「我想要十億元。我可以用十億元買下自己的冰淇淋工廠、糖果店與速食店，這樣每當我想要時，就可以有一份漢堡與兩份炸薯條，媽媽也阻止不了我！我還會剩下足夠的錢，一想到其他我想要的任何東西，就可以買下。」現在第二個小孩懊惱了，竟然只想要一間冰淇淋工廠，並認為第三個小孩聰明多了，會想要十億元。

第四個小孩說：「若我許願，我會想要三個願望！我會用第一個願望得到冰淇淋工廠，用第二個願望獲得十億元，至於我的第三個願望，我會要求再多三個願望！這樣我就可以永遠許願。」即使想要十億元的小孩現在也甘拜下風，前三個小孩都推崇第四個為天才，還有什麼會比無限的願望更強的呢？

第五個小孩勝過他們所有人。他平靜地說：「若我許願，我會希望非常知足，永遠不需要更多的願望！」

最後一個小孩贏得許願比賽，就如那些寂然靜坐者贏得人類的比賽一般，他了解最高的快樂——涅槃，它是貪、瞋、痴的完全止息，是最後的滿足。

世上找得到兩種自由：貪欲的「自由」以及從貪欲「解脫」的自由。第四個小孩無限的願望即象徵第一種自由，那是被唯物主義社會奉為最高目標的自由。現代政府努力要在財富、權利與自由度上給其人民貪欲的自由，然而人民大都不滿足。第五個小孩的永恆知足象徵第二種自由，只有如佛教一類的心靈之道會尊崇解脫貪欲的自由。涅槃是第二種自由的完美形式，因貪、瞋、痴的完全止息即是解脫「一切」貪欲，那是渴愛的止息、安穩、正覺。

身與心的無餘寂滅

在佛世時，連普通的村民也了解涅槃的意義，因 nibbāna 是油燈熄滅的常用字（見《三寶經》*Ratana Sutta*, Sn 235）。當油用盡、燈芯燒完或風太大時，村民就會說火焰已「熄滅」（nibbāna-ed）。nibbāna 是形容自然過程無餘滅盡的一般用字，無論是指單純的火焰，或指這個複雜的身與心……或指時髦的好奇盒。

我曾聽說，一九七〇年代末期在加州，流行在咖啡桌上放一個小金屬盒，作為引發話題的小玩意兒。長方形盒子的每一面都很平常，唯有前面有個簡單的開關，當客人問起它的用途時，主人會請客人啟動它。一觸動開關，就可聽到裡面馬達與齒輪轉動的聲音，然後有一面會翻起來，從裡面伸出一隻機械手臂，金屬手臂會伸長繞過角落到前面去關掉開關。接著它會退回盒子裡，翻起的那面會再闔上，一切再度恢復寧靜。那個盒子唯一的目的就是關掉它自己，對我而言，這是涅槃的最佳譬喻！

「身與心」過程的目的就是關掉它自己，回歸寂靜。

當然，只有當我們直接體驗過所謂「身與心」的整個過程完全空掉時，才可能會欣賞這譬喻的適切性。就此而言，決定性的深觀是無論在這裡、那裡或任何地方都沒有一個「我」，造作者（意志或思）與覺知者（意識）都只是自然的過程，當人們澈入此觀的心髓時，根本就沒有任何東西可以失去或斷滅。只有在一開始就牽扯到恆存的實體，我們才可能用「斷滅」（annihilate）這樣的字眼，但對於「空」的自然過程的無餘止息，我們使用的字眼是「寂滅」（cessation）。「空」與自然的身心過程，在做讓它自己（「空」與自然的身心過程）寂滅的事，這就是「涅槃」。

只有痛苦存在，卻找不到受苦者；
只有行為，卻沒有行為的造作者；
有涅槃，但沒有進入它的人；

有道路，但看不到行路的人。（Vsm 16,90）

涅槃的初體驗：入流

在全心投入完整八聖道的修行後，你終於能夠好好反思它的意義。在剛體驗過禪那後，禪修者有超強的正念，能使觀察的對象保持長久不動，掉舉與昏眠的蓋障都已徹底消失，心清明且安定，充滿心靈之樂，致使正念深入陌生領域時能輕易克服從中生起的恐懼。禪悅讓心勇敢、無畏且不停追求真諦，有時心接近難以捉摸的「真實法」，但會被恐懼、貪欲與憎惡轉移開來；但現在，在安住於禪那之後，其中沒有貪欲、憎惡與保護自我的執念。使用禪那的憶念探索個人資料，禪修者會不停地鑽進事物的核心。心，無畏且明亮，突破經驗的源頭——我稱為「自我的堡壘」，它由造作者與覺知者兩位君主所統治。在那裡，禪修者第一次明確看見，這個堡壘完全是「空」的！

這種深觀的經驗完全超乎你的想像。就如佛陀在《善士經》（*Sappurisa Sutta*, MN 113,21）中所說（雖然是關於禪那，但完全可用於入流）：「無論你如何想像它，經驗永遠與此不同。」其中所發生的巨大思惟轉換，就如地球的地殼板塊移動造成大地震一樣。個人見解的基礎觀點轉移就像心中的可怕地震，許多古老且被珍愛的概念與見解的架構徹底瓦解，這種強大的深觀就如心中的爆炸。有一段時間，禪修者不知如何自處，他確定自己並未發瘋，事實上，他感到心比從前更清明，非常清楚、安定且充滿禪悅。深觀的必要徵象之一是長久持續且美妙的禪悅，據說佛陀在正覺之後，靜坐不動長達七天，以解脫的極樂維持不動（Vin. I,I,1）。

一段時間，甚至幾天之後，就如塵埃落定般，興奮的昡光減少到足以讓人再次能夠分辨。禪修者想看看龐大的架構還剩下什麼，以及有什麼已經不存在了。若是到達「入流」，他便會清楚看見自我或本體的所有假象（無論是個人或宇宙的）都已經永遠完全斷滅了。

入流之後，一切看起來都一目了然，禪修者覺得奇怪，自己為何那麼笨，沒能早點看穿這個喧鬧的騙局。在佛陀的教法中，一再明確地表達無我的真諦，現在禪修者了解，過去他因設想、否認或其他五蓋而篩檢一切讀過的東西，並扭曲與詮釋它，以得到自己只想從佛陀那裡聽到的話。無明愚痴的強大不可思議，比多數人知道的都更無所不在，一如伏爾泰（Voltaire）的諷刺：「理解數學無限概念的唯一方式，是思量人類愚蠢的程度。」

如今假象已拆穿，無明開始瓦解，深入無我的核心後，禪修者如今能了知苦的完整範圍。先前他很難接受一切事物都是苦的說法，這是因為自我的假象至少需要一個隔離苦的角落來棲身，例如某個至樂的天界，無論它是「本心」、「回歸一如」或其他各種不斷冒出的心靈幻想。其他一切事物都可能是苦，但唯獨此神聖區域除外，自我假象保留它作為「退休之家」。而一旦禪修者看過內、外諸法的絕對空性，便不再需要「退休之家」，他摧毀了維繫自我相續的執念，不再否定而完全同意佛陀「諸行皆苦」（sabbe sankhārā dukkhā, Dhp 278）的明確教法，再也不會退墮。

此外，禪修者還看見身心並無任何恆存的實體，亦即這整個過程能達到無餘止息——無任何遺漏。看到許多認真的佛教徒想要在覺悟後為自己保留一些東西，會讓你覺得很困惑，因為想要保留一些東西就是「執著」，即使是執取一些優美的事物也不例外。然而，在入流後，禪修者終於能夠斷除這些從我見生起的執著，了解到包括身與心在內的一切經驗都只是從因緣生起的現象，有天一定會完全息滅。如前章所說，充份了解無常，不只是看見事物如海上的波浪般起伏，而是看見整個海洋連同外圍陸地一起消失，此觀智緊接著無我的洞見而來。因此，在經中，我們發現許多入流者以下面的話表達自己的成就：

凡有生，終必有滅。（SN 56,11）

因此，洞見無我使心得以洞見苦與無常。證得入流是了解一切經驗（包括覺知經驗者在內）皆無常、苦與無我——「終歸於滅、苦，無恆存實體」。這著名的諸法三相遍及一切事物，因此身與心的本質也是終必無餘止息。

無中生有

如我於上一節提到的，有些人很執著存在，致使他們將涅槃視為覺知者的「退休之家」。這些人會認為「無處」是個地名，「空」是寶貴的堅實實體，而「滅」則是某件美好事物的開始。他們想要「無中生有」。

語言有個問題，當我們描述「不是」某事，以及「沒有」某個特質時，這個「不是」或「沒有」很容易會被誤解為事物本身。例如，在路易士．卡洛爾的《愛麗絲鏡中奇遇》（*Through the Looking Glass*）[55] 一書中，白國王問愛麗絲她是否看見路上的使者。愛麗絲說：「我在路上看見沒有人。」國王懊惱地說：「我真希望有這種眼睛，能看見『沒有人』，而且是在那種距離！在這方面，為何我都只能看見真實的人！」然後使者終於抵達，國王問他：「你在路上經過誰呢？」使者說：「沒有人。」國王說：「正是，這位小姐也看見他了，因此當然『沒有人』比你走得還慢。」使者以惱怒的口氣說：「我已盡力了，我相信沒有人走得比我快。」國王說：「那不可能，否則他早已先到這裡了。」

佛教裡也有類似的故事，是關於佛陀的偉大弟子阿那律（Anuruddha）生命中一個早期的插曲。由於阿那律前世的大善業行，所以在此世他總能得到想要的東西（Dhp-a 5:17）。有一天，年輕的阿那律和朋友在玩彈珠遊戲，賭注是他午餐籃裡的豐盛餐點。不幸的，他一直輸，最後午餐全輸光了，他家很富有，因此他命令僕人提午餐籃返家帶更多的糕點來。僕人不久後回來了，他又把那些食物輸掉了。因此他再遣僕人返家帶回更多食物，然後他再次把糕點全輸在彈珠遊戲上。他命令僕人第三度提午餐籃返家要求母親給更多的糕點，然而此時家中已無糕點了，因此母親要僕人拿空的午餐籃回去，並告訴阿那律：「natthi 糕點！」natthi是巴利語的「沒有」。

當僕人提著空午餐籃回去給阿那律時，天神了解如果他們不介入，阿那律就會得不到想要的東西。但因為阿那律前世的善業，天神不能讓此事發生，只好偷偷地放了一些天界糕點在空的餐籃裡。僕人抵達後把籃子交給小主人，說：「先生，natthi糕點！」阿那律打開籃子時，受不了天界糕點的香氣就吃了一塊。它們實在太美味了，所以他要求母親從此只給他natthi糕點。

事實上，當天神未介入時，「natthi糕點」僅指「沒有任何糕點」。就如當一廂情願的想法未涉入時，ajātaṁ是指「無生」、abhūtaṁ指「無有」、akataṁ指「無作」、asaṅkhataṁ指「無為」一樣，這四個巴利語是《自說經》（*Udāna*, Ud 8,3）中著名的「涅槃」同義語。譯者在翻譯這些否定詞（它們的字首都是a-）時，毫無根據地詮釋為「那無生」（the unborn）、「那無有」（the unoriginated）、「那無作」（the uncreated）、「那無為」（the unconditioned），很像白國王將「沒有人」誤當成一個人的名字。

入流的兩個觸發因素與五個助緣

佛陀曾數度說過正定或禪那是如實智見的近因（AN V,24; V,168; VI,50; VII,61; VIII,81; X,3; XI,3），那麼為何不是每個體驗過禪那者都成為入流者呢？

答案是除了禪那之外，禪修者還必須充份了解佛陀的教法。在第二部第四章，我舉了手電筒與地圖的譬喻，想像三個人在夜間的森林尋寶，第一個人有手電筒但無地圖，第二個人有地圖但無手電筒，第三個人既有手電筒又有地圖，只有第三個人才找得到寶藏。在這個譬喻中，手電筒代表禪那所增強的光明心，地圖代表對於佛陀教法的正確操作知識，而寶藏則指入流。只有當禪修者聞法並有禪那的體驗時，他才可能發現涅槃。

在《有符明大經》（*Mahāvedalla Sutta*, MN 43,13-14）中，舍利弗尊者說有兩個「觸發因素」——「他人音聲」與「如理作意」能引發正見，也就是證得入流，這兩個觸發因素有五個助緣：戒、聞、議論、止與觀。

「如理作意」是指建立在止上的觀，在千瓣蓮花的譬喻中，它的核心處是最寶貴的珍寶——涅槃，禪修者的任務是一層層地開啟蓮花，直到抵達核心為止，這即是「如理作意」——「如其理路，運作其意」之意。止的作用是使禪修者充份接近根源，觀的作用是了解內在完全的空性，兩者一定要建立在戒之上，因為禪修者的戒若不清淨，則禪相就會黯淡，甚至完全不生起，禪那便無從發生。因此，舍利弗的第二個觸發因素「如理作意」是由戒、止、觀三個助緣所構成，彼此輾轉增上。

「他人音聲」是入流的另一個必要成分，它由五個助緣當中的聞與議論構成。只是閱讀經書或從有成就的僧尼那裡聞法並不夠，禪修者還需要和適任的老師討論閱讀與聽聞的內容，以確保其了解是正確的。在我們的大學中，有課程與個別指導或專題討論的制度，即相當於聞與議論。

更深一層而言，無論是講說或書寫，「他人音聲」若要有效，則一定要出自聖者——那些達到入流、一來、不來與阿羅漢等果位者。他們已深入洞見無常、苦及無我，有涅槃的直接親身體驗，因此明確了知自己的言論。從真正的聖者聞法很重要，根據經典，少了它是不可能達到入流的（AN X,61）。聖者與凡夫也許宣說完全相同的法音，但聽眾會認出兩者是天壤之別，差別在於教法的出處，當教法是出自聖人之口時，它是鮮活與振奮人心的，但當它出自凡夫時，頂多只是有趣而已。因此即使在泰國佛教中，也有類似通常被認為和金剛乘與大乘比較有關的傳承系統，但在上座部佛教中它是去神祕化的，並清楚解釋它是聖者教法中本具的力量。更何況，這些教法與議論——他人音聲，只是證得入流所需的一半因素而已。

因此，入流之道需要勤修戒、聞、議論、止與觀這五種助緣，並確認聞與議論所結合成的「他人音聲」，是出自聖者之口；讓戒與止成為觀的基礎，以完成「如理作意」。然後，當禪修者結合「他人音聲」與「如理作意」兩者時，這就好像是把火藥與火焰湊在一起，兩者一接觸就會發生大爆炸，這就是深觀。當煙霧消散時，禪修者將會看出自我的一切假象都已完全摧毀，這便是入流。

隨信行與隨法行——入流無需禪那？

僧團中一再出現的一個辯論主題是，行者若沒有禪那的體驗有可能達到入流嗎？走筆至此，答案應該已很明顯，少了禪那體驗所獲得的根本資料，我看不出有完全洞見無常、苦與無我的可能。但在三藏（經、律、論）中的一些故事，暗示這也許有可能。

我所讀過最明顯的故事，是提婆達多（Devadatta）派出三十一個殺手不留痕跡地去刺殺佛陀。第一個殺手去殺佛陀，接著兩個殺手去殺那個刺客，接著四個殺手去殺那兩個刺客，然後八個殺四個，最後十六個去結束那八個，這樣就很難追蹤到殺死佛陀的刺客。然而，因為佛陀強大的威德，沒有人能完成任務；相反的，每組殺手都請求佛陀原諒，並聽聞佛陀說法，他們顯然並未持戒，遑論修習禪那，但這三十一個原想殺佛的殺手在聞法後都證得入流（Vin 2,7,3,7-8）。

在此我要介紹邁向入流之道的兩種人：「隨信行者」（saddhānusārī）與「隨法行者」（dhammānusārī, MN 70），也許可以解釋這個異常現象。信、精進、念、定與慧等無漏根，是推動心趨入正覺的五種力量，然而，當定與作為其結果的慧虛弱時，信與作為其結果的精進就能補償。那些以信與精進為趨入正覺的主要驅力者稱為「隨信行者」，而以定與慧為主要驅力者稱為「隨法行者」，兩者當然都需要念。也許那時他們對於佛陀教法有很強的信心，並且有巨大的精進可以輕易隨著信心流出，因此能在沒有任何禪那的情形下就達到入流。就如古諺所云：「信可移山。」

然而，這種信需要非常堅定，才能在沒有禪那的情形下移動無明大山而達到入流，所需要的信心層次就如以下錄自註釋書的故事（Dhp-a III, 417-21）。某個年輕人乞求一位大師收他為弟子，大師拒絕並聲稱弟子只是麻煩，因為他們從來不聽從指示去做。年輕人堅持他對這位大師有很強的信心，他會遵從每個指示，因此大師決定測試他。他命令年輕人朝正東方直走，無論發生什麼事都不可停止或轉向。因此，年輕人就出發向正東方走去。當他碰到多刺的灌木時，二話不說就直接穿越；當他來到水田時，也筆直地涉入泥漿，而不是在田埂上迂迴行進；當他來到大湖時，還是繼續往前走且絲毫未變更方向，很快地水深及腰，接著淹到脖子，然後淹到鼻子！他仍繼續往前走，就在水快蓋過耳朵使他聽不到之前，大師大聲喚住他並要他上岸，此後年輕人就成了大師的弟子。教導這種願意為了遵從老師指示而犧牲生命的學生比較容易，那是沒有禪那體驗而能達到入流的隨信行者所需要的信心層次。在這個多疑的時代，我認為可能性並不高。

對於相關的議題，經典明確指出，沒有禪那體驗不可能達到不來果，遑論成為阿羅漢，如同不先經過樹皮與邊材不可能達到樹的心木一樣（MN 64；另外參見AN V,22; VI,68; VIII,81; IX,12）。

入流的因果關係與一些後果

佛陀說：「**見緣起者即見法，見法者即見緣起**。」㊻入流無可避免的結果之一是完全了解緣起。在證悟法之前，覺知者與造作者都被視為自我或自我的一部分；入流以後，它們被視為只是自然的過程，並非由個人所統治，而是由因與果的無我法所統治，這在緣起法中有完整的描述。

入流者清楚了解，各種因造成覺知與造作的行為，也理解到覺知與造作的後果，尤其是了解「欲愛」（kāmataṇhā）與「有愛」（bhavataṇhā）如何推動覺知的心理過程，不只是剎那相續，也是世世延續。確實，入流者了解緣起的主要功能之一是解釋轉世如何在無自我或靈魂的情況下發生。這兩種愛創造出大部分的「取」（upādāna），「取」產生「有」（bhava），然後便出現「生」（jāti）；或者再往上推，這是自我的假象或否認苦（換言之，即「無明」）推動「行」（sankhāra），而促成更多的「識」（viññāna）在新的生命輪迴中滋生。因此，入流者對於轉世的發生沒有任何疑惑，就如同佛陀所說。此外，他也知道轉世為何發生。

入流者也完全洞見十二支緣起的止息模式（我稱之為「緣滅」），他們看見使這個無我的身心過程進行的因素後，也看見它如何可能無餘止息；他們也看見了從證悟的那一刻起，滅的過程便已開始。對入流者而言，存有的過程已遭到致命一擊，存有的息滅如今已無法逆轉。

當入流者完全看見無常時，了解到身與心能無餘止息；當他們完全看見無我時，了解到在最後的息滅中並未失去任何東西；而當他們完全看見苦時，無可避免地會產生終止此一過程的急迫感。這就像當你發現有顆蘋果已徹底腐爛、沒有任何部分值得保留時，便會急切丟掉一樣。在入流之後，就是在這種徹底了解苦的帶領下，驅使身與心的過程趨於息滅。

厭離

我們會厭離（nibbidā）身處的困境，就如同佛陀經常教導的，如實智見（入流）無可避免的後果是生起厭離（SN 12,23）。當你最後看見蘋果爛掉時，厭離會促使你丟掉這顆爛蘋果。

要強調的是，這種厭離並不涉及「個人」，因為你已斷除一切我見。厭離是在入流之後自然生起的無我現象，無論你是否想要（參考AN XI,2），那是自然，是「法」，法爾如是。完全見法者（尤其是見苦者）將會經歷急切的捨棄，就如在監獄出生與長大的囚犯了解自己可怕的處境後，會迫不及待地想要逃離。把人們綁在生死之輪上的是無明與渴愛，而開釋人們的是厭離，它是生死輪迴的逃生彈射椅。在入流之前，造作的有為過程是受到無明的影響，因此人們才會致力於執取與社會化；在入流之後，造作的過程逐漸受到「法」的引導，尤其是苦智的引導，因而入流者會變得愈來愈出離與獨處。

遠離

順著「滅」的因果順序——順著「涅槃的法則」，我們也許可以進一步地說厭離產生遠離，尤其遠離貪欲與瞋恚。一旦行者看見五入處的世界完全充滿苦，就無任何東西值得留戀。他的心拒絕那個世界時，並非因個人的意志，而是因為這是無可避免過程的一部分，世界也如實反應地遠離心，之後心的世界也將遠離，因為那也充滿苦。禪修者的入流體驗有多強，亦即他對於無常、苦與無我的體悟有多深入個人的習氣，決定了他順著「滅」的過程達到解脫體驗的時間會有多長。由於此過程是受自然法則所支配，因此延續的時間有限制。

頂多七世

涅槃的法則是「滅」的過程將會逐漸增強，頂多再多六世便會了結⑰。了解造作者並非自我，而只是自然過程的一部分，入流者將會明白他無從選擇，不管是要再多三世或過完六世。事情再也不是他們所能控制的，就像上了涅槃公車，一旦你上了車，既無法下車也無法控制駕駛，涅槃公車會按照自己的時間表前進，直到終點為止。因此顯而易見的，達到入流的階段後，行者無法因悲憫其他眾生而決定延後到達涅槃，此時發起大悲心已經太遲了。涅槃的法則——「滅」的自然過程，已經過了折返點，它現在已無法停止，頂多在七世之內便會涅槃。再見！

第7章——趨入完全正覺

正覺有四個階位：入流者、一來者、不來者與阿羅漢。入流者是已見法並獲得正見者，將在七世之內獲得完全正覺。一來者從入流進一步看見更多貪欲與瞋恚已遠離，以致頂多再返回人界一次。根據《增支部》的註釋，所有一來者在此世後皆轉生至兜率天，然後再轉生人界過最後一世⑱。不來者則更進一步完全斷除瞋恚與五入處世界內的一切貪欲，若他們未在死時證得完全正覺，那就會生在淨居天（suddhāvāsa），在那裡達到完全正覺，且永遠不會再轉生到人世。最後是阿羅漢（完全正覺者），他們已完成任務，無需進一步達成任何東西，這是他們的最後存在。

七個遭遇船難的水手

佛陀在《水喻經》（*Udakūpama Sutta*, AN VII,15）中進一步解釋這四個正覺果位。此經雖未直接提到水手或船難，我所添加的這個細節是對遠離陸地的海中七人的合理假設。

七個水手發現船難之後，自己置身在海中。第一個水手直接沉下水而溺斃；第二個水手漂浮了一陣子後，也下沉淹死；第三個人在海面漂浮，頭保持在水面上；第四個人除了頭部露出水面，還環顧四周並看見不遠處的安全陸地；第五個人也在海面漂浮並發現陸地，一路游向海岸；第六個水手也看見陸地，並幾乎游到那裡，此時正站在浪花上，涉水走向岸邊；第七個水手看見陸地，游泳並涉水上岸，如今快樂、放鬆與安全地坐在乾地上。

佛陀解釋這個譬喻的意義如下：

第一個船難水手直接下沉溺斃，代表做了許多惡業的某些人，他們在死後直接墮落惡處。

第二個船難水手漂浮了一陣子後下沉淹死，代表曾經擁有七種心靈力量但又失去它們的人。這七種心靈力量是慚、愧、信、精進、念、定與慧（後五個是標準的五根或五力），由於缺少修行，不小心讓它們消失了，他們也在死後墮落惡道。

第三個水手一直在海面漂浮著，代表一直保有這七種心靈力量的人。他們的頭部一直保持在水面上，意即不管生命的起起伏伏。

第四個水手環顧四周並看見不遠處的安全陸地，這代表入流者，也就是他已經看見安全的涅槃了。

第五個水手游向岸邊，代表已解脫部分貪欲與瞋恚的一來者。

第六個水手很接近陸地，能站起來並涉水走剩下的路，代表已斷除五入處世界內一切貪欲與瞋恚的不來者。他們的任務多數已完成，因此站在離涅槃很近的地方。

第七個水手已到達安全與舒適的乾地，這是完全正覺者——阿羅漢。

佛陀這個深富啟發性的譬喻中，包含了許多關於這四個正覺階位的寶貴訊息。首先，它再次強調信、精進、念、定與慧等五無漏根的重要，加上兩個重要成分——慚與愧，是達到入流所必需的。慚與愧的巴利語分別是hiri與ottappa，佛陀稱之為「世間二護衛」，因為它們會保護戒行（AN II,1,9）。第二，此譬喻顯示入流者與阿羅漢的差別：入流者只「看見」涅槃，而阿羅漢則是「達到」涅槃。在經典的另一個譬喻中，入流者就如口渴的人看見深井中的水，但無桶子或繩索能拿到水；而阿羅漢有桶子與繩索，可以提水上來解渴（SN 12,68）。第三，此譬喻說明入流者需要進行下一步才能達到完全正覺，以及他們的修行如何從一來至不來，然後再到完全正覺。接下來，我要解釋他們要修行什麼。

顛倒與淨化思想

引領入流至不來的修行，當然是八聖道。在此階段，八聖道真的是名副其實，因為它現在是聖者所行，該道的第一支「正見」，如今已臻圓滿。只有先藉由入流者奠定八聖道的這個基石，其餘的道支才可能逐步圓滿（AN X,121）。接著，入流者的主要工作焦點是圓滿第二道支——正思惟（sammā saṅkappa）。

達到入流時，必須完全斷除欲思（kāma-saṅkappa）、瞋思（vyāpāda-saṅkappa）與害思（vihiṃsa-saṅkappa），此時精進、念與定必須結合清淨的思想。只有在入流之後，我們才開始永遠根除這些潛在的煩惱。因此，只有在入流之後，佛陀才稱這些行者為「有學」（sekha），此時才開始認真修學。

為了更深入解釋該做什麼與為什麼，我必須介紹佛陀所教導的「顛倒」（vipallāsa, AN IV,49）——扭曲的認知過程：這裡的認知過程被認為有三種：見解、感知與思想。佛陀觀察見解如何塑造感知，感知如何塑造思想，以及思想如何塑造見解。因此，不正確的見解會扭曲感知以適合自我，結果造成錯誤的感知。感知是阻礙思想的建築物（MN 18,16），因此，人們從錯誤的感知架構錯誤的思想，這些思想接著又為個人的見解辯護，錯誤的思想就如此強化我們原來錯誤的見解。這便形成表面上無止盡自給自足的循環論證：錯誤的見解導致錯誤的感知導致錯誤的思想導致錯誤的見解導致錯誤的感知……。多數人看不見這個顛倒循環的發生，他們認為原始感知（由感官提供的重要證據）總是正確的，這漂亮地解釋為何每個人都認為自己是對的！

現代離婚怨偶的共同態度便是個令人心痛的例子。一方開始視前任配偶為豬，由於此錯誤見解的誤導，此人只感知對方如豬般的行為，而否認及阻絕不像豬的任何行為，或以看起來很像豬來詮釋，一切所允許顯現的感知都是對方的豬本性。因此，基於個人感知的證據，此人合理地維持著前任配偶是豬的想法，他合理的思想過程證實了他一直以來的認知——瞧，明明就是一隻豬！錯誤的見解被合理化，顛倒的循環論證一直未被認出來。

更微妙的例子來自「出體經驗」，某人好像飄浮在自己的身體外，走過一個隧道迎向光，在光中遇見一個聖靈，然後告知他的時間還未到，於是他便回來說出這個故事。

在此，令人覺得有趣的是聖靈的身分，從我讀到與聽到的資料，虔誠的基督徒說他們遇見的是耶穌，而有些天主教徒則聲稱那是聖母瑪利亞，中國佛教徒則堅持遇見的是慈悲的觀音菩薩，有些印度教徒見到的是克里希納神……無神論者相信他所遇見的靈體是最近才剛去世的喬治大叔！

這是怎麼一回事？難道這些聖靈在出現之前，必須先偷瞧一下對象來決定換誰出馬嗎？「這回來了一個香港的佛教徒。這個是你的，觀音！」請原諒我的不敬，我無意冒犯任何人的信仰。我只是想說明這種情節的不可信，真正的情況是，每個人的經驗（事實上，那只是自心光明的反射）都被自己的宗教見解給扭曲了，否則就是扭曲感知以迎合自己的信仰體系，由於不知此扭曲的過程，所以便以表面價值為感知。基督徒欣喜遇見耶穌，天主教徒渴望見到萬福聖母……連無神論者也喜歡碰到親愛的老喬治大叔。這也難怪，結果他們每個人都相信那就是唯一的真理。

四種無明

佛陀對於維持自我、快樂、永恆與美麗的顛倒妄想特別重視（AN IV,49）。例如，當人們抱持「在這裡」確實有個自我的見解時，錯誤的見解就會扭曲感知，以使它看似真的有個自我。然後人們就會從「我」、「我的」與自性的角度去思考，那又進一步增強錯誤的見解。若自我的見解遭到挑戰，他就會運用思想將之合理化，並以個人感知的原始經驗加以支持。對這種人來說，從推理與經驗來看，顯然確實有個自我，連佛陀的論點也無法動搖他們。這需要來自禪那的革命性新感知，才能破除他們的無明。

我們可以舉另一個例子來看。多數人認為「性」令人愉悅，這是被廣泛接受的見解，如果我說這是個錯誤的見解，許多讀者會認為我不只是個古怪的僧人，更可能認為我徹底瘋了——或如僧眾所說是「做不成一整套衣袍的幾塊布」。這是由於人們強烈地抱持著「性」確實能令人愉悅的見解，因為愉悅的性經驗是被允許進入感知的唯一資料，基於這種經驗，人們思考「性」時會認為它令人愉悅，並經常想到它！所以人們會接受「性」令人愉悅，且將此見解當成事實。佛陀說這是錯誤的見解（MN 22,3）。只靠話語與思想，永遠無法打破這種深植人心、自給自足的無明循環論證，再一次的，必須以禪那的力量來破除「性」令人愉悅的迷思。

總之，佛陀解釋無明有四種：執著非我為我、無常為常、痛苦為樂、醜陋為美麗，這四種錯誤理解徹底顯現在見解、感知與思想這三個認知的層次上。那正是問題所在。

這四種無明在見解的階段被打破，透過用禪那抑制五蓋並提供不扭曲的感知，人們能如實智見事物，正見在入流時得以安住，入流者永遠不會再執著非我為我、無常為常、痛苦為樂、醜陋為美麗這四種邪見。但這並不表示見解一旦淨化，他就能免除貪欲的感知或瞋恚的思想。對有學者而言，感知與思想不會立即就範，它們有時是由正見塑造而到達入流，有時則是先前的扭曲見解（習氣）所塑造，他得花一些時間（有時是七世）去克服老習慣。然而，當有學者真的生起貪欲時，他們會視此為正念的短暫缺口——了解自己的心暫時脫離正見，並掉回根深柢固的習氣中。

因此，從入流邁向不來之道，就是淨化貪欲與瞋恚的感知與思想。達成的方法是藉由謹記入流時所了解的法，直到它不斷地現起為止，此即所謂的「無間念」。這種連續的念只有在戒律的支持下，透過禪那與正精進才可能辦到，這就是七個船難水手譬喻中「游向岸邊」的意思。精進、念與禪那逐漸克服一切貪欲、瞋恚與邪思惟（micchā saṅkappa）等思想，直到它們永遠不再生起為止。八聖道的第二支「正思惟」已完成，行者現在是不來者。接下來，要做的是跋涉一小段路到達陸地。

不來者

一旦圓滿八聖道的前兩支，接著的三支——「正語」、「正業」與「正命」也會跟著圓滿，這是因為一切身行與口行都源自於思想。因此，當淨化了思想中的貪欲與瞋恚時，話語與行為中的同樣兩種煩惱也會跟著淨化。此外，佛陀說不來者完全圓滿戒與定，只有慧是部分圓滿（AN III,85）[59]。因此，統稱為「定蘊」（MN 44,11）的八聖道最後三支也已圓滿。不來者此時已圓滿這條道路，一切道支皆已具足，最後只剩下目標——了悟涅槃。

那麼，不來者看起來像什麼呢？在經中，對於不來者最詳細的描述是關於在家人。在《增支部》（AN VIII,21）中，吠舍離的郁伽（Ugga）在達到不來果之前擁有四個年輕妻子！之後，他通知所有妻子說他再也無法繼續作她們的丈夫，請她們待在家裡作他的「姊妹」或回娘家，或另找適合自己的丈夫。不來者本質上是獨身的，他本具的謙卑也使郁伽以最高敬意對待一切僧團成員，包括那些證果不如他的僧人[60]。在《相應部》中，另一個不來者在家人質多（Citta），能隨其意願達到四種禪那[61]。在《中部》裡，陶師伽提喀羅（Ghaṭīkāra）也是在家不來者（MN 81），只因必須照顧眼盲的年邁雙親而無法出家。他持守五戒、獨身，只吃早餐，且不持金銀，所持守的戒律如同沙彌。他做好一些陶罐後會宣布：「喜歡的人留下一些食物，然後就可拿走喜歡的任何東西。」他就這麼養活自己與雙親[62]。在《增支部》（AN VII,50）中，難陀摩陀（Nandamātā）是位女性在家不來者，當國王的士兵當著她的面殺死其獨生子時，她對凶手無任何瞋恚；她也能隨意達到四種禪那中的任何一種。因此，即使在家的不來者也有出世間的表現。

回到之前解釋過的「顛倒」系統，對於不來者而言，無明仍在運作，但只在感知與思想的層次，而其見解已永遠解脫無明。因此，不來者有時會有貪的感知與思想，但不再是貪求五入處的世界，而是貪求禪那與無色定的世界。他有時也會有「我慢」的感知與思想（例如SN 22,89），因而重新產生造作者，導致不滿與接下來的掉舉。因此經上說，不來者受到「五上分結」的束縛：無明、色貪（rūpa-rāga）、無色貪（arūpa-rāga）、我慢與掉舉。

實際上，入流者必須繼續修道，透過結合正精進、正念與正定來記住入流時的最初洞見，尤其要記住苦延伸到禪那，並充滿無色定，直到心也厭離這些存有為止。他們也要牢記無我法，直到它們持續安住在感知與思想的層次。完成這點時，心已完全清淨，行者現在是阿羅漢。如佛教著名的諸佛通戒偈：

諸惡莫作，
眾善奉行，
自淨其意，
是諸佛教。（Dhp 183）

快速趨入完全正覺

有時聖者會從入流直接進入完全正覺，跳過一來與不來的階段。用七個船難水手的譬喻來說明，這就好比不曾站在浪花上，而直接游上陸地；也許游到很接近，而被一個大浪捲起並輕輕地落在沙灘上。

佛陀侍者阿難的完全正覺是一例。在佛陀般涅槃後，長老們聚集在一起，打算結集及保存佛陀的教法，此即後來著名的「第一次結集」（Vin 2,11）。五百位比丘受邀，其中四百九十九人是阿羅漢，阿難尊者是唯一的例外。因此開會前那一夜，他決定努力徹夜禪修，盡力達到完全正覺。到了黎明，他因無進展而放棄，他放下。頃刻之間，他成為第五百位阿羅漢！

這個非凡的事件可用驢子與紅蘿蔔的比喻來解釋。許多年前在南歐，村民以驢車為運輸工具，驢子以頑固著稱，所以必須誘騙牠來拖重車。主人會在車上架一根長竹竿，把竹竿伸到驢頭前幾呎處，前端綁上繩子，繩子末端再繫上甜美多汁的大紅蘿蔔。由於渴望吃到眼前懸盪的紅蘿蔔，驢子會往前移動並因此拖動車子，紅蘿蔔也會以同樣的速度向前移動。就這樣，主人只要用幾根紅蘿蔔便能使驢子拉車。

然而，佛教的驢子知道如何得到那根紅蘿蔔！牠們拚了命緊追那根紅蘿蔔，投入最大的精進與定，以最快的速度移動那輛車。當然，紅蘿蔔也移動得一樣快，總是在驢嘴前幾呎處。此時，佛教的驢子放下貪欲，牠們突然停下！因為動量，紅蘿蔔盪得離驢子更遠，也比以前盪得更高，但這隻驢子有信心與智慧，因此以正念耐心地等待，因為精進與定已完成它們的使命了。驢子耐心觀察，看見紅蘿蔔盪到最高點，然後看見它開始盪回來，驢子默念：「起與伏」。紅蘿蔔很快就盪回通常的位置，但奇怪的是，它現在帶著速度移向驢子，牠什麼也不做，只是耐心等待，一切都是紅蘿蔔自己在運作，它愈來愈靠近。在適當時刻，驢子只是張開嘴巴，甜美多汁的大紅蘿蔔便「自己送上門」來了。嘎吱！咯吱！嗯！真美味！這便是懂佛法的驢子取得紅蘿蔔的方法。

在阿難尊者的故事中，他已徹夜精進追求涅槃的紅蘿蔔，但無論如何努力追求，總是差完全正覺那麼一步。當他放棄並停下來小憩時，涅槃瞬間盪得更遠，然後它就像那根紅蘿蔔一樣自己找上阿難尊者！根據眾所周知的描述，在阿難尊者的頭碰到枕頭之前，他的心便吞下了甜美的涅槃。

阿羅漢——完全正覺者

完全正覺意指人們永遠不會再抱持我見，或從自我的角度去感知，而認為任何事是「我」、「我的」或自性。由於不再有「我」或「我的」任何概念，阿羅漢不會像一般人一樣積聚財產。舉例來說，我的老師阿姜查在他名聲最盛且還很活躍時，曾為了某件事請我去他的房間，那是我第一次看見他的起居室，我永遠無法忘記那次經驗。雖然首相、有權勢的將軍與富有的商人贈予阿姜查各式各樣的禮物，他卻沒為自己保留任何東西，房間裡空盪盪的，只有一捲草席、乞食的缽與幾件僧袍，他大概不到一分鐘就能打包好所有東西離開。房間看起來彷彿無人居住，那正足以反映阿羅漢的心。

阿羅漢不能做的九件事

有九件事阿羅漢在本質上不能做：積聚財產；蓄意殺害任何形式的生命；偷盜；性交；故意說謊；出於貪、瞋、痴或恐懼而做不當的事（AN IX,7）㊿。以性交為例，由於阿羅漢已完全斷除貪欲，因此不可能激發出性愛的火花，所有阿羅漢都是「性功能正常的陽痿」。

此外，阿羅漢已永斷三種「慢」：「我比較好」、「我比較差」與「我是平等的」。在佛教中，即使如「我沒希望」之類的畏縮自貶也會被視為「慢」的顛倒形式。阿羅漢本質上不可能有「我慢」的感知（SN 22,89），他們視身與心為無我的過程，對他們來說，拿一個過程與另一個過程相比，就如拿木頭與芒果比較一般，並無任何意義。

就「慢」的三種形式而言，只有到了完全正覺的階段，一切關於個人的比較才會止息，諸如阿羅漢是否勝過菩薩或相反等古老而麻煩的爭議都會完全消失。阿羅漢依照無我的真諦而活，超越這類計較，菁英主義並不會出現在完全正覺中。因此，我們可從阿羅漢身上看到真正的謙虛，如以下的故事所述。

舍利弗尊者是著名的阿羅漢，公認的智慧第一。一天早上，他前往托缽乞食時衣著不當，一位很年輕而憍慢的沙彌察覺這個過失，公開告誡這位大比丘。舍利弗尊者並無類似「你以為你是誰，小毛頭，竟然敢說我！」的反應，而是安靜檢視自己是否真的衣著不整。看見沙彌所言為真時，舍利弗尊者跑到樹叢後面整理好衣服，然後回來謝謝這位小沙彌，並尊稱他為「我的老師」。那是優雅的謙虛——阿羅漢的徵象（Th-a 2,116）。

阿羅漢與歹徒

阿羅漢超越一切自我的想法，覺得沒有必要受人歡迎，他們的心已解脫要人欽佩的需要；他們也不會感到恐懼，因為已無任何東西可以失去。接下來《長老偈》的偈誦（705-25偈）便是描述這麼一位無畏者——阿羅漢勝解（Adhimutta）長老，以及他與眾強盜的對話：

七〇五

強盜：

「彼等待宰供獻祭，

或遭強奪財物者，

恐懼顫抖語含糊。

七〇六

「但汝看似不畏懼，
面對大難死亡時，
容貌儀態現光明，
平靜祥和不悲泣。」

七〇七

勝解：

「於彼永斷諸結者，
心中已然無痛苦，
貪欲皆拋諸身後，
確如汝說無畏懼。

七〇八

「導致輪迴轉世之
因素皆已被摧毀；
以慧眼如實見法，
無畏死亡釋重擔。

七〇九

「吾已安住於梵行，
圓滿修習解脫道。
吾於死亡無所懼，
如同無畏疾病除。

七一〇

「吾已安住於梵行，
圓滿修習解脫道。
洞見諸有之虛妄，
常飲毒藥盡吐棄。

七一一

「於彼已達彼岸者，
所作皆辦無復取，
內心諸漏皆止息，
了結此生得安樂，
如離砧板樂解脫。

七一二

「吾已證得無上法，
於此世間無所求。
於死無憂得離縛，
如被解救脫火宅。

七一三

「大聖已為吾澄清：
『於此現有之諸法，
或於他世之所得，
皆非自主所創造。』

七一四

「凡知佛陀此教者，
皆不執取諸存有，
如不執取熱火球。

七一五

「吾無『我曾有』之想，
亦無『我將有』之想，
彼等諸行止息時，
於彼有何可悲歎？

七一六

「諸法即如是生起，
諸行如是由因續，
汝！如實觀，無畏懼。

七一七

「以慧眼觀此世時，
如觀草木之蘊積，
遍尋皆無主人翁；
非我所有故無悲。

七一八

「厭倦此身吾出離，
世間喪失其魔力，
此身壞時無他身。

七一九

「請做汝所當為事。
吾對當下此屍首，
將無瞋恚或眷戀。」

七二〇

聞此驚人非凡語，
匪徒擲劍說此言：[64]

七二一

「何能如此，師何人？
解脫諸苦誰所教？」

七二二

勝解：

「調御丈夫、正遍知，

具大悲者為吾師；

世間導師與醫者。

七二三

「彼教此入滅勝法。

修此將解脫諸苦。」

七二四

聞此聖者言訖已，

放下刀劍等武器，

部分匪徒棄惡行，

餘皆出世修梵行。65

七二五

彼於佛教中出家，

修習覺支與慧力，

以及修習增上心，
具足喜心、無漏根，
彼達涅槃無為法。

阿羅漢的行為動力

我們不只列出阿羅漢不能做的事，還要描述他們做了哪些事，這樣才能充分解釋完全正覺的狀態。本質上，他們的行為是由慈、悲、喜、捨所構成，推動阿羅漢每個行為的正是這四「梵住」（brahmavihāra），無論教學、服務、飲食或休息，不論他們做什麼都是如此。

我認為自己最幸運的事，是一九七四至一九八三年間在泰國出家為僧，並遇見這樣的一群阿羅漢；我永遠記得其中有一位被公認擁有許多神通力。神通經常伴隨完全正覺而來，但並非總是如此（SN 12,70）。尤其，這位偉大的比丘據說有他心通，在半信半疑的情況下，我忐忑不安地（其實是很害怕）見到這樣一位阿羅漢。那時我這個年輕的比丘心事，最適合被偉大的比丘當成三級小說來閱讀，當然不是公開的！但當來到這樣一個人，或應說是「非人」（nonbeing）的面前時，我的一切恐懼瞬間消散，儘管有種種過錯，我卻感到很平靜、很安全與被接納。那是因為阿羅漢不會輕視任何人（三種「慢」皆已斷除），所以會覺得和他們在一起很自在，他們唯有散發慈悲與智慧。跟真正的阿羅漢在一起，是最舒服也是最振奮人心的經驗。

後來，一位僧友對於阿羅漢給了以下奇特而精準的比喻。他告訴我，這就好比人的身體外面有許多凸出的隱形心靈尖釘，有些人的心靈尖釘很長且鋒利，當他們進入房間時，每個人都會感到不舒服，經常會在他們面前受傷。多數人的心靈尖釘沒那麼長也沒有那麼銳利，因此別人可以接近他們，但如果靠得太近……哇！就會被劃傷了。有些特殊人士的身體只有很少的尖釘，而且既短又鈍，這些人看起來充滿愛心，因此別人喜歡接近他們，但即使是這些人，如果非常貼近也同樣會被劃傷，他們也有個人的防衛區域。最後，有一種完全沒有心靈尖釘的稀有人種，他們就是阿羅漢，「他們非常溫柔與親切！」有人曾對我如此說，雖然有些無禮但很好理解，阿羅漢就如完美的心靈祖父，睿智而溫柔，完全無絲毫的瞋心，總是把你的福祉擺在第一位。當人們來到這樣一位阿羅漢面前時，他們永遠不會想離開。

止息一切苦

阿羅漢就像那樣，要夠幸運才可能遇上一位。他們似乎是世上最快樂的人（MN 89,12），但他們的內在體驗為何？他們免除一切痛苦了嗎？

答案是「不」！這可能會讓一些人感到驚訝，阿羅漢並未免除一切痛苦。為了解釋阿羅漢與其他人的差別，佛陀教導兩支鏢的比喻（SN 36,6）。如果有人被一支鏢或箭射到，會感到很痛苦，倘若立刻又身中第二支鏢，則會感到雙倍或更大的痛苦。在此譬喻中，那兩支鏢是指身體與心理的感受。

多數人經歷身體的苦受時，緊接著便是心理的苦受，這就猶如接連被兩支鏢射中。但對阿羅漢（與不來者）[66]而言，當他們經歷身體的苦受時，痛苦的心理反應並沒有接踵而來，就如只被射中一支鏢一樣，完全正覺者已經去除心理痛苦的鏢，但是仍會經歷身體痛苦的鏢，連佛陀也必須經歷身體的痛苦（DN 16,4,20）。確實，在佛陀生命的最後幾個月，他說只有當他進入「無相心三昧」（animitta ceto-samādhi）時，才能免除身體不適（DN 16,2,25）。

當然，比起已全數被去除的心理的苦鏢，身體的苦鏢是非常小的。所以阿羅漢才能成為世上最快樂的人。但剩下的痛苦很重要，那解釋了阿羅漢的內在體驗，並提供他們般涅槃或完全入滅的主要動機。例如，當阿羅漢跋祇羅（Vajirā）被問到她是誰時，她解釋覺者內心如何看待名為「跋祇羅」的身心過程：

唯有苦生起，
苦住與息滅。
僅只苦生起，
僅只苦止息。[67]

佛陀在《迦旃延經》（*Kaccānagotta Sutta*, SN 12,15）中，證實阿羅漢本身對於阿羅漢心理的這類看法，其中他說：「**生者唯苦生，滅者唯苦滅。**」[68]如先前所說，因苦遍布存有的每個層次，即使阿羅漢也會生起厭離，然後造成阿羅漢的身心過程達到完全止息。

因此完全正覺並非一切痛苦的結束！這稱為「有餘涅槃」（sa-upādisesa-nibbāna），阿羅漢是位於存有的最後階段，在此位置他們知道兩件事。第一，他們知道轉生的因，主要是「欲愛」與「有愛」。第二，他們知道這些因都已除滅，既已了解連成為阿羅漢都是苦，怎麼還會渴愛存有呢？因此經中說，阿羅漢已消滅種子——造成苦世世相傳的「心靈基因」，他們知道它已完全消滅，那是阿羅漢的獨特智慧。對於他們來說，短期之內便可達到「無餘涅槃」（an-upādisesa-nibbāna）或完全入滅。阿羅漢僧結笈（Sankicca）長老的偈誦云：

不盼死亦不求生；
如工待薪吾待時。（Thag 606）

般涅槃

當阿羅漢領到他們「薪水」的那一刻，一切苦終於止息——般涅槃，那是「有滅」（bhavanirodha, SN 12,68）。從完全正覺發生時起一直到般涅槃，這段時間阿羅漢對世間的貢獻最大（《寶經》*Ratana Sutta*, Sn 233），他們以身作則，透過對於涅槃的直接體驗來教導世人，而且還是「法」的活化身。佛陀自己從完全正覺到般涅槃的四十五年間，一直是那個時代影響力最強的時期。即使是在遠離肥沃恆河平原的國家，那段時期仍然如雷響應，它們的光明甚至照亮我們這個距離二十六世紀之遙的時代，就如巨大的超新星跨越千年散發它的光明一樣。佛陀很久以前就已啟動法輪，接下來的世紀是由阿羅漢持續讓法輪轉動，所有的阿羅漢都像那個時代的第一個阿羅漢佛陀，他們只是指出道路，接著要由聽眾去走這趟旅程。那條道路一直如此顯示著，到今天仍繼續好好被人履行。他們對於一切眾生已鞠躬盡瘁，諸佛與諸阿羅漢皆般涅槃，唯有「苦生與苦滅」者，如今永遠止息。

那麼，般涅槃後接著會如何呢？在完全入滅的那一刻之後，一切覺知（心、意、識）與一切覺知對象（名與色）都止息，一切描述與言辭也都隨之止息，再也無言，甚至連說「無」也是多餘（例如AN IV,174），免得有人誤解「無」為某事之名。

如何分辨某人是否正覺

一個經常被問到的問題是，如何證明某人已經正覺？答案是我們無法確定，只有佛陀有這個能力（AN VI,44）[69]，因為這是佛陀十力[70]中的第六力（AN X,21）[71]。在佛世時，只有佛陀能證實另一個人的成就，即使如舍利弗這樣的大阿羅漢，也得請教佛陀這種事（SN 35,87）[72]。

然而，雖然我們無法確知某人已正覺，卻能確定某種人尚未覺悟。四果中的每一果都有清楚的徵象加以定義，因此如果沒有任何一個基本徵象，那麼就可肯定他們尚未達到那個果位。

入流的基本徵象從「入流者的四個特質」（四不壞淨）開始，即淨信佛、淨信法、淨信僧與淨信「聖者所樂」之戒（DN 16,2,9; SN 55,1）。《憍賞彌經》（*Kosambiya Sutta*, MN 48）針對戒律層次給了更多細節：若他們犯戒，本質上，他們一定會向老師或同儕發露懺悔，並保證未來不再犯這種錯[73]。此外，入流者已斷除「有身見」（sakkāya ditthi），意即他們永遠不會將五蘊（色、受、想、行、識）當作「我」、「我的」、包含「我」或被「我」包含（MN 44,7; SN 22,1）。由於這種身見會衍生出《梵網經》（*Brahmajāla Sutta*, SN 41,3）中所列出的六十二種邪見，入流者不會持有其中任何一種，因此他們才有「見圓滿」（ditthi-sampanna）（AN VI,89-95）之名。所以一切入流者都必須抱持著有輪迴（MN 60,11）與業（MN 60,19）的見解。最後，入流是一個事件（AN III,12），因此入流者應能指出它發生的時間與地點。

因此，舉例來說，倘若某人不尊敬僧伽，或聲稱他不相信轉世，或抱持心、意、識恆常的見解（《梵網經》中的第八邪見），那我們就可確定此人並非入流者。

這個標準是以明確的經典說法為依據。若有人反對此標準，而說不想遵從經典中有關入流的說法，那麼這就是他們並非入流者的另一個確定徵象，因為一切聖者皆尊敬佛陀的教法，並接受從中得到的啟示（MN 48,13-14）[74]。

至於一來者，必須具足入流的所有徵象，再加上欲貪與瞋恚轉薄，此階段很難定義，因此我在這一章說得很少。例如，《增支部》（AN VI,44）有個關於富樓那（Purāna）與隸犀達多（Isidatta）兩兄弟的故事，佛陀宣布兩個人都是一來者，但前者獨身而後者則是性事活躍[75]。這個例子正好可以說明，只有佛陀能確定另一個人的成就。

不來者的徵象就清楚多了。他除了具足入流者的一切特質之外，還要完全斷除欲貪與瞋恚，因此他連性幻想也沒有（從AN VI,63推知）[76]，更遑論性交。所以若某人性事活躍，則此人必然不是不來者，而怒氣沖沖的人同樣也不是不來者。

說到阿羅漢，徵象則更加清楚。他必須具足入流者與不來者的一切特質，再加上九件阿羅漢不能做的事，例如不能積聚財物（AN IX,7）[77]。他也因斷除三種慢而有自然而然的謙虛（SN 22,89），他的另一個特質是面對死亡無所畏懼（如本章前述勝解長老的故事）。因此，若你看見有人擁有許多財產、驕傲或害怕死亡，那你就會知道此人沒有完全正覺。

這是我們判斷某人「不是」在某個聖果的方法，然而，某些邪見或行為沒有顯現出來並不代表它們已被斷除，有時是受到禪那或意志的抑制。例如，有人剛出禪那後能讀另一個未覺悟者的心，此時它顯得很清明，很難與阿羅漢的平常心作區分。這就是為何只有佛陀能確定另一個人成就的原因，其他人都只能確定某些人尚未達到某種成就。

兩個寺院男孩

關於這點有個故事很具啟發意義，事情發生在二十多年前現代最受人景仰的一位禪師身上。兩個未受過多少教育的寺院男孩，請求這位著名的老師給予一些禪法指導，他們每隔幾天都會報告進度，表現真的很出色。在很短的時間內，這兩位來自貧窮農村的少年已超越所有比丘，在場的人後來告訴我，當時那間寺院的氣氛很高昂。這兩個具有特殊心靈能力的男孩，似乎是偶然來到他們的森林道場，如今正準備圓滿他們閃亮的業力潛能。在禪修大師鄭重證實兩位男孩已達到完全正覺時，僧眾的感動很快就達到顛峰，他們興奮地聽到兩位新阿羅漢已出現於世。根據上座部傳統的了解，加上某些經典的佐證（Miln 7,2），在家人若達到完全正覺就必須盡快加入僧團，否則將會在幾天內入滅。大師對於男孩的成就非常確定，因此當天就讓兩人剃度出家。不久後，其中一個男孩身體微恙去就醫，醫師囑咐要開刀，由於不了解手術是在麻醉之下進行，這位少年「阿羅漢」感到驚恐，他顯然嚇壞了。如先前所述，真正的阿羅漢並無這種恐懼，因此真相大白，兩位男孩先後被發現並未完全正覺，舉國最有成就的一位禪修大師完全弄錯了。若連這麼博學又有能力的老師都可能犯下這種錯誤，那我們當然也有可能犯錯。

有些人認為具有神通者一定是處於很高的果位，但他們搞錯了。佛陀的堂弟提婆達多便有驚人的神通力，但他連入流者都不是。後來，他不只失去神通且還想要殺害佛陀（Vin 2,7,2,5）。神通並非正覺的可靠徵象。

在《善星經》（*Sunakkhatta Sutta*, MN 105）中，一位在家人問佛陀，他聽說有比丘在佛陀面前自稱完全正覺，他想知道那些比丘是否全都是阿羅漢。佛陀回答，其中有些人是，有些人則不是[78]。所以即使在佛世時，某些人所自稱的成就也是靠不住的。事實上，比丘或比丘尼對在家人自稱證果是違犯戒律的（波逸提罪[79]第八條）。因此，僧人公開自稱證果是故意犯戒，將使他們的話更不可信，佛陀在訂定戒律時，就已看出人們很容易高估自己的成就。所以，除了老師之外，最好保持緘默。如一位比丘尼所說：「若你開悟了，別告訴任何人，否則你餘生都得耗在證明它上面！」

評估自己的進度時，最好先知道每個果位的徵象然後觀察，不虛榮且經過一段很長的時間，看看哪些徵象還在而哪些已不見了。我們不應急著宣布任何果位，而應該等待，也許要等個幾年才能確定。我們應該讓那個成就接受進行中經驗的考驗，如以下的故事所示。

不怕老虎的比丘

一九八〇年代末，在普脫（Poo Tork）遙遠的泰國山區寺院中，偉大的森林僧湯・阿姜朱安（Tan Ajahn Juan）跟我說了這個比丘的故事。

一天午後，有個森林僧進入叢林中的貧窮村莊。那時的行腳僧習慣上都會在最近的村莊宣布他們的到訪，以便讓虔誠的泰國村民隔天早上可以布施食物。村民趕緊警告這位比丘，有頭凶猛的老虎在附近的叢林中咆哮，牠已吃掉許多頭水牛，甚至還吃了一些村民。

「我不再害怕死亡了。」比丘誇口，他真的自認為已經覺悟。

村民不相信他。

「告訴我老虎的蹤跡，」比丘以挑戰的口吻說：「我會在那裡徹夜禪修。」

村民帶他深入叢林至老虎出沒處，那裡離村子很遠。自信滿滿的比丘平靜地放置好傘帳，然後請村民悄悄離開，好讓他能安靜禪修。村民們都深受感動。

在泰國東北部的森林傳統中，許多比丘以念誦「佛陀」（buddho，即buddha的主格單數）咒語的方式禪修：吸氣時默念「佛」，吐氣時默念「陀」，隨著入出息默念「佛—陀、佛—陀」。

夜幕低垂，萬籟俱寂，比丘非常平靜地默念「佛ㄛㄛㄛㄛㄛㄛ—陀ㄛㄛㄛㄛㄛ」，他注意到呼吸變得愈來愈平順、緩慢與深細，然後他聽到叢林中有動物移動的聲音。他注意著聲音，並察覺自己的呼吸變得比較短了，「佛ㄛㄛ—陀ㄛㄛㄛ」。

聲音變大了，他不敢睜開眼睛，心裡估量著聽聲音一定是頭相當大的叢林動物朝他走來。他的呼吸此時變得既大聲又短淺，「佛—陀、佛—陀、佛—陀」。

聲音更大了。這一定是大型動物，因此他睜開眼睛，發覺原本的咒語「佛—陀」自動變成「老—虎、老—虎」！不遠處，這隻巨大的吃人老虎正朝他走來。他的正念全失，只剩下新咒語，他從傘帳衝出來朝村莊拔腿狂奔，「老—虎、老—虎！」他跑得愈快，咒語就變得愈大聲。

現在，他犯了比丘不能奔跑的僧戒，而這條戒是很有道理的。理由是僧袍沒有鈕釦或拉鍊，而是只靠巧手折疊與許多正念兜在一起。當比丘奔跑時，僧袍會鬆開，然後會滑下來拖在地上，最後完全脫落。而這情況現在正發生在自以為已覺悟、再也不怕老虎的比丘身上。

他狂叫著「老—虎、老—虎！」的咒語抵達村莊，吵醒了所有人。此時他身上就像頭頂一樣光溜溜的，村民永遠不會忘記那一夜，那個森林僧所自以為的「無畏」洩了底，還有其他令人尷尬的糗事。

結論

放下直到最後

方法總結

方法只有一個，即出離執著，或稱為「放下」。這種出離從布施開始，那正是為何在我們的道場沒有任何捐獻箱，而只有「放下箱」的原因。然後我們出離那些會傷害別人或自己的身、口行為，換言之，即持戒梵行。然後透過佛教的禪修，出離與五入處俱起的思想與身體；接著出離造作者而進入禪那世界——禪修核心內的寶盒。最後，我們出離恆存實體、「我」、「我的」或自性的無明，斷除邪見進入涅槃。

本書的重點放在所謂「禪修」的出離。第一個階段是出離時間的轉換，進入無時間，或當下覺知的禪修狀態。然後，學習出離內在私語的暴君——思想，以便進入光明莊嚴且靜默的當下覺知。接著，藉由專注於身體的呼吸功能，修習部分出離身體與五入處，直到只有呼吸為止。然後，透過美麗的呼吸——禪相的階段，完全出離身體與五入處的世界。很快的，進行到出離造作者以便進入禪那，我們逐漸出離唯一剩下來的東西——覺知者或心，達到更高妙的禪那，並通過它們來到輕飄飄的無色定。總之，佛教的禪修是逐漸出離之道，我們現在應可理解，為何僧伽（sangha）是由出家人所組成。

請別被「出離」這個用語嚇到，出離之道也是快樂之道，當我們逐漸放下時，快樂便逐漸增加。在經中，佛陀描述此禪修之道為自然的過程：

持戒者，無須意欲：「願我無悔。」持戒者心中自然生起無悔。
無悔者，無須意欲：「願我愉快。」無悔者心中自然生起愉快。
愉快者，無須意欲：「願我喜悅。」愉快者心中自然生起喜悅。
喜悅者，無須意欲：「願我輕安。」喜悅者心中自然生起輕安。
輕安者，無須意欲：「願我快樂。」輕安者心中自然生起快樂。
快樂者，無須意欲：「願我入定。」快樂者心中自然生起禪定。
入定者，無須意欲：「願我如實智見。」入定者心中自然生起如實智見。

（AN X,2）

因此，我們從不害怕（持戒）獲得愉快、喜悅、輕安、快樂、禪那之樂，以及從智慧流出的解脫，這些都是在逐漸與自然的進程中所出現的不同形式的樂。出離的過程或不斷增加的快樂，在如實智見（即正覺）時達到頂點，正覺是其中最大的快樂。在《法莊嚴經》（*Dhammacetiya Sutta*, MN 89,12）中，波斯匿王說他參訪祇園精舍時感到非常快活，因為他總是看見快樂微笑的僧眾，佛陀表示當人們禪修有成時就是如此。

因此，本書所描述的方法是一條快樂之道——禪悅之道，以無上狂喜令你心花怒放之道！愈出離唯有苦聚的世間，愈感到真正的快樂。以上談的是方法，接著要談目標。

目標

在佛陀的看法裡，「最理想的僧團是長老比丘們簡樸勤勉，不輕忽獨處的時間，致力於達到未達到之事，了解不了解之事，並覺悟未覺悟之法。」（AN Ⅲ,93）因此，顯然佛陀教導的是有個目標需要去達成。他的弟子都很清楚應該致力於心靈的成就，最高的報酬任君自取，但對象只限於那些做完該做的事的人，經文表明佛教的修行不適合懶惰者。只有阿羅漢是「無學」（MN 70,12），但即使是那些完全正覺者，也經常孜孜不倦地為了他人的最高福祉而努力。

在本書中，我介紹了許多心靈目標的成就，它們是現代人可能達成的一些最殊勝的成就。此外，其中也包括最美好的目標——完全正覺，那是和佛陀相同的成就。

有些人說沒有任何事需要去達成，那些遵循這種錯誤忠告者當然會一事無成，只有愚痴依舊如從前般厚重。相形之下，有些處於迷亂中的人則認為，唯有不斷除生活中的貪欲與瞋恚才能創造。出生為人是前進智慧之道一個很寶貴的機會，依照佛陀的建議，我們應該像衣服著火般急切地修學⑳，切莫蹉跎！

目標與無我

佛教的目標和世間的目標截然不同：世間的目標通常強化自我意識並汲汲於獲得，而佛教的目標則只導致無我並捨棄一切財產。這是發願達到佛教目標與世間渴愛之間最根本的差異。

有智慧的老師對於努力追求世間目標提出中肯的警告，因為最後無可避免的會導致挫折。我們要不是因為無法達到目標而放棄，不然就是獲得的成就令人感到非常失望。就如王爾德（Oscar Wilde）所說：「這個世上只有兩種悲劇，一個是得不到自己想要的，另一個是得到它。」

禪那的心靈目標只能透過「放下」的偉大技巧來達成，除了解脫身體與思想的智見之外，我們在成就時並沒有獲得任何東西。此外，深觀建立在這種深奧的「放下」基礎上，因此不可能導致傲慢。怎麼可能呢？這些了悟摧毀了自我的假象，而那正是傲慢的出處。只要洞見無我，傲慢便無立足之地。

因此，本書建議的目標和世間追求的目標非常不同。由於佛陀稱讚的這些目標只會導致心靈光明，因此它們應該被放在最前面，作為發願的焦點，且無畏地修習。只有當我們有這種清楚的目標時，心靈才有可能進步。

為了說明佛教目標和世間目標的差異有多大，請想像一支由高度成就佛教徒組成的足球隊。由於「放下」是他們的主要考量，他們會一直喜悅地傳球給對手。因為修習悲心的緣故，如果對方球隊無法順利得分，佛教徒足球員會好心地幫助他們。由於布施是他們的本質，給人愈多分數，他們的業就愈好。最後球季結束時，佛教徒隊若被逐出聯盟，他們會很高興，因為那就像被逐出生死輪迴一般！

真正的佛教徒確實和別人所想的不同，他們的目標絕不會以犧牲他人為代價。他們發願捨棄一切財產，因此很高興失去東西。

提高標準

在本書中，我建議了禪那與四聖果的目標，如我們先前所見，佛陀稱它們為「超人法」——超越常人經驗的事物。我是藉由提升人們的願景來勸他們力爭上游，好的教練總是希望選手能超越自己預設的限制，那麼為何不努力爭取佛陀所說最高與最好的目標呢？我們還是有可能在此生達到「超越凡人經驗之法」。本書邀請你來嘗試。

除了這些最高的成就，我還詳細描述了道路。這條道路主要是集中在「因」之上，而較少提到「果」。因為當我們盯著偉大的目標太久又太渴望時，會忘了投入時間與精力在修習產生目標的「因」上。

例如，有人感嘆廚房的盤子都很髒。「啊！何時我的盤子才會變乾淨呢？我希望它們都閃閃發亮！」但當他們看見工作份量時又退縮了。另一個人心想：「我的盤子怎樣才能變乾淨？」然後便開始做使盤子乾淨的因——清洗它們！正常的情況是，當你動手清洗時，盤子很快就會變乾淨與變亮。目標達成。

同樣的，有人感嘆尚未達到禪那。「啊！何時我的心才會獲得禪悅呢？我希望心在禪那中發光！」但是他們因為畏懼工作份量而退縮了。另一個人心想：「這顆心要如何才能進入禪那呢？」然後便開始做使心入定的「因」——放下造作者與五入處。正常的情況是，當你確實遵照佛陀的指示時，心很快就會進入禪那與發光而體會到禪悅。目標達成。

提高標準不會造成挫折，錯誤的態度才會。花很多時間在渴望目標而無足夠的時間投入「因」，那才會造成挫折而無法成就。

揭開執著

瞄準禪那時，禪修者會遇到許多障礙。這些障礙是禪修者的執著，無執著的人便可毫無困難地進入任何禪那，使心自然安住。瞄準禪那會揭開這些執著，當禪修者瞄準較小的目標時，不會遇到根本執著，因而誤以為它們不存在。因此，瞄準禪那也有這樣的作用：挖掘夠深以揭開執著，面對它們，然後藉由進入禪那而超越它們。

我們很容易會誤以為自己已無執著，有些抽菸者欺騙自己以為隨時能戒菸，只是今天不想戒而已；除非他們嘗試戒菸，否則不會知道菸癮的力量。同樣的，除非你嘗試著要到達禪那，否則不可能了解執著的詭祕力量。此外，唯有當我們藉由進入禪那的能力來測試自己的不執著時，才可能確定自己已經完全能面對它們。

例如，多數禪修者不了解自己有多麼執著聲音，即使是與自己無關的背景話語或外面的人聲、車聲，多數人會發現他們無法關掉聽覺而不去注意聲音。因為執著於聽，所以無法放下，而將聽者認同為自我，因此放下聲音享受寂靜，就如放下自我的一部分。那是執著，要進入禪那，我們必須集中心，不執取一切聲音，解開這個執著的結，直到聽不到任何聲音。在《大般涅槃經》（*Mahāparinibbāna Sutta*）中，佛陀處於這種不執著的狀態，以致他在阿頭村（Ātumā）禪修時，於大雷雨期間完全聽不到任何聲音（DN 16,4,33）。

大多數人都非常執著於思想，因此當他們需要停止思想時（例如睡覺時）卻無法辦到。多數人頌揚思想並將其觀念珍視為最私密的財產，思想是他們用來控制外在與內在自我世界的工具。放下思想並進入正念的靜默，意味著要拋下控制自身領域的執著；這種「放下」對於具有控制欲的怪物來說太可怕了，所有無法進入禪那的人，事實上都是具有控制欲的怪物！他們執著於控制，因而執著於思想。一旦他們敢放下內在控制的評論——放下思想時，他們將會感受到內在靜默的禪悅。唯有此時，他們才了解思想是障礙內心安穩的執著。

對於造作者與其思想而言，執取身體與其五入處是阻礙禪那的根本執著。就如有人藉由戒菸來證明自己不執著香菸一般，他們必須藉由進入禪那，以證明自己不執著身體、五入處與思想。

「放下」的故事

本書的指導使禪修者得以超越這些根本執著。你進入內在領域，在那裡五入處無法影響你，思想也動彈不得，但是正念會充滿禪悅地發光。以下介紹幾則關於「放下」的故事。

與我的心協議

我在泰國東北高地一個遙遠山區的隱蔽處，獨自度過我的第六個結夏安居。不久後，我的禪修開始走下坡，我愈努力降伏不安的心，心就動得愈厲害，不如法的欲念與瞋念突破我的防線，盡情地與心戲耍，心很快便失控了，但當時並無同伴能幫助我。有一天，在絕望的心情下，我在大廳佛像前鄭重發誓，我做了一個協議：從下午三點到四點，每天一個小時我會允許那肆無忌憚的心隨便亂想，性、暴力、風流韻事，甚至最瘋狂的幻想在那個小時內都被允許。換來的是，我要求心在那天的其他時間都好好地待在呼吸上。

但事情並不如預期，第一天的多數時間，我的心仍和以前一樣造反，它拒絕待在呼吸上，就如賽馬場上的野馬般狂暴地又踢又跳。然後到了下午三點，為了遵守承諾，我放棄掙扎，靠在茅篷牆上減輕背痛，把腿伸到前面紓解膝蓋的疼痛，並允許心隨便亂想。讓我大吃一驚的是，接著的六十分鐘，我的心都極輕鬆地跟隨每個呼吸，它看似什麼事也不想做，只想和呼吸在一起！這個經驗教會我，放下和嘗試放下之間的不同。那是最戲劇化的「放下」課程之一。

在通往禪那的路上，還有更多「放下」的進階課程，若禪修者的目標並非達到禪那，那他將錯過這些課程。我們可以學會完全放下五入處，使它們暫時完全消失，就像我在第一年比丘生活中所發現的擺脫蚊子的美妙經驗。

阿姜蚊子

由於業力使然，我是阿姜查派去搭建西方比丘修行專用寺院的頭六個比丘之一。國際森林寺那時是一片濃密的雨林，沒有大廳、茅篷、廁所，甚至連可以睡覺的平台都沒有。我們必須睡在叢林地上，只有一頂蚊帳用來防護叢林樹影下爬動或滑動的任何生物。更糟糕的是，每天黃昏我們都要坐在樹下空曠處做晚課好幾個小時。連同阿姜查及五、六十位村民，我們會一起先唱誦，然後禪修一個小時，不幸的是，這是悶熱叢林中蚊子聚集尋找晚餐的時刻，而我就是牠們的晚餐！那個時候沒有蚊香或驅蟲劑可以使用；此外，身為佛教比丘也不能拍打牠們。牠們可以為所欲為，我們只能忍受，毫無防衛且頂著個大光頭。

我和一位年輕的美國比丘一起玩一個遊戲，我們數同一時間內被多少隻蚊子叮咬，看看誰被叮得較多，往往在結束前我就已經數到六、七十個，因為叮的位置彼此太接近以致很難數得很精確。那真的令人難以忍受，我常會想跑開，但是一看到阿姜查與其他村民都端坐不動時，自尊心便不容許我逃跑。因此我一直忍受著每晚的折磨，直到學會放下身體；我能迅速又有效地放下，再也感覺不到身體。我深入內心，平靜且快樂，完全不受那些惱人蚊子的干擾，那是我逃脫的方法。現在，我很感謝那些仁慈的蚊子教會我如何放下。

了解當我們面對自身的死亡時都得放下身體，是很有用處的。藉由學習在死亡來臨前放下自己的身體，藉由趨入禪那，我們克服對於死亡過程的一切恐懼。學習在每次想要時可以放下五入處，我們將因此有力量不受惱人視覺的影響，在喧囂的噪音中保持寧靜，在刺骨的疼痛中完全輕鬆自在。當我們學會「放下」的功課，切斷心與五入處的聯繫時，我們便已學會如何放下對身體的執著。

學習什麼也不做

放下、慢下來、停止，不只對於開悟很重要，對於在日常生活中求生存也很重要。不知道要怎樣才能什麼事情也不做，這是壓力源頭，也是典型的大規模毀滅性武器：心理與身體的許多疾病都是由壓力所造成。早在三個半世紀前，法國哲學家布萊士．帕斯卡（Blaise Pascal）就已看出這點，他說：「人類的所有煩惱，都來自於他不知道如何靜靜坐著。」

有時就是無事可做，但是往往在這種時候你卻無法什麼也不做。你已忘了如何才能什麼也不做，因此你無意義地掙扎。若你有智慧，無事可做時就什麼也不做！那是很有意義的。

我們都需要學會「什麼事也不做」，這樣在適當時候才能休息與放鬆。幸好，對於那些沒有機會去寺院的人，現代城市裡還是有許多現成的老師——紅綠燈，在主要的路口都可以看到它們。紅燈亮時它說「停！」，那是「放下」的練習，你知道紅燈亮時如何什麼也不做嗎？或者只是車子停下來而你仍繼續加速呢？若是如此，你就浪費了一個機會。紅燈時，你大可打開心活在當下，並讓意外的美麗與平靜完全籠罩你。我曾聽說但未親眼看過，在崇尚心靈的印度首都新德里，紅燈亮時會顯示五個字母relax（放輕鬆）。它們並非「停止」的燈號，而是「放鬆」的燈號，多棒的想法！如果這不是真的，那麼實在應該這麼做！

倘若你不花時間學習「什麼事也不做」，無法在生活中的紅燈亮時放輕鬆，那麼你可能很快就會提前鑽進墳墓中「被迫」停止。如古諺云：「死亡是迫使你慢下來的自然方式。」我建議針對早夭而禪修。

放開水牛

當你還沒學會如何什麼事也不做、如何放下與放輕鬆時，就會在生活中製造許多不必要的問題。下面的故事發生在我於泰國東北部出家為僧的時候，它顯示出「放下」何以能省下許多不必要的痛苦與傷害。

有天清早，一位當地的農夫把繩子綁在水牛的脖子上，想帶牠到村外的田地去吃草，當他經過我們的寺院時，水牛因為受到驚嚇而開始逃跑，他當下的反應是抓緊繩子試著約束這隻受驚的動物。當水牛掙脫時，農夫的中指前端硬生生地被繩子給勒斷！可憐的農夫進來寺院求助時我們才看見他，他的手指鮮血淋漓，一節斷骨就露在被撕裂的指肉上。我們立刻送他去當地的醫院處理傷口，他很快就回來工作，只是有根手指比以前短了一些。

這個故事的寓意是，若有任何如水牛般強壯的東西想要逃跑，明智的作法是放開它們。水牛不會跑遠，頂多逃跑個幾百公尺就會停下來，等牠們平靜下來時，農夫就能輕鬆而安全地趕牠們回去，那樣的話便可挽救許多根手指頭。有時許多人的表現就像水牛一樣，這脫軌的人可能是你的夥伴、兒子或岳母，當他們暴跳如雷時，最好放開他們，若你嘗試拴住他們，只會害苦自己。靜靜等候，什麼事也不做，他們很快就會平靜下來，此時你就可做點事情。

例如，最近有個禪修者問我，禪修期間她如何控制「水牛」心。「放開它，」我回答：「它很快就會停止，並回來找妳。」我用另一位有個六歲兒子的弟子的趣事來提醒她。有一天，她兒子心情很不好，他向媽咪嗆聲：「我要離家出走！」這位很有智慧的母親知道鄰居都很靠得住，她說：「好啊！」並幫他整理了一個小包包，甚至還幫他做了一些人生旅途上要吃的三明治，她在門口揮別他。當然，這個六歲小子才走了幾百公尺的路就開始想家了，他趕緊折返，走回正等著他回來的母親懷抱。

這個無法降伏其心的禪修者，聽到我說這個趣事時，忍不住咯咯地笑。她解釋自己七歲時在新加坡也曾經發生過相同的事，她告訴母親她要離家出走，母親不只幫她打包，還給了她一些錢，她走出家門還不到兩百公尺就折回了。現在，她知道要如何處理「水牛」心了。

有任何像水牛般頑強的問題時，就放開它，等到情況改變，火熄滅，水消退。當水牛停止掙扎時，你就可做點事，有效地解決生命中的危機。因此，學習如何放下與放輕鬆，不只可用於覺悟的目的，對於求生存也同樣有幫助。

生命不沉重（當你知道如何放下時）

姑且不論生命危機，即使日常生活中的禪修也有助於我們處理負擔。我經常仿效老師阿姜查解釋禪修的意義與利益，方法是伸長手臂拿著一個玻璃杯。

我問大家：「這個杯子有多重？」在有人回答之前，我接著說：「我拿愈久，就感覺它愈重；如果一直拿著十分鐘，便會開始感覺它沉重；若持續拿二十分鐘，我的手臂就會開始疼痛；倘若一直伸長手臂拿著一小時，我不只會苦不堪言，還會是個愚蠢的比丘。因此當杯子變得很重，拿著不舒服時，我該怎麼做？」

「放下它。」他們回答。當然，問題不是玻璃杯的重量，而是拿著它太久，不懂得如何放下，好讓手臂休息一會兒。你只需放下玻璃杯幾分鐘，休息過後，就能再次輕鬆地拿起它。

同樣的，壓力問題和你的責任重量無關。問題是你拿起責任太久，不懂得如何暫時放下它們，好讓意根休息一會兒，只需放下「關心」幾分鐘，就能得到放鬆的利益。在禪修中休息過後，你就能再次把它們全部拿起來，此時它們實際上會感覺比較輕，你能再次沒有任何壓力地拿起它們，直到下回需要放下它們為止。

放下你沉重的杯子幾分鐘，或暫時放下所有的擔憂，是透過禪修學得的能力。禪修是「放下」的專門訓練，因此它不是不負責任並永遠放棄你的義務，不是遊手好閒，而是增強你放下負擔能力的練習，無論負擔有多重，每次只要你想要放下就可休息一會兒，以便之後能更有效率地挑起那個責任。當你知道如何放下時，生命並不沉重。

傾聽

有天早上我經過寺院廚房，透過窗戶看進去，看見六個施主在準備我們日常飲食時一面講著話。只有六個人在房內，他們都張開嘴巴，我開始好奇，如果這六個人都在說話，那麼到底誰在聽呢？沒有一個人在聽！大家都在說話。他們的說話方式多麼浪費呼吸啊！

不幸的是，上面的故事正是我們現代生活的通病，太多人在講話，幾乎沒有人在聽。婚姻因缺乏溝通而破裂，青少年因為覺得不被了解而叛逆，幾乎所有人一直到老都還不了解生命的意義。為什麼？因為我們從未學會傾聽。

為了傾聽，你必須閉嘴，真的閉嘴。你不是在聽就是在說，不可能同時做這兩件事，在此我的意思不只是停止外在話語，也要讓內心私語靜下來。當內在寧靜時，唯有此時你才能真正聆聽。為了傾聽，你必須傾盡一切去聽。

當你從內在靜默的位置去聆聽時，你會驚訝竟然能收集到這麼多資訊，有些人甚至會認為你有超能力，能讀他們的心，但其實那只是傾聽的力量而已。顯然當你需要擷取更多「信號」時，你必須降低內心私語的「干擾」，透過這種正念靜默的訓練，一切溝通的障礙都會完全消除。你自然而然地會留意周遭的人，家庭將會和樂融融，事業也會蒸蒸日上。

從傾聽的位置，你甚至可能聽到自己的身體想要告訴你一些事。在染病之前，身體會一直發出許多警告，然而卻很少人聆聽身體的警訊，因為我們太埋頭致力於涉入內在私語。即使當身體發出絕望的警告尖叫，乞求我們休息時，我們仍會因為忙著思考而聽不到求救聲，於是我們得到癌症、心臟病或其他末期疾病。相反的，禪修者則學習從正念靜默的位置聆聽自己的身體，他們聽到身體的需求，也同樣聽到家人的需求，終於能過著既長壽又快樂的生活。

傾聽產生洞見，你從靜默得知事物的真實本質，而最佳洞見是了悟生命的意義。若我們都能暫時拋開一切教條（包括宗教與個人的），而以警覺靜默的心去聆聽生命的悸動，如此豈不妙哉？此時我們會傾聽生命的教導，她一直耐心與溫和地提供智慧給我們，但我們卻太忙著對自己說話而疏於傾聽，難怪我們當中只有少數人了解過。

通過生命的考驗

一九七二年，我在劍橋大學畢業考的最後一科是理論物理，那真是一段難熬的時光，我的大學生涯就在這一連串的考試中進入尾聲，先前的所有經歷都不算數，通過與否就看這一回。我的考試包括早上與下午各三小時筆試，連續兩天沒有任何休息。我聽說每年劍橋的畢業考至少都會有一個學生自殺，然而我有優於同儕的競爭優勢，讓我能應付自如：我已學會禪修的方法。

早上考完後，我從不去吃午飯，而是回房坐在蒲團上開始禪修。我覺知的第一件事，如你們所預期的是剛結束的上午考試。我開始擔心答案是否正確或是否應該補充解釋，我很快就掉入過去，掉入上午的考試中。「過去已逝」說起來容易，晨考如今已無法改變，再擔心也沒用；但對於某些人來說，要這樣明智的思考並不容易，多數人仍會擔心過去。所幸由於禪修的訓練，我發現自己能放下過去，停止擔心上午的考試。猜猜看，接著我心裡浮現的是什麼？

接著我想的是不到一個小時就要上場的下午考試，我應該睜開眼睛，拿起書本，多做點複習嗎？過去在重要的考試之前，我經常是死記硬背到最後一分鐘，我不知道別人是否也如此，但我最後一刻複習的東西從不曾在考試中出現。如今複習只是浪費精力，現在是休息時間而非考試時間，禪修訓練再次拯救了我，我放下未來。兩次考試之間，我在宿舍禪修，進入當下覺知的休息狀態。

置身當下時，我感到震驚。我初次察覺到身體在顫抖，我從不認為自己是個容易緊張的人，但現在我正怕得發抖，這緊張顫抖顯示出我正處於畢業考中。令人感到最震驚的是，我從來不曾察覺它，我全神貫注在考試中，以致完全未注意到身體在做什麼。在當下覺知中，我開始傾聽，並聽到身體懇求稍事休息，藉由和緩地注意身體，它很快就安定下來，顫抖停止，身體靜止不動，此時我能聽到心在抗議。

我察覺自己累了，開始覺知自己是如何地心力交瘁，我以前一直太忙，以致未察覺這點。現在它變得很清楚，我是咎由自取，如今我已腦汁絞盡。傾聽自己的心，我聽到它要求我休息，什麼事也別做，因此我只是坐在那裡，心理能量於是逐漸恢復。阿姜查後來證實，心理能量會因為安定而增強。在我三十分鐘長的禪修結束後，我放鬆、開朗並充滿能量，朋友們後來告訴我，我是唯一進入考場還面帶微笑的人。他們認為我作弊，已事先知道答案，我確實找到答案，但並非測驗紙上的答案，我已找到壓力的答案，且在那些考試中發揮得很好。

生命——無論在小學、中學、大學或之後——充滿了各種考試，當我們接受嚴厲的測試與非常深入的考核時，會有許多緊張的日子。我前面提到的例子，只是要說明禪修如何幫助我們通過生命中的各種考驗，包括大學考試或應徵面談，或在人際關係與疾病上等等大大小小的測試。生命中最聰明的考試技巧，就是學習如何放下與完全放輕鬆。換言之，即學習禪修。

你家中的聖地

禪修的訓練不只適用於追求覺悟的人，也適用於想要追求更快樂與更有意義生活的人。如果你不是住在寺院中，在家裡有塊聖地同樣很有幫助。

在家中打造一塊聖地沒有那麼困難，許多現代家庭都有家人房、客房、娛樂室與浴室，若能再納入一間佛堂或禪堂豈不妙哉？沒有多餘的空間，還是可以固定使用臥室的一個安靜角落。善用你最喜歡的墊子劃定出一個私人角落，然後以適量的心靈象徵物與祥和的海報加以布置，讓這個空間充滿平靜的氣氛。定期使用這個角落來禪修，或聆聽、閱讀有啟發意義的法音，切勿在你的聖潔角落做任何世俗的事，而且一定要避免在這個空間說話。經年累月的使用下，你將會發現你已在那裡營造出一個溫和的「安定能量」，很快地這裡就會變成一個特殊的道場。禪修在這個神聖空間會變得容易許多，因為你已讓它成為一個具有心靈力量的地方，你已在自家中打造了一個真正的聖地。

有個澳洲弟子按照我的建議，在臥室的角落布置了一塊聖地，她會定期在此禪修，丈夫經常陪在一旁。有天她告訴我，兩個小孩就在前門外吵得很凶，七歲女兒開始哭泣，她跑進父母的臥房，坐在媽咪聖地的蒲團上，慢慢地她不再流淚。小女孩以前從未到過那裡，她直覺地找上家中最祥和的地方，在這個庇護所治癒了幼小心靈難以忍受的傷痛。那個聖地已成為她們全家寶貴的資源。

即使在忙碌的辦公室，你也可以打造一塊聖地。我聽過一個成功的律師，他亟需在午餐時間禪修來減輕龐大的壓力，但他很難找到一個客戶看不到他又不會被電話干擾的私密地點。在他的辦公室裡有個裝滿紙張與檔案的小壁櫥，他清空壁櫥使它成為聖地，每次午餐時間，祕書會把他鎖在壁櫥中進行三十分鐘的禪修，如果客戶突然造訪或來電，祕書會欣喜地說：「很抱歉，現在不方便，他正在他的壁櫥裡！」她很樂意把他鎖在聖地，因為她從經驗得知，待過壁櫥後的那整個下午，她的老闆會變得親切許多。他也從經驗得知，半個小時的禪修，就足以提高效率並讓心智清明。投資幾分鐘的禪修，總是會得到好幾個小時的回饋。

超越測度的「放下」

著名的英國科學家凱爾文勳爵（Lord Kelvin）曾經說過：「若你無法測量，你就無法控制。」當然，他的意思是，為了讓科學有效地控制世界，我們必須先學習精準地測量自然現象。凱爾文關於精準測量的洞見，對於科技的進步以及成功控制一些自然災害來說，都很重要。

然而那個寶貴的真理，也可反過來應用在別的地方：「若你無法測度，你就無法控制。」如果你停止一切測度，則控制將變得不可行，放棄測度將會產生「放下」。

禪修時，你會測度自己的進步嗎？你會想「這是個壞禪修」或「這是個好禪修」嗎？你從經驗得知，這種對於好壞的測度會造成控制，進而導致造作。估計禪修不好，你就會努力讓它變好；若衡量禪修不錯，你便會努力讓它更好。測度之後，你就會做得更多，而遺忘了「放下」，你因而偏離安穩之道。

想想在你的禪坐期間，如果完全無任何測度時會怎樣，若無「這是好禪修」與「這是壞禪修」之類的評斷會如何？當你放棄一切測度，鬆開控制，心會變得如同未學過任何測度的初學者的心，這種心很容易放下，且會變得很平靜。當你不校準禪修時，造作停止，平靜增加，快樂綻放，智慧成熟。最後，正覺的果實將會掉在你的膝上。

放棄控制時間，你自動安住在無時間性的當下，摒棄以名稱測度，當你進入正念的靜默時，思想過程將自然而然地停止。拋開測度呼吸是進或出、是長或短、是粗或細，呼吸將會消失，並顯露出光明的禪相。放開測度禪相是明或暗，你將能輕鬆地進入禪那。拋棄以感知去測度心，心將平順地通過無色定而生起。停止測度心，整個生死輪迴（包括心在內）終於完全止息。如今一切皆無餘入滅，連「無」也未留下。

如果你能遵循禪修之道，內在的快樂會如永不退潮的潮水般湧現，當你與內在世界的對抗減少時，正念就會變得充滿能量。觀智會如樹結實纍纍般豐盛地呈現，多到無法一次採光、吃完。你很清楚地了解，安穩之道便是你在禪修中學到的「放下」，或者你也可以稱它為「無量慈心之道」，這種慈心將會軟化你對自己與別人的評斷，評斷與測度會像過去一直陰魂不散的鬼魂般消失得無影無蹤。在一切測度終於消失時，言詞也會跟著被偷走，因為語言不外乎是對生活的度量。當安穩達到頂點，當快樂在峰頂結晶成閃亮的寶石，測度終於內爆時——心也跟著消失。禪修者終於了解，原來心就是那個測度者。

這是「滅」，諸法的無餘止息。涅槃是言語道斷的，因為一切測度皆已停止，當偉大的聖者們指出有不長不短、非現在非過去非未來、不生不滅、諸法止息的地方時，這就是他們所指的地方。最後的心理對象是究竟寂滅——永遠從輪迴銷聲匿跡，並標示著名（心）與色（身）的結束。「般涅槃」是最後一句話。

註釋（①為原文註，❶為譯註）

導論

❶ 禪悅（bliss）是指進入禪那時的喜（pīti）、樂（sukha）等狀態。在初禪與第二禪有喜有樂，第三禪無喜有樂，到了第四禪則無喜無樂，只有「捨清淨」、「念清淨」，那也是一種禪悅。

② 除非特別說明，否則一切巴利語都是由英譯者親自翻譯，因此和其他英文翻譯會有所不同。

③ 這本小冊子的英文版已重印八次，也以德文、錫蘭文、捷克文與俄文出版。

④ 在此我用的是智髻（Ñānamoli）比丘與菩提（Bodhi）比丘《中部》（Majjhima Nikāya）的英譯本*The Middle Length of Discourses of the Buddha*（Boston: Wisdom Publications, 1995）, p.340。

第一部

第二章

❺ nimitta為「相」或「禪相」，共有「遍作相」、「取相」與「似相」三種。禪修者觀察地遍圓盤等時，該目標即為「遍作相」。在觀察遍作相後，心中生起與肉眼所見相同的影像，即為「取相」。專注於取相時，與之類似但更為純淨的「似相」就會生起。

❻ 蛇梯棋（snakes and ladders），英美小朋友常玩的一種棋戲，擲骰子決定要走的格數，碰到梯子就往上爬，碰到蛇就要往下走。

❼ 安定（calm）相當於巴利語的samatha（止），意即「平靜」、「安定」。另外請參考第七章「美麗的呼吸」步驟四「安定呼吸」。

⑧ Lewis Carroll, *The Complete Illustrated Works of Lewis Carroll* (London: Chancellor Press, 1982), p.65.

❾ 「入處」（senses）巴利語為āyatana。根、境相互涉入而生識，故稱「入」，根、境為生識之所依，故稱「處」。在此的五入處，包括眼、耳、鼻、舌、身等五內入處（五根），以及色、聲、香、味、觸等五外入處（五境）。在十二緣起中，入處是名色之所緣，唯有斷入處，才能斷名色，進而斷識、行與無明。

第六章

❿《道德經》第六十四章：「合抱之木，生於毫末；九層之臺，起於累土；千里之行，始於足下。」

第七章

⓫「諸比丘，往赴森林，或住樹下，或住空屋，盤腿而坐，端正身體。」（節錄自《入出息念經》，以下經文出處皆同）。

⓬「繫念在前。彼正念而入息，正念而出息。」

⓭「彼長入息，了知『我長入息。』或長出息，了知『我長出息。』」「彼短入息，了知『我短入息。』或短出息，了知『我短出息。』」

⓮「我當體驗全（入息）身而入息。」「我當體驗全（出息）身而出息。」

⓯「我當安定（粗息）身行而入息。」「我當安定（粗息）身行而出息。」

⓰「我當體驗喜而入息。」「我當體驗喜而出息。」「我當體驗樂而入息。」「我當體驗樂而出息。」

⓱「我當體驗心行而入息。」「我當體驗心行而出息。」

⓲「我當安定心行而入息。」「我當安定心行而出息。」

⓳「我當體驗心而入息。」「我當體驗心而出息。」

⓴「我當令心喜悅而入息。」「我當令心喜悅而出息。」

㉑「我當令心等持而入息。」「我當令心等持而出息。」

㉒「我當令心解脫而入息。」「我當令心解脫而出息。」

㉓「我當隨觀無常而入息。」「我當隨觀無常而出息。」

㉔「我當隨觀消逝而入息。」「我當隨觀消逝而出息。」

㉕「我當隨觀滅而入息。」「我當隨觀滅而出息。」

㉖「我當隨觀捨遣而入息。」「我當隨觀捨遣而出息。」

第八章

㉗ investigation（觀照）相當於巴利語的vīmaṁsā，或譯為「觀」、「思察」、「思惟」，四神足中的「觀」神足即此字。

㉘ 感知（perception）相當於巴利語的saññā，舊譯為「想」。

㉙ Jacobo Timerman, *Prisoner without a Name, Cell without a Number* (London: Weidenfeld and Nicolson, 1981).

㉚ 「上火」（Flame）在此是相當於「上帝」或「大梵」的意思，屬於有神論的思想。佛教中沒有這個字，這是作者幽默的比喻。

㉛ will相當於巴利語的cetanā，即「思」、「意思」。

㉜ 《大念處經》是將其置於「觀四諦」的「觀集」與「觀滅」下，依序為觀根、境、識、觸、受、想、思、愛、尋、伺。

第二部

第一章

㉝ 見三界智（Nyanatiloka）：*Buddhist Dictionary: Manual of Buddhist Terms and Doctrines*，長老著，第四版，頁228。（Kandy: Buddhist Publications Society, 1980）

㉞ 我已在第一部第七章〈美麗的呼吸〉中，詳細解釋過喜、樂與呼吸的關係。

第二章

㉟ 此處的譯文是引自向智長老（Nyanaponika Thera）與菩提編輯、翻譯的《增支部》（*Numerical Discourses of the Buddha: An Anthology of Suttas from the Aṅguttara Nikāya*, Walnut Creek, CA: Altamira Press, 1999, p.36.）

第三章

㊱ 聲音可能擾亂初禪，當禪修者真的感知到聲音時，他已不在禪那中。

㊲ 「直觀」（just looking on）是阿姜布拉姆別出心裁的翻譯，是取upekhā諸義中「見」的含意，有別於其他人將

之譯為「捨」的譯法。例如 Thanissaro Bhikkhu 與 Maurice Walshe 的翻譯皆為 'Equanimous and mindful, he has a pleasurable abiding.'（「捨與念，彼具樂住」）。《布吒婆樓經》：「有比丘離喜，成為捨住，正念、正智，身感受樂，諸聖者云：『捨而有念之樂住者』，達第三禪而住。」（DN 9,12）

㊳ 此即「滅受想定」或「滅盡定」，乃九次第定之最高者。此定為佛及俱解脫阿羅漢遠離定障所得，即以現法涅槃之勝解力而修入者。

第四章

㊴ 在此我引用菩提在《相應部》中的翻譯。（*The Connected Discourses of the Buddha*, Boston: Wisdom Publications, 2000, pp.1252ff.）

第五章

㊵ 在此我引用智髻比丘與菩提於《中部》的翻譯（*Middle Lengh Discourses*, p. 508）。

㊶ Sam Parnia and Peter Fenwick, "Near Death Experiences in Cardiac Arrest: Visions of a Dying Brain or Visions of a New Science of Consciousness," *Resuscitation* 52(2002): 5(abstract).

㊷ Pim van Lommel et al., "Near-Death Experience in Survivors of Cardiac Arrest: A Prospective Study in the Netherlands," *Lancet* 358(December 15,2001): 2044.

㊸ 同上，p. 2043。

㊹ Sam Parnia et al., "A Qualitative and Quantitative Study of the Incidence, Features and Aetiology of Near Death Experiences in Cardiac Arrest Survivors, "*Resuscitation* 48(2001): 154.

㊺ Benjamin Libet, "Unconscious Cerebral Initiative and the Role of Conscious Will in Voluntary Action, "*Behavior and Brain Sciences* 8(1985): 529-39(with commentaries, pp. 539-66, and Behavior and Brain Sciences 10[1987]: 318-21).

㊻ 在巴利語中，「那」（yam）是單數，意指同樣一件事，人們以三個不同的名稱來稱呼它。

㊼ 在此我採用菩提的翻譯（*Connected Discourses*, p. 595）。

㊽ 例如，前巴利聖典協會會長萊斯．戴維茲（Rhys Davids）女士，在她對《增支部》首次英譯的序論中，提到有

關無我與渴愛都不可取的主張是「僧侶的教法」，而非佛陀的教法（pp. xiv-xv）。近來，一行禪師（Thich Nhat Hanh）在他所著的《入出息念經》（*The Sutra on the Full Awareness of Breathing*）一書中寫道：「因此我們可以推論，四種禪那……是佛陀死後才創設的。」（p. 20）

㊾ 智髻與菩提於《中部》的翻譯（*Middle Lengh Discourses*, p. 454-58）。

㊿ 此處我用諾曼（K. R. Norman）對於《經集》（*Sutta Nipāta*）的翻譯。（*The Group Discourses*, rev. ed. Oxford: Pali Text Society, 1995, p. 26）

第六章

51 智髻與菩提於《中部》的翻譯（*Middle Lengh Discourses*, p. 260）。

52 同上，p. 1083。

53 同上，p. 557。

54 丹尼爾・高曼（Daniel Goleman）《破壞性情緒管理：達賴喇嘛與西方科學大師的智慧》（*Destructive Emotions: How Can We Overcome Them? A Scientific Dialogue with the Dalai Lama*, New York: Bantam Books, 2003, PP. 338-39）。這一段話係引用威斯康辛大學麥迪遜分校研究員李察・戴維森（Richard Davidson）的報告。

55 路易士・卡洛爾（Lewis Carroll）, *The complete Illustrated Works*, pp. 193-94.

56 智髻與菩提於《中部》的翻譯（*Middle Lengh Discourses*, p. 283）。

57 在巴利語中，「七」世是從此世算起，入流者頂多再多六世。

第七章

58 《意欲充滿》（*Manorathapūranī*,《增支部》註釋），3:374。討論的經典是AN 6,44。

59 智髻與菩提於《增支部》的翻譯（*Numerical Discourses of the Buddha*, p. 71）。

60 出處同上，pp. 205-6。

61 菩提，《相應部》（*Connected Discourses*, p. 1329）。

62 智髻與菩提，《中部》（*Middle Length Discourses*, p. 674）。

63 智髻與菩提，《增支部》（*Numerical Discourses*, p. 231）。

64 第720-21偈為結集者所說。

65 第724-25偈為結集者所說。

66 菩提，《相應部》（*Connected Discourses*, p. 1433n236）。

67 出處同上，p. 230。

68 出處同上，p. 544。

69 智髻與菩提，《增支部》（*Numerical Discourses*, p. 162）。

70 佛陀十力是：（一）如實了知處為處，非處為非處。（二）如實了知過去、未來、現在受業異熟之因緣。（三）如實知偏行趣。（四）如實知多界種種界世間。（五）如實知有情之種種勝解。（六）如實知他有情、他人之根上下。（七）如實知靜慮、解脫、等持、等至之雜染、清淨、出離。（八）隨念種種之宿住，……其相、狀。（九）以清淨超人之天眼，見有情之生死，知有情隨業受劣、勝、好色、惡色、善趣、惡趣。（十）依諸漏盡故，於現法自證知無漏之心解脫、慧解脫，現證具足而住。

71 出處同上，p. 243。

72 菩提，《相應部》（*Connected Discourses*, p. 1167）。

73 智髻與菩提，《中部》（*Middle Length Discourses*, p. 422）。

74 出處同上，p. 423。

75 智髻與菩提，《增支部》（*Numerical Discourses*, p. 159ff）。

76 出處同上，p. 171。

77 出處同上，p. 231。

78 智髻與菩提，《中部》（*Middle Length Discourses*, p. 861）。

79 「波逸提」意指懺悔，犯此戒的比丘必須向一位比丘報告，並對所做進行懺悔，才能除罪。

結論

80 在此我引用的是菩提英譯的《相應部》（*Connected Discourses*, p. 1859）。

觀自在 BA1007T

禪悅：觀呼吸、修正念，獲得極致的喜樂

Mindfulness, Bliss, and Beyond: A Meditator's Handbook

＊原書名《快樂呼吸十六法：進入禪悅的境界》

作　　者　阿姜布拉姆（Ajahn Brahm）
譯　　者　賴隆彥
責任編輯　于芝峰
協力編輯　莊雪珠／釋見澈／洪禎璐
內頁構成　羅心梅／舞陽美術文化事業有限公司
封面設計　小草

發 行 人　蘇拾平
總 編 輯　于芝峰
副總編輯　田哲榮
業務發行　王綬晨、邱紹溢、劉文雅
行銷企劃　陳詩婷
出　　版　橡實文化 ACORN Publishing
231030 新北市新店區北新路三段 207-3 號 5 樓
電話：（02）8913-1005　傳真：（02）8913-1056
網址：www.acornbooks.com.tw
E-mail 信箱：acorn@andbooks.com.tw
發　　行　大雁出版基地
231030 新北市新店區北新路三段 207-3 號 5 樓
電話：（02）8913-1005　傳真：（02）8913-1056
讀者服務信箱：andbooks@andbooks.com.tw
劃撥帳號：19983379　戶名：大雁文化事業股份有限公司

印　　刷　中原造像股份有限公司
三版一刷　2024 年 8 月
定　　價　450 元
I S B N　978-626-7441-59-6

國家圖書館出版品預行編目 (CIP) 資料

禪悅：觀呼吸、修正念，獲得極致的喜樂 / 阿姜布拉姆 (Ajahn Brahm) 著 ; 賴隆彥譯 . -- 三版 . -- 新北市 : 橡實文化出版 : 大雁出版基地發行 , 2024.08

面 ;　公分 . -- (觀自在 ; BA1007T)

譯自 : Mindfulness, bliss, and beyond : a meditator's handbook

ISBN 978-626-7441-59-6(平裝)

1.CST: 禪宗　2.CST: 佛教修持

226.65　　113009003